目次

明と暗のノモンハン戦史

明と暗のノモンハン戦史

秦　郁彦

講談社学術文庫

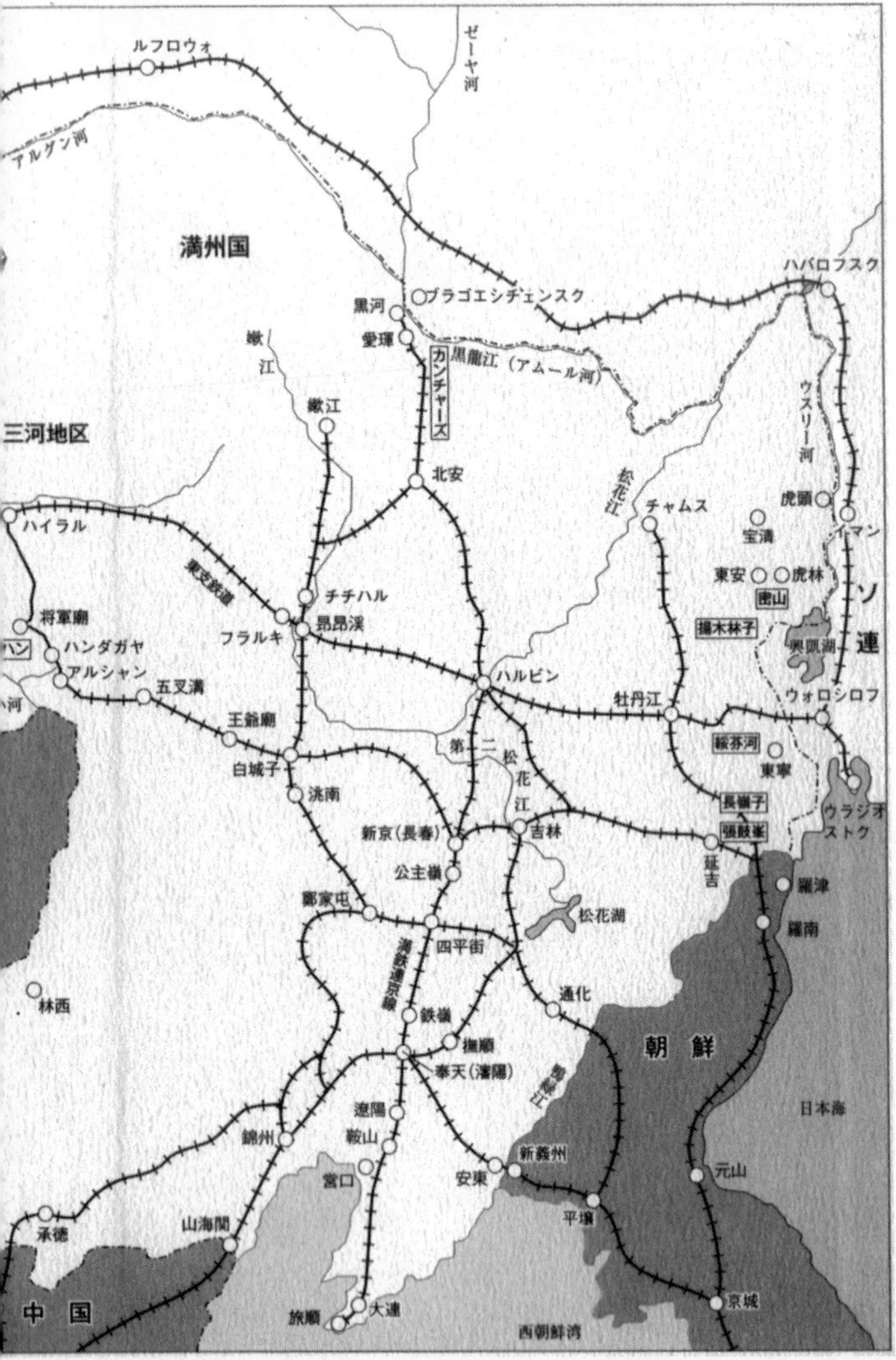

ルフロウォ
ゼーヤ河
アルゲン河
満州国
ブラゴエシチェンスク
黒河
愛琿
嫩江
カンチャーズ
黒龍江（アムール河）
嫩江
三河地区
北安
松花江
チャムス
ハバロフスク
ウスリー河
虎頭
イマン
宝清
東安
虎林
密山
揚木林子
興凱湖
ソ連
ハイラル
東支鉄道
チチハル
昂昂渓
フラルキ
将軍廟
ハン
ハンダガヤ
アルシャン
河
五叉溝
王爺廟
ハルビン
牡丹江
ウォロシロフ
第二松花江
綏芬河
東寧
白城子
洮南
長嶺子
ウラジオストク
新京（長春）
吉林
張鼓峯
延吉
公主嶺
羅津
松花湖
鄭家屯
四平街
羅南
満鉄連京線
通化
林西
鉄嶺
朝鮮
撫順
奉天（瀋陽）
鴨緑江
日本海
遼陽
鞍山
錦州
営口
新義州
安東
元山
承徳
山海関
平壌
京城
中国
大連
旅順
西朝鮮湾

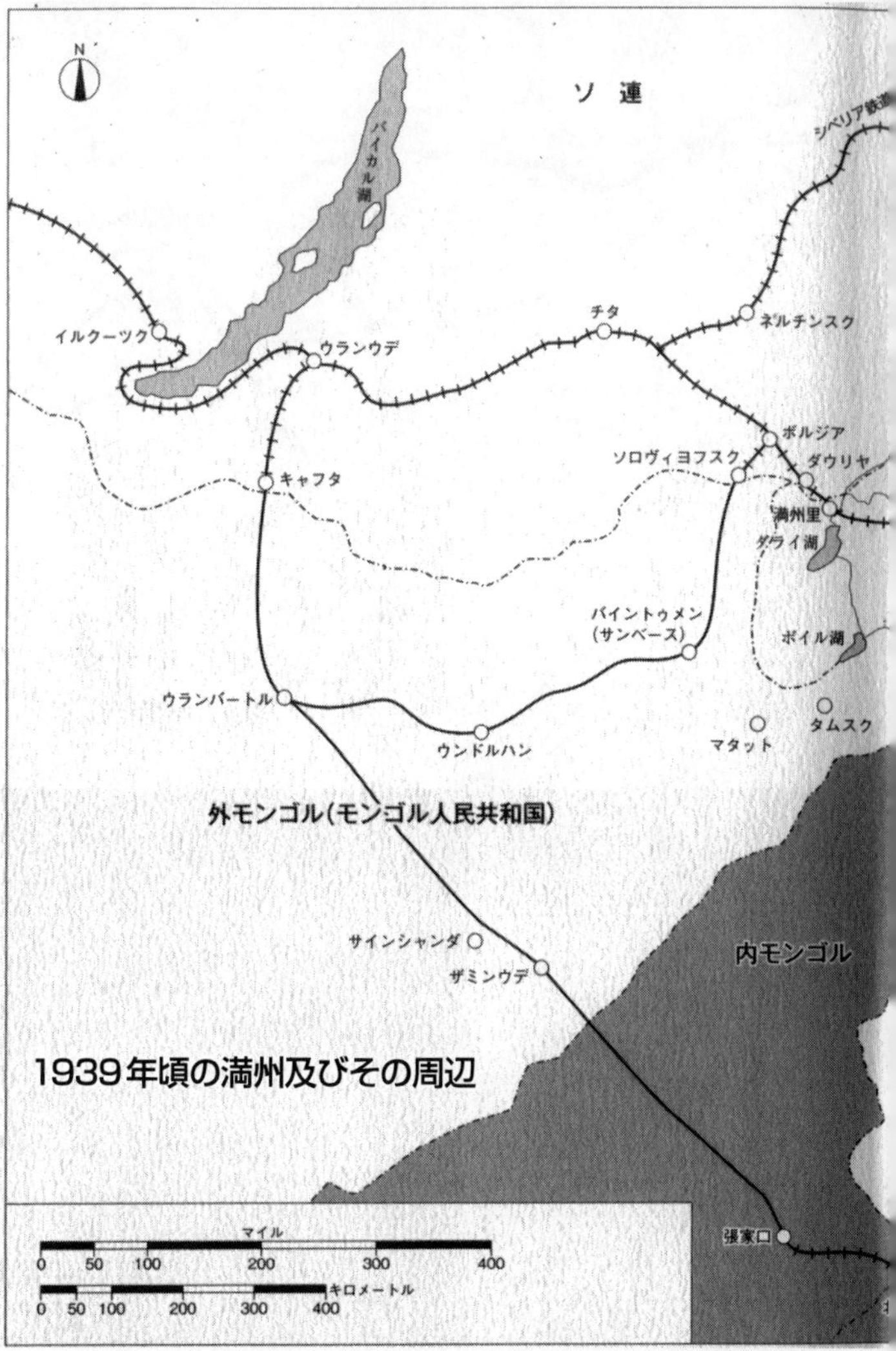

1939年頃の満州及びその周辺

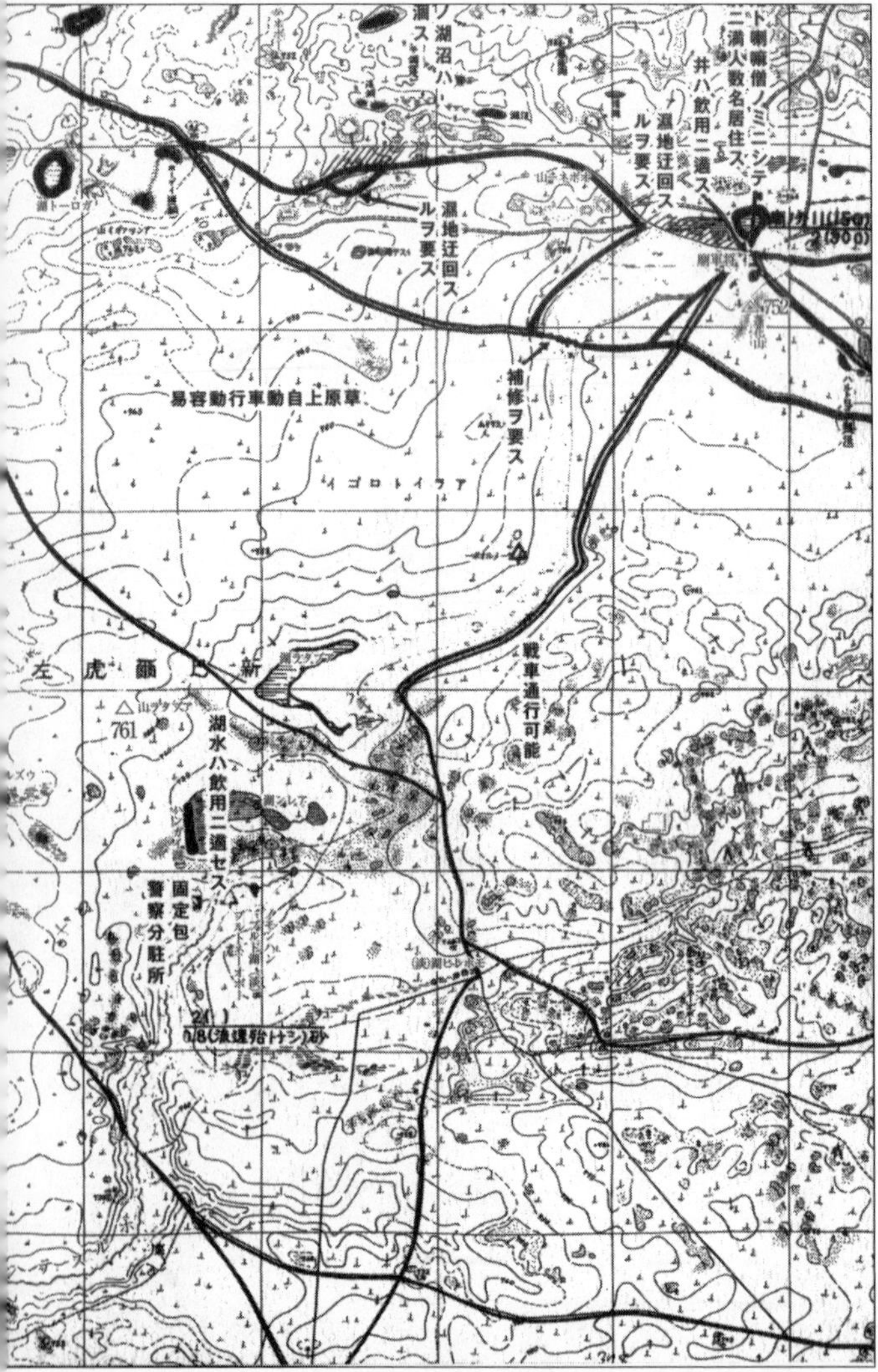

井ハ飲用ニ適ス
湿地迂回スルヲ要ス
湿地迂回スルヲ要ス
752
補修ヲ要ス
草原上自動車行動容易
新巴爾虎左
761
戦車通行可能
湖水ハ飲用ニ適セス
固定包
警察分駐所

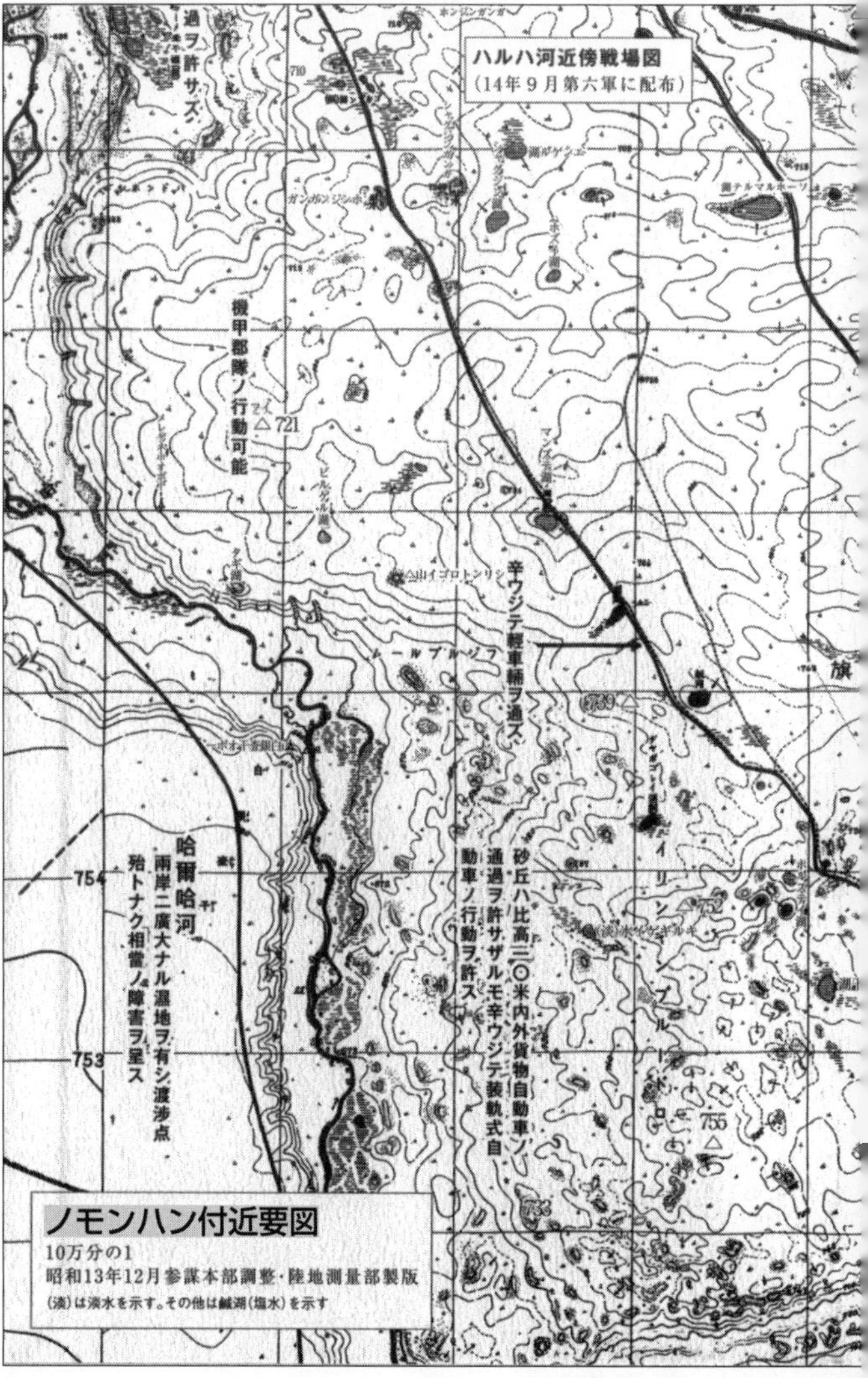

ノモンハン付近要図
10万分の1
昭和13年12月参謀本部調整・陸地測量部製版
(淡)は淡水を示す。その他は鹹湖(塩水)を示す

明と暗のノモンハン戦史

第一章　ノモンハン前史

ノモンハン戦研究の新局面

四周を海に囲まれた日本国家と日本人にとって、四囲を他国と接する大陸諸国家とちがい、「国境」の存在を実感する機会は乏しかった。「国境紛争」となれば、なおさらであろう。

最近は北方領土、竹島、尖閣などの領有権問題が論議され、「領海侵犯」や「領空侵犯」の成語も耳にする機会がふえたが、国民の関心度は必ずしも高いとは言えず、国境問題と意識する人は少ないようだ。

どうやらわが国に関するかぎり、国境紛争とは陸地続きの国同士の間で起きる現象と理解されているようである。その意味では第二次大戦後の日本には無縁と思えるが、戦前期の日本は、張鼓峯《ちょうこほう》事件（一九三八年）やノモンハン事件（一九三九年）に代表される大小さまざまな規模の国境紛争を経験していた。その大部分は日本が日満議定書（一九三二年）で防衛責任を負っていた満州国とソ連の国境および、満州国とソ連の衛星国だったモンゴル人民共和国（外蒙古）の国境地帯で発生した。

外務省の調査（『日「ソ」交渉史』）によると、時期により波はあるが一九三二年から四二年までの国境紛争は、計一二六一件に達している。ざっと計算すると三日に一件の頻度である。しかし相手側の統計とは必ずしも一致せず、ノモンハン事件が起きた最盛期の一九三九年は日本側から数えると一九五件だが、東京裁判でソ連の検察官が示した数は三八七件で、かなりの開きがある。(1)

そのノモンハン事件は、形式的には満州国とモンゴル（外蒙古）間の国境紛争で満蒙両軍も出動したが、実質的には日本の関東軍と極東ソ連軍との四ヵ月にわたる激戦となり、双方とも二万人前後の人的損害を出して停戦に至った。規模から言えば、小型の戦争並みである。

田中克彦は紛争の主舞台となったモンゴルが「ハルハ河戦争」、ソ連（ロシア）が「ハルハ河《ハルヒン・ゴル》事件」と呼んでいる事実に配慮して、近著の書名に『ノモンハン戦争』（岩波新書、二〇〇九年刊）を選んだ。

しかし当時の日本政府と陸軍はそれほど重視せず、あくまで日中全面戦争の一部を占める局地的事件と位置づけており、一九四一年にはその延長線上ではるかに大規模な大東亜戦争に突入している。したがって敗戦後しばらくは歴史の主流から外れた片隅に押しやられたのもむりはないが、しだいに復権したのには理由がありそうだ。

そもそもノモンハン戦は事件の当時から、他の戦場とはひと味ちがう強烈な印象を一般国民に与えていた。(2)そのせいか何冊か出た参戦者やジャーナリストの見聞記はいずれもベストセラーとなり、草葉栄中隊長の『ノロ高地』（一九四一年刊）は、またたく間に四五〇版を重ね、一〇〇万部以上が売れた。今になって読み返してみると、凡作ばかりの印象を免れないが、どこか読者の琴線に触れる要素があったのだろう。

ノモンハン戦に対するイメージは、人により時期により変動している。戦前期は山中峯太郎の書名『鉄か肉か』（一九四〇年刊）が示唆するように、「鉄と肉」がぶつかりあう惨烈な戦闘の連続で、日本軍の犠牲も多かったが、将兵の敢闘で引き分けたというのが平均的イメージだった。それには軍当局の思惑も作用したと思われる。

この時期の陸軍の情報統制はきびしく、戦争の全期間を通じ誇大気味の戦果は伝えたものの、自軍の損害を発表した例はほとんどなかった。唯一に近い例外がノモンハン戦で、陸軍中央は事件終結直後の一九三九年十月三日、地方長官会議で、日本軍の「死傷及び戦病者を加えて約一万八千名」と発表し、ついでに「軍の機械化等物質的戦備の充実を……痛切に訓《おし》えた」と述べ「ソ蒙軍の損害もまた我に劣らぬ夥《おびただ》しい数に上った模様」と付け加えている。

翌日付の各新聞に報道されたこの数字は、後で触れるように過大でも過小でもなく、戦後に判明した実数とほぼ同じだった[3]。

陸軍があえて旅順戦並みの衝撃を与える覚悟で損害の公表に踏み切ったのには、それなりの計算があったと思われる。すでにノモンハンでは負けたらしいという噂が、兵士ばかりか国民の間にも広がりはじめていた。それを打ち消すには、双方ともに大損害を出した痛み分けの激戦だったと認識させ、長期戦に倦《う》みはじめていた国民の士気を引きしめ、軍備拡張の負担を納得させたいと考えたのではあるまいか。

それ以来、ノモンハン戦の勝敗をめぐる論議は二転、三転した。一方、ソ連は東京裁判の過程で自軍の損害を九〇〇〇人以上、一九六三年に邦訳が刊行された公式戦史はモンゴル軍をふくめた死傷者を九八二四人と公表したが、その影響力は長くつづいた[4]。

日本軍の人的損害はソ蒙軍の約二倍という数字が、ソ連の勝利、日本の惨敗という「既視感」を定着させたからである。それが変りはじめたのは、一九九一年のソ連崩壊前後からで、アーカイブスの一次資料に当ったロシアの研究者たちから死傷一万八〇〇〇余、二万三〇〇〇余のような数字が報じられ、二〇〇二年に刊行されたコロミーエッツの著書では、二〇〇一年のクリヴォシェーエフ調査に依拠してソ連軍だけで二万五六五五人（うち死亡九七〇三）と漸増していく[5]。

今や人的損害の面ではソ連軍が日本軍を上まわったのは確実と判定してよいが、そこに着目してノモンハン戦は引き分けないし日本の勝利に近いと唱える論調も見られるようになった。たとえば小田洋太郎は「敗れたと評することはできない」と記し、中西輝政は小堀桂一郎との対談で「ソ蒙軍はほとんど全て（の戦闘）において敗北していた」と、渡部昇一や福井雄三は「日本軍の大勝利と言ってよい」と評す[6]。

戦闘の勝敗は被害統計だけではなく、目的達成度や政治的影響など総合的な見地から論じる必要がある。この点については後に改めて検分したいが、ノモンハン戦の研究分野における重要な変化は、久しく封印されていたソ連軍の公文書が公開されはじめたことであろう。

外交史も同じだが、戦史の領域でも戦った当事国双方の公的記録が利用できるようにならないと、正確な全体像は復元できないし、公正な評価は与えにくい。

一例をあげると、大編隊同士の空戦における戦果判定は故意ではないが、双方とも実数の

擱座したソ連軍戦車の前を進む日本兵

捕虜になった日本兵

数倍にふくれあがる傾向がある。一九四三年十一月二日のラバウル上空における日米空戦の戦果を、大本営は「二〇一機撃墜」と発表した。戦中では最大の空戦戦果だが、米側も日本機の撃墜八五機と算定しているから、お互いさまではある。

終戦後に双方の被害機数は日本一八機、米一九機と判明した。発表戦果は実数の五〜一〇倍に膨張していたのであるが、ノモンハン空戦の算定も似たりよったりである。当時から日本側の圧倒的優勢が強調されてきたが、最近になってこの評価はゆらいだ。

すなわち日本軍は撃墜戦果を一一六二機と算定したが、実数は二四九機（一七四名）、ソ連側が算定した撃墜戦果六四六機に対し、実数は一七六機（一四二名）と大差はない[7]。航空戦における日本の一方的勝利という伝説は否定せざるをえない。

全体像をつかむには、このような統計的処理だけでは足りない。指揮統率、情勢判断、将兵の能力や士気のように、数字では表現できない無形要素もあわせて考量せねばならないが、第一次史料を封印していた旧ソ連時代には望みようもなかった。

前世紀末までに出現したノモンハン戦の研究文献で最高峰の位置を占めていたのは、故A・D・クックス博士（一九二四―九九）の『ノモンハン――草原の日ソ戦1939』（上・下）だが、生前の著者がくり返し嘆いていたのは、ソ連、モンゴルの第一次史料が利用できないことであった。

奇しくも博士が他界した一九九九年、ロシア国立軍事史公文書館は、シュテルン極東方面軍総司令官、ジューコフ第五十七軍団長（ついで第一集団軍司令官）が一九三九年秋、ウォロシロフ国防人民委員（国防相）へ提出した公式報告書をふくめ、実質で五万ページに達するノモンハン関係文書を秘解除した。その一部はNHK取材班の鎌倉英也によって紹介されたが、二〇〇七年にはシュテルン、ジューコフ最終報告書の全文が防衛研究所によって訳出され、ノモンハン戦の研究は新たな局面を迎えた[8]。

参戦者の回想記をふくめ、この事件に関する既刊の日本側文献は異例と思えるほど多い。とくに戦闘経過の分野は細部に至るまで、論じつくされた感がある。そこで本書は前記のようなソ連（ロシア）側の最新情報と突き合わせ、これまで見落とされがちだったいくつかの重要な論点を中心に見直し作業を試みたいと思う。

基本参考文献

本論へ入るに先立ち、頻繁に利用した基本的な参考文献に、必要な解説を付し掲記しておきたい。ロシアの関係文献については岩城成幸『ノモンハン事件の虚像と実像』（彩流社、二〇一三）の第II章を参照。その他の文献については、各章末の注を参照されたい。

1. 防衛庁防衛研修所戦史部（戦史叢書）『関東軍〈1〉――対ソ戦備・ノモンハン事件』（朝雲新聞社、一九六九、『関東軍〈1〉』と略記する。

　計一〇二巻に達する戦史叢書（一九六六―一九八〇）の一冊で、〈1〉は明治期からノモンハン事件（一九三九年）に至る関東軍を軸とした日ソ（露）軍事関係史を対象とする。執筆者は西原征夫元大佐。続篇の『関東軍〈2〉』（一九七四）は一九四〇年から終戦（一九四五年）後までを対象としている。別に同じ執筆者（西原征夫）による非公表の『関東軍〈1〉』の未定稿（七分冊）がある。

2．『満洲方面陸軍航空作戦』（一九七二）
戦史叢書の一冊。執筆者は生田惇。

3．外務省欧亜局第一課『日「ソ」交渉史』（一九四二、巌南堂より一九六九年に復刻版）。別に『外務省執務報告――欧亜局』昭和十四、十五、十六年度版（クレス出版、一九九四）がある。

4．「ノモンハン事件機密作戦日誌」（関東軍参謀部第一課）は『現代史資料⑽』（みすず書房、一九六四）に収録されている（原本は防衛研究所蔵）。冒頭の「資料解説」で角田順は、服部参謀が「この事件ほぼ終了後に関東軍の立場を明確ならしめるために整理記述したもの」と記すが、秦は戦後の加筆修正がかなり多いと推定している。
また正規の「関東軍機密作戦日誌」ではなく、形式も暦日を追っての体裁になっておらず、服部の個人的回想録に近いと判断する。ただし「別紙」として付属している命令、通報、発受信電などの文書は発受信時刻や起案・決裁欄に疑問はあるが、利用価値は高い

（以後は「関東軍機密作戦日誌」として引用する場合もある）。

5．秦郁彦『日本陸海軍総合事典（第2版）』（東京大学出版会、二〇〇五）「主要陸海軍人の履歴」（第1部）、「陸海軍主要職務の歴任者一覧」（第2部）、「陸海軍主要学校卒業生一覧」（第3部）、「諸名簿」（第4部）、「陸海軍用語の解説」（第5部）から構成される。

陸軍軍人の履歴については、別に外山操編『陸海軍将官人事総覧（陸軍篇）』（芙蓉書房、一九八一）が有用である。

6．防衛省防衛研究所戦史部編「ノモンハン事件関連史料集」（防衛研究所、二〇〇七）

防衛研究所蔵のノモンハン事件関連文書の目録、「小松原将軍日記」（昭和十四年五月～十月）、「ノモンハン事件機密作戦日誌」（関東軍参謀部第一課）、「第二飛行集団作戦経過の概要」「中島鉄蔵参謀次長回想録」等のほか、ソ連側史料としてシュテルン将軍、ジューコフ将軍の作戦全般報告書（一九三九年十一月）、クリヴォシェーエフ「戦争・軍事行動・武力紛争中のソ連軍の損害（ノモンハン事件関連）」（ロシア国防省軍事出版所、一九九三）の邦訳等が収録されている。このうち「小松原将軍日記」（以後は「小松原日記」と略称）の原本（昭和十四年一月～十五年六月）は防衛研究所蔵（満州―ノモンハン―二一六）、「ノモンハン事件機密作戦日誌」は『現代史資料⑽』（みすず書房、一九六四）にも収録されている。

7．アルヴィン・D・クックス、岩崎俊夫・吉本晋一郎訳、秦郁彦監修『ノモンハン――草原の日ソ戦1939』上・下（朝日新聞社、一九八九）

原著の Alvin D. Coox, *Nomonhan: Japan against Russia, 1939* (Stanford Univ. Press, 1985) Vol.I, II からの邦訳にさいし、本文と注の一部は割愛した。邦訳下巻の末尾には部隊別に将校以上の編成表を付している。文庫版がある。

なお同じ著者による岩崎博一・岩崎俊夫訳『張鼓峯事件』（原書房、一九九八）がある。原著は、*The Anatomy of a Small War* (Greenwood, 1977) である。

8．「小沼治夫中佐メモ」。ノモンハン戦後に設置された「ノモンハン事件研究委員会」の委員だった小沼の残したメモ（防衛研究所蔵、満州―ノモンハン―〇三三）。

9．読売新聞社編『昭和史の天皇』第25～29巻（読売新聞社、一九七四―七六）

この五巻はノモンハン戦の概要、とくに参戦者からのヒアリングを軸として構成されている。

10．辻政信『ノモンハン』（亜東書房、一九五〇）

関東軍作戦参謀としての体験を率直に回想した著作。一九六七年と七五年に原書房、二〇〇九年に毎日ワンズより『ノモンハン秘史』として再刊。

11. 島田英常「地図は語る――ノモンハン」（月刊『地図中心』二〇〇九年一月号〜二〇一一年七月号の連載）。地図のコレクターとして各種の関係地図を収録。その観点からノモンハン戦の経過を記述している。

12. 満洲国軍刊行委員会『満洲国軍』（蘭星会、一九七〇）

第二次大戦後に旧満州国の日系軍官たちが結成した親睦組織である蘭星会の編集した満州国軍の歴史。文書資料の裏付けが乏しく回想記の域にとどまっているが、類書がないため貴重。

13. 鎌倉英也『ノモンハン――隠された「戦争」』（日本放送出版協会、二〇〇一）

ロシア国立軍事史公文書館で公開されているノモンハン戦関連の記録を調査し、収録している。要点はＮＨＫテレビで放映された。収集資料は防衛研究所に寄贈されている。

14. ノモンハン会編『ノモンハン戦場日記』（新人物往来社、一九九四）

ノモンハン参戦者一九人の日記を収録。なお、ノモンハン会は会誌『ノモンハン』第一

〜一二号（一九六八―七四）で、多数の参戦者手記を掲載した。

15. 三田真弘『ノモンハンの死闘』（北海タイムス社、一九六五。復刻版は日本興業、一九九五）
第七師団のノモンハン参戦者からのヒアリングを編集したもの。

16. 北川四郎『ノモンハン――元満州国外交官の証言』（現代史出版会、一九七九）
満蒙国境紛争の史的経過を記述、ノモンハン戦後の国境画定議定書（四一年十月）の全文を掲載。

17. 『ノモンハン・ハルハ河戦争』（原書房、一九九二）
一九九一年五月、東京で開催された国際学術シンポジウムの報告を編集したもの。報告者は日本人六人、ロシア人三人、モンゴル人四人。

18. O・プレブ編、D・アルマース訳、田中克彦監修『ハルハ河会戦――参戦兵士たちの回想』（恒文社、一九八四）
ノモンハン戦に参加したモンゴル軍将校、下士兵九人の回想記である。別に未邦訳の『モンゴル人民軍五〇周年』（国家出版所、一九七一）がある。

19. ソ連共産党中央委員会付属マルクス・レーニン主義研究所『大祖国戦争史一九四一―四五』第五巻（モスクワ、一九六〇）
邦訳は川内唯彦訳により一九六三年に『第二次世界大戦史』の標題で弘文堂刊。第二巻がノモンハン戦を扱っている。なお一九七四年に刊行された改訂版（第二巻）の邦訳はない。

20. マクシム・コロミーエツ、小松徳仁訳『ノモンハン戦車戦』（大日本絵画、二〇〇五）
原著はモスクワで二〇〇二年刊。

21. D・ネディアルコフ、源田孝監訳『ノモンハン航空戦全史』（芙蓉書房出版、二〇一〇）

22. 滝川勇吉・相場正三久・大沢正訳『ジューコフ元帥回想録』（朝日新聞社、一九七〇）
原著はモスクワで一九六九年、改訂版は九〇年に刊行された。ジューコフの評伝にジェフリー・ロバーツ『スターリンの将軍　ジューコフ』（白水社、二〇一三）がある。

23. 中山正夫「ソ連側資料からみたノモンハン事件」（防衛研修所戦史部研究資料78ＲＯ―８Ｈ、一九七八）

C・H・シーシキン『ハルハ河における勝利』（一九五〇）、M・H・ノヴィコフ『ハルハ河にけるノモンハン事件の戦闘戦史。』（一九七一）の両著書を軸に、『戦史誌』（赤星出版）の関連論稿等に依拠したノモンハン事件の戦闘戦史。

24. シーシキン他、田中克彦編訳『ノモンハンの戦い』（岩波現代文庫、二〇〇六）シーモノフ「ハルハ河の回想」を併載。

25. 厲春鵬他『諾門罕《ヌオメンハン》戦争』全三巻（吉林文史出版社、一九八八）

26. 『モンゴル軍簡史 一九一一―九〇』（ウランバートル、一九九八）本邦未訳、ノモンハンは第二巻で扱われている。別に『モンゴル人民軍五〇年』（国家出版所、一九七一）がある。

地名考

主として昭和十四年六月に作成された関東軍参謀部の兵要地誌資料（昭和十四年六月、防衛研究所所蔵、満州―ノモンハン―二四）等により記述する。

・アムクロ（向穆克朗）――興安北省新巴爾虎《バルガ》左翼旗の公署と警察署の所在地。ハイラルから一四〇キロメートル、ノモンハンの北西七〇キロメートル、カンジュル廟の南方二五キロメートルの街道上に位置する。

・ウズル水――ノモンハン西北六キロメートルの淡水。ノモンハン戦中は周辺に第二十三師団の後方施設、野戦病院があった。

・カンジュル廟（甘珠爾廟）――ハイラルの西南一六〇キロメートル。仏典の名称が由来。一七七一年に建立されたホロンバイル随一のラマ教（チベット仏教）の廟があり、交易の中心地で八月の祭礼には多数の現地民が集まった。平時は家屋五〇余、満人部落二〇、パオ（包）三五、人口一二〇人、収容力一一〇〇人。文化大革命で破壊されたが、二〇〇三年に再建。

・将軍廟《ジャン・ジン・スム》――ラマ教の廟あり。他に家屋三〇、パオ七の小集落あり。ノモンハン戦後半に廟は爆撃で半壊。ノモンハン戦の中期以降は第二十三師団の司令部が置かれ、周辺には多数の軍用テントが張られていた。

・ノモンハン（諾們罕）――別にモンゴル語の発音に近いノムハンまたはノモハンの表記も見られた。読売新聞は第一報からノモンハンで通したが、東京朝日新聞はノモンハン（五月）↓ノムハン（六月）↓ノモンハン（八月）と変り、大阪朝日新聞は一貫してノムハンの表記で通している。

語源はラマ教の高位僧職者の職名（法王）に由来する。不定期に仮設されたパオを除き、ノモンハン名の集落は存在せず、清朝期から存在したノモンハン・ブルド・ネ・オボ（二基が並立）の場所をノモンハンと想定してきた。

日本軍は付近にあった唯一の固定家屋である国境警察隊分駐所の所在地（後述）周辺を、漠然とノモンハンと呼んでいたようである。

・ノモンハン・ブルド・ネ・オボ――ブルドはボルトクとも表記する。オボとはホロンバイル地域で、自然発生的に石塊、樹片、羽毛等を人間の背丈ぐらいに積みあげた道標で、宗教的信仰の対象ともされた。清朝時代に部族間の境界としても建立され地図上に記入されたが、滅失したあと再建されないままにすぎた例が多い。

一九三七年、満州国の調査団が三七〇キロメートルにわたる満蒙国境を踏査したさい、団員の北川四郎は清朝時代のオボ跡を土地の古老に尋ねてまわるが、残っていたオボは四基にすぎず、ブルド・ネ・オボも確認できなかった（北川）。一九三八年にハンダガヤからノモンハンを経てハルハ廟まで踏査した矢野光二少佐も同様だったと東京裁判で証言している。

そのためか、ノモンハン戦でソ蒙軍が使用した地図におけるオボの位置は、日本軍が使用していた一〇万分の一図上のオボ（二基並立）の位置より南西三キロメートル余に記入されており、ノモンハン戦後の国境画定に関する議定書（四一年十月）でも、ほぼ同じ地点（正確にはホルステン川より西北西一・八キロメートル）をノモンハン・ブルド・ネ・オボの名称で国境線の基準となる屈折点に選定した。

・ノモンハン・ブルド・ノール――ホルステン川の上流は両岸が湿地帯をなし、その水源と思われるいくつかの「湧き水」（ブルド）のひとつで清涼な飲料水を得られる。

東北方一キロメートルの上流（源流）にウルズ・ノールと呼ばれる湧水もあるが、水量の増減によって隠顕する。

・ノモンハン分駐所――ブルド・ネ・オボの西方約一キロメートル、ホルステン川の西岸に近い見晴しの良い小丘に置かれた満州国興安北省新巴爾虎《バルガ》左翼旗の国境警察隊分駐所（本所はアムクロ）。土を掘り下げ半地下式とした白壁の家屋で、一〇人前後の収容力があった。

平時は銃を持つモンゴル系警士（巡査）五〜七人が常駐し、付近の監視とパトロールに当っていたが、一九三九年に入り、モンゴル国境警備隊との紛争が頻発したため、日系をふくむ警士数人を増加配置し、満州国軍も必要に応じ一部兵力を派遣した。五月に東支隊、ついで山県支隊がハイラルから前進したときは、日満両軍が拠点として利用した。その間の戦闘で破壊されたらしい。

・ノロ高地——川又に近いホルステン川南側の丘陵（標高七四二メートル）、ソ連軍はゼリョーナヤ高地、モンゴル軍はノゴー・ウンドルルクと呼称。ノロの語源はノゴー（緑色）がなまったものかと田中克彦は推定する。参戦者の草葉栄大尉著の『ノロ高地』はベストセラーとなった。

・ハイラル——満ソ国境の満州里《マンチュリ》から一八七キロメートル東方に位置し、ホロンバイル地方の中心地、興安北省の省都である。標高六一三メートル、人口一万八〇〇〇（うち日本人二〇〇〇）。ハイラルは満州語で「ニラ」を意味する。

満州国国境警察隊ノモンハン分駐所

関東軍にとっては西北部防衛の重要拠点であり、第二十三師団（編制定員一万二五〇〇人）のほか、第八国境守備隊（同六三七〇人）、ハイラル特務機関、ハイラル憲兵隊、陸軍病院などが駐屯していた。ノモンハン戦の時期には前線部隊にとって最も重要な後方基地の役割を果す。

・ハルハ河（Harha River）——ハルハの語義は「盾」とされる。ソ連はハルヒン・ゴル（Kharkhin Gor）と呼称。本流は大興安嶺の南麓に発し、アルシャン川、トロル川、ネメルゲン（ヌムルグ）河（川幅二〇メートル、水深一メートル、本流説がある）、ハンダガヤ川、ホルステン川等の支流を分岐しつつ北西に流れ、ボイル湖に注ぐ。全長二四〇キロメートル。ホルステン川を分岐する川又付近は幅八〇メートル、水深二・五メートル、流速〇・九メートル（秒）。上流は幅三〇メートル、水深一～二メートル、流速一～二メートル。西岸は東岸より平均して四〇～五〇メートル高い。河谷の一部は湿地帯をなし、所々に中洲あり。減水時には渡渉場（浅瀬）を人馬が渡れる。十月中旬から五月上旬まで氷結する。

・ハロン・アルシャン（阿爾山）――地名は「熱い鉱泉」を意味する。ハイラルの南二三〇キロメートルに位置した。白城子から索倫を経てアルシャンを終点とする満鉄の白温線が一九三七年に開通した。その前から四四の温泉と鉱泉に年間約五〇〇〇～一万人の浴客が集まる保養地として賑《にぎ》わった。ノモンハン戦では白温線を経由する増援部隊の出発点となったが、ハンダガヤを経由してノモンハン周辺に至る道路が不良のため、物資の補給ルートとしての機能は十分に果せなかった。鉄道はハイラルまで延長する予定だったが、四一年にトロルまで開通するにとどまった。

・ハンダガヤ――ノモンハンの南東六五キロメートル、ハロン・アルシャンから四五キロメートルに位置する。語源は大型トナカイ（ハンダハン）に由来する。パオ三〇のほか日本人の経営する農場があり、ハイラル特務機関の分室、国境警察隊の分駐所（一〇人）もあった。

・フイ高地――ノモンハン戦の激戦地。戦闘開始後に標高七二一メートルにちなみ、第二十三師団の参謀が21（フイ）と命名した。他に753高地を「イミ」、780高地を「ヤレ」と呼ぶなど重要高地はヒフミ読みで命名されたものが少なくない。ソ連軍はパーレッツと呼んだが、戦闘末期にはフイと呼ぶようになった。モンゴル側はホロー・ウンドルルクと呼称。

・ホルステン川――ソ蒙側の呼称はハイラステン・ゴル（楡《にれ》のある川）、モンゴル名はハイラスタイ・ゴール。下流の幅は三〇メートル、水深〇・六メートルだが、浅い河谷はかなり広い。上流は水量が少なく、両岸は湿地で乾季には干上がってしまい、渡渉場で往来することも可能。

・ホロンバイル（呼倫貝爾）――バルガ地方とも呼称。ホロン湖（別名、ダライ湖）とボイル湖にちなむ地域名。大草原地帯で、ハイラルをふくむ人口七万〜八万に対し家畜は、羊五八・五万頭、馬四・八万頭、牛七・一万頭に達する。ボイル湖（Lake Buir Nor）は琵琶湖とほぼ同面積。流出するウルシュン河（流長二一〇キロメートル）はホロン（ダライ）湖に流れこむが、比高差がなく逆流する時もある。ハルハ河口、ウルシュン河、その支流シャラルジ川で形成される三角地帯は豊かな牧草地。

・タウラン――モンゴル名はトロン・ホンホル（七つの凹地）。一九三六年、日満ソ蒙軍がタウランで衝突事件を起こした。一九三九年までの満蒙国境線は不明確で、ボイル湖西岸から南西方にかけた線上付近でのハルハ廟、アッスル廟、ツァガン・オボ、ボルンデルス、オラホドガ、タウランでは三五年から三六年にかけ、同様の紛争が起きている。

・タムスク――モンゴル名はタムツァク・ボラグ。語義は「美味な泉」。ノモンハン戦時はソ蒙両軍の補給根拠地であったが、シーモノフによれば三〇〇ぐらいのパオと若干の建物しかない寒村であった。周辺の飛行場群にソ蒙軍の飛行隊が展開した。

・バインツァガン（白銀査干）――七月三日、ハルハ河西岸に進出した第二十三師団とジューコフの指揮するソ蒙軍が交戦する激戦場となった。日本軍は「ハラ台」と呼んだ。

・ハマルダバ――ハルハ西岸に臨み、ジューコフ将軍の半地下式司令部が置かれた。「鼻の高地」の語義どおり標高八一〇メートルと周辺ではもっとも高く、東岸の戦場を展望できた。一九八四年、高さ五三メートルの戦勝記念塔が建設され、近くのスンブル村には戦争記念館がある。

関東軍の構成

ノモンハン戦開始直前の一九三九年三月末時点で、関東軍の指揮下にあった主要部隊を示す。

- 参謀部
  - 参謀長　磯谷廉介中将(16)
  - 参謀副長　矢野音三郎少将(22)
  - 第一課(作戦)　寺田雅雄大佐(29)、服部卓四郎(34)、村沢一雄各中佐(34)、辻政信(36)、島貫武治各少佐(36)
    ［航空］三好康之中佐(31)　［機甲］野口亀之助少佐(38)
  - 第二課(情報)　磯村武亮大佐(30)、大越兼二少佐(36)
  - 第三課(後方)　磯矢伍郎大佐(29)、芦川春雄少佐(35)
  - 第四課(政務)　片倉衷中佐(31)、三品隆以少佐(36)
- 第三軍(東満)――2D 8D 11D 12D 1~4国境守備隊
- 第四軍(北満)――1D 5~7国境守備隊
  - 参謀長　大内孜大佐(26)
  - 参謀　村田昌夫中佐(33)、鈴木善康少佐(33)、伊藤昇大尉(42)

D：師団
（2D＝第2師団）
人名の（　）は陸士期

関東軍司令官
植田謙吉大将(10)

- 23D 小松原道太郎中将(18)
  - 歩兵団(歩64、71、72連隊) 小林恒一少将(22)
  - 野砲13、工兵23、輜重兵23連隊、捜索隊
  - 第8国境守備隊 阿部平輔少将(21)
- 第1~5独立守備隊
- 4D(チャムス) 沢田茂中将(18)
- 7D(チチハル) 園部和一郎中将(16)
  - 歩13旅団(歩25、26連隊)
  - 歩14旅団(歩27、28連隊)
- 関東軍砲兵隊 内山英太郎少将(21)
  - 野重9、独立野砲1、穆稜、旅順、阿城重砲兵各連隊、迫撃2、高射砲10、12連隊
- 第1戦車団(公守嶺) 安岡正臣中将(18)
  - 戦車3、4、5連隊
- 騎兵3旅団(宝清)
  - 騎23、24連隊
- 工兵22、24連隊
- 第2飛行集団(牡丹江) 儀峨徹二中将(19)
  - 飛行10、11、15、24戦隊
- ハルビン特務機関、秦彦三郎少将(24)
- ハイラル特務機関、横井忠道大佐(25)
- 特殊情報部(新京) 大久保俊次郎大佐(24)
- 関東軍防疫部(ハルビン) 石井四郎軍医大佐
- 関東憲兵隊(新京)
  - ハイラル、ハルビン、新京憲兵隊等

満州国軍の構成

ノモンハン戦に関東軍の指揮下で出動した満州国軍の一九三九年六月末時点における指揮系統と主要部隊を掲記する。階級は将官が大中少将、佐官が上中少校、尉官が上中少尉となる。

治安部大臣
（于琛澂、新京）

- 興安北警備軍（ハイラル）――騎兵第1（アムクロ）、第2（ノモンハン）、第7（ツァガン・オボ）、第8（ハイラル、ノモンハン）、第9（三河）各団
  - 烏爾金少将
  - 5月動員
- 興安師＝興安支隊（ハンダガヤ）―騎兵第4、5、6、12各団、砲兵団、迫撃砲団
  - 野村登亀江中将
  - 6月20日動員
- 石蘭支隊（独混第一旅）――歩兵、騎兵各一団
  - 石蘭斌少将
  - 8月7日動員（ホルステン南岸）
- 鈴木支隊――歩兵、騎兵各一団
  - 鈴木菊次郎少将
  - 8月11日動員（ハンダガヤ）
- 軍事顧問部

極東ソ連軍の構成

ノモンハン戦初期の一九三九年五月末時点における指揮系統と第五十七特別軍団の指揮下にあった主要部隊を掲記する。

国防人民委員部

- 第一特別赤旗軍（ウォロシロフ）　シュテルン大将
- 第二特別赤旗軍（ハバロフスク）　コーネフ大将
- 第五十七特別軍団（ウランバートル）　フェクレンコ少将 ……… ザバイカル軍管区
  - 第36自動車化狙撃師団　ペトロフ少将 ── 狙撃24、76、149各狙撃連隊、175砲兵連隊、戦車、高射砲、対戦車砲各大隊
  - 第11戦車旅団　ヤコフレフ大佐 ── 16、24、45各戦車大隊、機関銃・狙撃、砲兵各大隊
  - 第7装甲車旅団 ── 装甲車、機関銃・狙撃、偵察各一大隊
  - 第8装甲車旅団 ── 装甲車、戦車、機関銃・狙撃各一大隊
  - 第9装甲車旅団 ── 装甲車、機関銃・狙撃、偵察各一大隊
  - 第100特別航空旅団　ネステルツェフ中佐

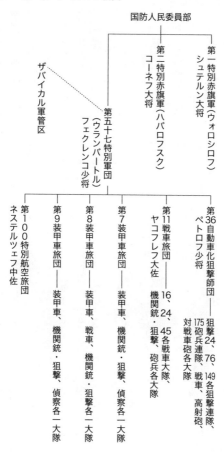

部隊系列は軍（homandarm）―軍団（komkor）―師団（komdiv）―旅団（kombrig）が標準。赤軍は当初は階級を作らなかったが、一九三五年から大佐以下は列国と同じ階級を創設、将官担当者は職名を階級とする方式を導入した。ノモンハン事件時にジューコフは師団長の階級で第五十七特別軍団長（職名）を命じられた。

欧米諸国や日本では、赤軍の高級指揮官に相当する階級をあてはめるさい、シュテルン二等軍司令官を上級大将または大将、ジューコフ軍団長（三九年七月三十一日昇格）を大将または中将とまちまちの呼称になった。本書では階級の使用を避け、将軍と表記した場合が多い。

一九四〇年五月、全面的に列国と同様の階級制を導入し、将官は元帥―上級大将―大将―中将―少将とした。ジューコフは四〇年六月、上級大将に昇任した。

モンゴル軍の構成

ノモンハン事件初期の一九三九年五月末時点におけるモンゴル軍の主要部隊を掲記する。実質的にソ連の第五十七特別軍団（のち第一集団軍）の指揮下に置かれ、六八一人のロシア人顧問（首席はヴァイネル軍団長）が配属されていた。

人民革命軍総司令官
チョイバルサン元帥

- 第一～四騎兵師団
- 第五騎兵師団
- 第六騎兵師団
  ダンダル大佐
  - 騎15、17連隊、砲兵、装甲車各大隊
- 第七騎兵師団
- 第八騎兵師団
  ニャンタイスレン大佐
  - 騎22、23連隊
- 装甲車旅団
- 第二国境警備隊
  （ハマルダバ）
  - 第6、第7哨所

十八種以上の地図があった

まずは紛争の火種となり、激戦場の舞台となったノモンハン周辺の国境線をめぐる歴史的由来と関係国の言い分を整理しておきたい。

一般的に国境線は、接壌する国家間の条約や協定によって画定する。河川や山の稜線を境界とする例が多いが、清朝の官制はノモンハン周辺のように山河の乏しい人跡稀な草原地帯

等は、「オボを設けて界とする」と規定していた。オボは道標を兼ねて石塊、樹片、羽毛等を積みあげたもので、ラマ教の高僧にちなんだノモンハン・ブルド・オボもホロンバイル大草原の一隅に立っていた。だが周辺を往来する遊牧民はあっても定住者はなく、一九三九年初頭の時点では満州国興安北省国境警察隊ノモンハン分駐所の一軒家に駐在する五〜七人のモンゴル系警士（巡査）が巡察しているだけであった(9)。

このオボから西方約二〇キロメートルを南北に流れているのがハルハ河だが、のちに激戦地となるこのあたりの地理を伊藤桂一は著書の『静かなノモンハン』で、次のようにスケッチしている。

興安嶺《こうあんれい》の南を源とする一条の水流、ハルハ河——は、草原と砂漠のまじる大波状地を縫って西流し、さらに北流して、バイル（ボイル）湖に流れ込む。流程約三百キロ。水量は豊かで、水は清澄……河幅は約五十メートル。水深は一メートル前後。流速は一メートル。

西流するハルハ河が、北流をはじめてまもなく、東から流れてくる一つの支流を合わせるが、この河がホルステン（ハイラステン）河である。河幅二十メートル。この河は砂漠の中に点在する（ノモンハンの）「泉」を源とする……オアシスのような風情はない。水辺に、せいぜい、わずかばかりの緑地や灌木をみるくらいである(10)。

そのうえ生活条件も過酷で、参戦者たちの手記は夏期の「焦げつくような暑さ」（七月の最高気温は40度C）、夜の「手や足の先が凍るばかりの寒さ」（九月の最低気温は氷点下）に蚊の大群が襲いかかる、と一様に回想しているから、戦場を訪れた外国人特派員が「なんという荒野だ。こんな土地に五ドルだって払うつもりはないね(11)」と放言したのも、むりはない。

だが現地人の故郷への情感は別で、東《あずま》捜索隊と戦ったモンゴル軍の英雄ダンダルは、五月のホロンバイルを「大地は緑草に覆われ、カッコウが鳴き、川の水は静かに流れ、両岸にはヒバリがさえずり舞い遊ぶ(12)」と描いている。そうだとすると、羊や馬を追ってハルハ河を往来する平和時の遊牧民にとっては「住めば都」の土地柄なのかもしれない。

一九八九年八月末に戦後第一回のノモンハン慰霊団に加わり、この地を訪れた私はハルハ河畔にたたずんで両岸に沿って広がる牧草地帯を眺めているうち、ふとひらめくものがあった。河こそ国境線にふさわしいという先入観は誤りではないかとの思いだ。

一七二七年に清帝国と帝政ロシアは、キャフタで国境線を画定したさい、「山在れば山、河在れば河」という共通の基準でハルハ河を国境と定め、二十世紀に入ってからもしばらく、後継政権の中華民国とソ連邦はその基準を引き継いでいた。しかし遊牧民にとっては河自体よりも牧草の豊かな両岸地域が重要なので、水田耕作民の水争いに似た諍《いさか》いが起きがちだった。

実際に同じモンゴル人でもハルハ東（および北）岸のバルガ族と、西（および南）岸を縄張りとするハルハ族の間に争いが絶えないのを見た清国の雍正帝《ようせい》は、キャフタ条約から七年後の一七三四年（雍正十二年）に、ボイル湖からハルハ河の東方約二〇キロメートルをへだてて、南はハロン・アルシャン付近に至る線を両部族の境界と裁定する。その後一八四九年（道光二十九年）、一八五八年（咸豊八年）、一九〇八年（光緒三十四年）等に境界は一部が修正された。境界線の約一キロメートル両側に監視線を引き、「カロン」と呼ばれる監視哨を配置した時期もある。

清国内における一種の行政境界という位置づけだが、その後は国境と行政境界が混交しがちで、関係国の間では十八種類かそれ以上の地図が入り乱れて流通することになる(13)。

いずれにせよ、ノモンハン事件が起きた一九三九年の時点で、一九三二年に誕生した満州国と一九二一年に独立したモンゴル人民共和国（外蒙古）との間で、七六〇キロメートルに及ぶ国境線について条約等による両国の合意は未確定だったと言えよう。

一般に国境画定会議では双方が自国に有利な地図しか持ち出さないので、延々と水掛論争がつづき、結局は中断してしまう例が多い。日満代表がハルハ河、モンゴル代表がハルハ河東方の線を主張しあった満州里会議（一九三五～三七年）でも、ノモンハン事件後の日満対ソ蒙が同じ主張をくり返した国境画定会議（一九三九～四〇年）でも、地図上の論争は決着しなかった。再開した四一年に協定が成立したのはほぼソ蒙軍の主張に沿う線とはいえ、実は停戦時における双方の占拠線を原則として採用したからで、八月に国境標識を立て終った。

表1-1　ノモンハン周辺の満蒙国境を示す主要地図の例

作成者	日付(年月)	縮尺	国境線	その他
1. 清国皇帝の裁定	1734		ハルハ河東方	
2. 帝政ロシア軍	1906	1／8.4万	ハルハ河	1933年までソ連軍が継
3. 日本陸地測量部	1918	1／10万	ハルハ河	1918年に入手した2の翻案縮図
4. 清国参謀本部	1918	1／10万	ハルハ河	
5. ソ(蒙)軍	1935	1／20万	ハルハ河東方	2の補正
6. 関東庁	1926～34	1／250万	ハルハ河東方	
7. 関東局	1935	1／250万	ハルハ河	
8. 関東軍・陸地測量部	1935	1／10万	ハルハ河	3の補正
9. 関東軍「満蒙国境要図」	1937.8	1／50万	ハルハ河東方	
10. 満州国外交・治安部	1937.9	1／10万	ハルハ河東方	実地踏査で1を再確
11. 関東軍「外蒙行政明細図」	1937.12	1／400万	ハルハ河東方	1934年ティシュコフ とあり、外蒙作成か？
12. 陸地測量部「将軍廟」	1938.12	1／10万	ハルハ河	8の補正
13. 陸地測量部「満州国」	1939.2	1／100万	ハルハ河	
14. 第六軍「ハルハ河近傍戦場図」	1939.9	1／10万	ハルハ河	
15. 満蒙間の議定書	1941.10	1／2.5万	ハルハ河東方	日ソも合意

注(1)補正を加えた版が、くり返し製版され、配布された例が多い。
(2)1939年6月時点で、関東軍は1／10万、1／20万、1／50万地図を配布ずみ。ソ連より1／20万、1／50万、1／100万地図を入手していた（関東軍参謀部「ノモンハン事件関係兵要地誌資料」)。

戦後の東京裁判でも、国境線の論争はむし返される。日本の侵略性を強調するソ連検事は、ハルハ河東方の線を国境線とした地図を次々に突きつける。出廷した日本側証人たちは「その地図は見たことがない」とか「地図の来歴が不詳」などとつっぱね、最後に「ハルハ河が国境線だと信じております」と、異口同音にくり返した。[14]うんざりしたウエッブ裁判長は「時間の無駄だ」と何度も口を挟んだが、判決文は「事件後に協定が成立しているので、位置決定は必要ない」と結論を回避している。

それでは公平に見て、国境線の論争をどう評価すべきなのか。表1－1はノモンハン周辺の満蒙国境を示した数多い諸地図のうち、民間レベルで発行されたものは除外し、公的地図の主要例を列挙したものだが、(A)国境をハルハ河の線とするか、(B)ハルハ河から約二〇キロメートル東方の陸地とするかで二つの流れがあったことがわかる。

(A)の流れは、2の帝政ロシア軍が一九〇六年に実測に基づき作成した八万四〇〇〇分の一地図が起点で、ソ連陸軍（赤軍）も一九三三年まで継承した。シベリア出兵時に2を捕獲した日本陸軍の参謀本部陸地測量部が、その精密さに着目して、一〇万分の一に翻案縮尺した3を採用し、多少の補正を加えて8、12、13、14に継承された。

(B)の流れは1の清国皇帝が裁定した行政境界を国境に見立てたもので、6、9、10、11はこの流れを継承している。

ところが満州事変による国際政治の変動は、こうした流れを混乱させた。ソ連はハルハ河を国境としていた帝政ロシア時代以降の軍用地図を、一九三二年から三四年にかけての現地補測でハルハ河東方に訂正した。東京裁判でこの点を衝かれたソ連検事は訂正の理由を「国境が誤っていてハルハ河に沿うように記入されていたので」としか説明しなかったが、北川四郎は清朝時代の部族境界がその後に独立した満蒙両国の国境に適用されると解釈したモンゴルの異議申立てを採用したのだろうと推測する⒂。

東京裁判のソ連検事は、関東庁（関東局）が発行した地図も一九三四年以前の版はハルハ河の東方となっていたのが、三五年以降はハルハ河に改められたと指摘し、北川も「古い地図の配布は禁止された」と書いている。だが日満関係者の間でも、地図の改変をどこまで認識していたかは疑わしい。

満州国外交部の北川は、一九三七年六月から九月にかけて外交部、治安部、興安北省の専門家が清朝時代の道標を探しながらの実測踏査で作成した地図に、一八四九年の行政境界であるハルハ河東方の線を「正しい国境」と付言しておいた。しかし地名を漢字表音のモンゴル語で記入したせいか、ほとんど誰も報告書に注意を払わなかったようだと回想する⒃。

このとき、彼らは一九三四年に関東軍が測図し、三五年に参謀本部陸地測量部が製版したハルハ河を国境線とする一〇万分の一地図（表1－1の8）を携行していたにもかかわらずである。

それだけではない。防衛研究所が所蔵する「満受大日記」に三七年八月末、関東軍参謀部が満州国と協議のうえで作成して、東条参謀長名で梅津陸軍次官へ送付した五〇万分の一地

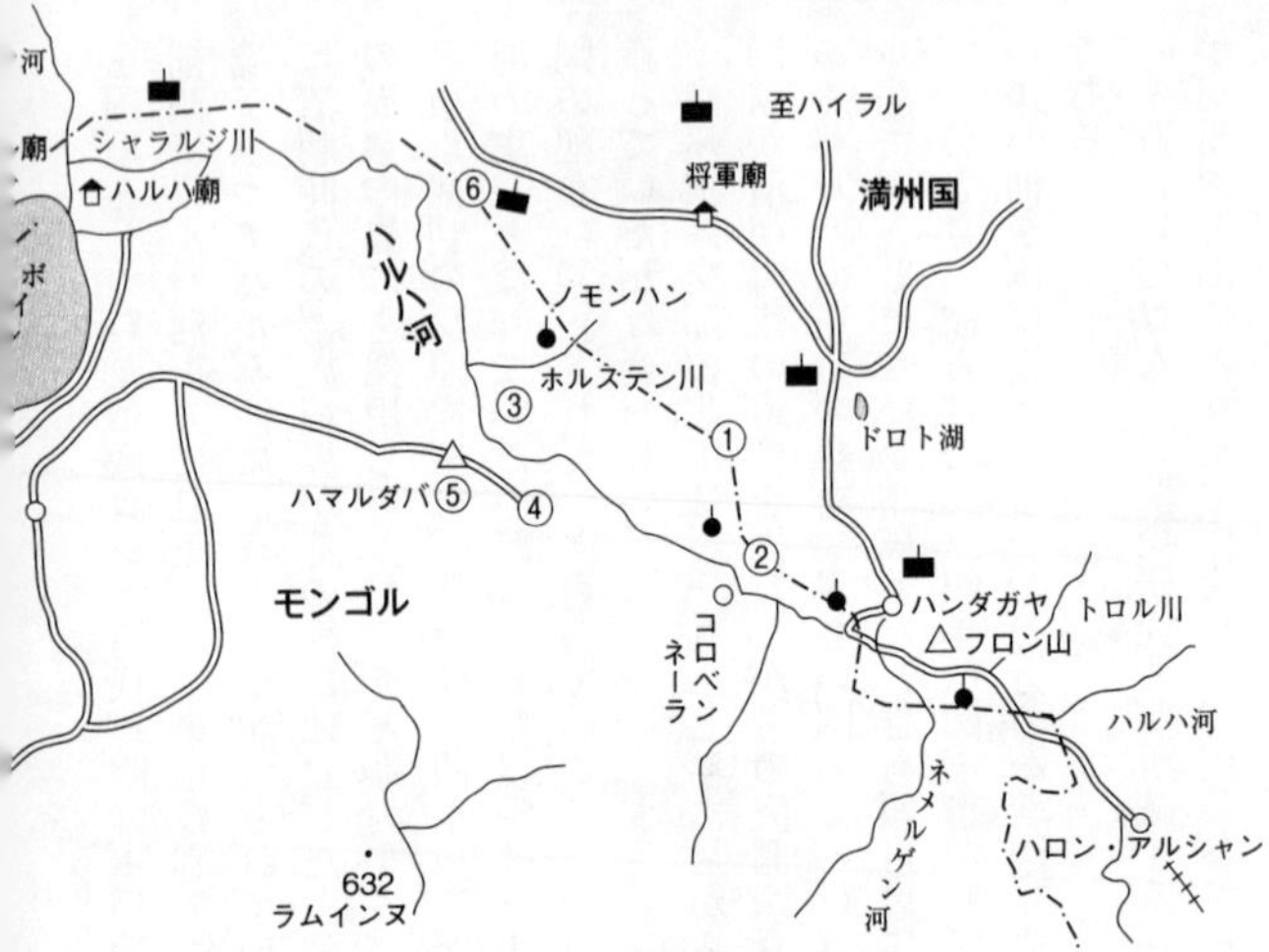

①フラト・ウリン・オボ
②エルス・ウリン・オボ
③ドゥングル・オボ
④サンブル・ツァガン湖
⑤スンブル・オボ
⑥シリンホドク
⑦ツァガン・オボ

出所：戦史叢書『関東軍〈1〉』（p.319）に秦が補筆

図（表1－1の9）が綴じこまれている。「満蒙国境要図提出ノ件通牒」と題した現物を眺めると、これでも国境線はハルハ河の東方ノモンハン・ブルド・オボのやや西方の線を南北に走っている(17)。

公平に見て、国境線の論争で日本側の主張はかなり分が悪いと評せざるをえない。表1－1を虚心に眺めると、関東軍が一九三七年頃から国境線の認識をハルハ河からその東方陸上の線に切り換えたととれなくもないからである。

ノモンハンか、ハルハ河か

そうだとすれば、ハルハ河

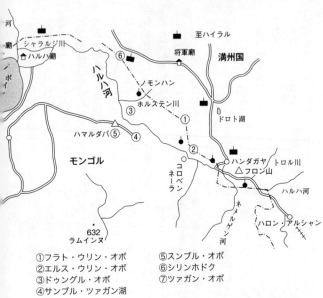

が国境だという前提でノモンハン戦を発動した第二十三師団長と、それを容認した関東軍司令部、陸軍中央部の判断は、いずれを根拠としていたのか。即答しかねるこの難問に対し、とりあえずの仮説をいくつか提示してみよう。

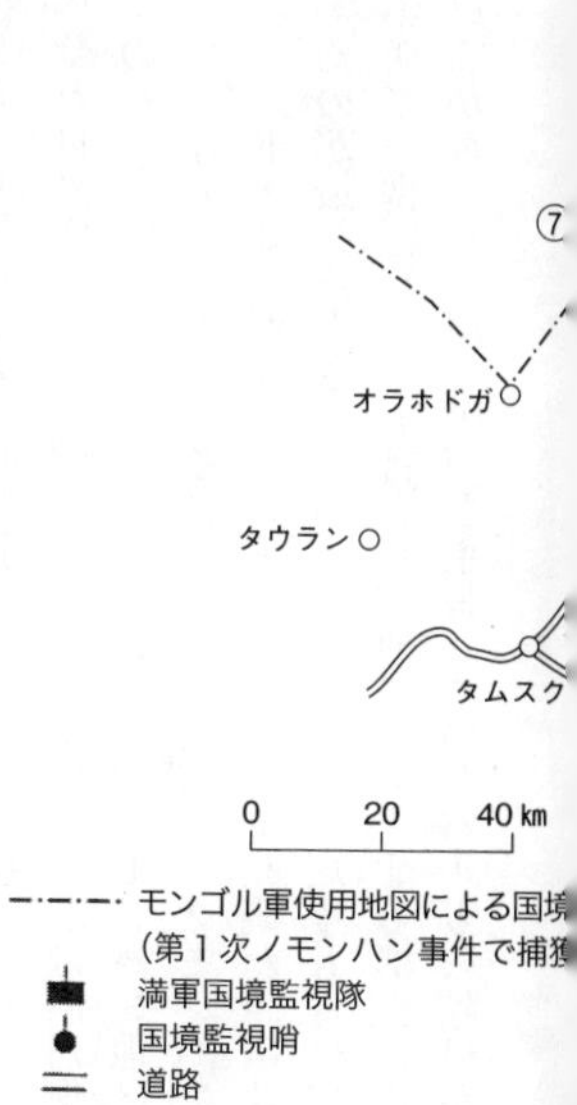

図1-1　ハルハ河周辺の略図

(1)関東軍司令部と陸軍中央部が公認していた地図は、一貫して表1-1(3、8)の一〇万分の一であった。ただし一九〇六年の帝政ロシア軍地図(表1-1の2)を翻案、転写し、その後の実測で補正していった由来から借り物意識はぬぐえなかったのだろう。3から9へ国境線を変えたことも、さほど強く意識されなかったのかもしれない。

ノモンハン事件に半年先立つ一九三八年秋、参謀本部ロシア課で陸軍随一の蒙古通とされた矢野光二少佐が参謀総長の訓令を受け、二ヵ月かけハロン・アルシャン南方からノモンハンを経てハイラルまで踏査し、「境界はハルハ河であることを確認し、上司に報告した」[18]と東京裁判で証言している。

ノモンハン周辺は満ソ国境(四三〇〇キロメートル)、満蒙国境(七六〇キロメートル)のなかでは一辺境にすぎず、関係者の間でも関心の対象になりにくかっただけに、矢野の報告はそれなりの影響を与えたかと思われる。

(2)実務上は在来の各種地図が混用されていた。3、8の一〇万分の一地図ばかりでなく、ハルハ河東方に国境線を引いた9、10、11が、少なくとも参考地図として陸軍中央部ばかりでなく現地部隊の司令部にも配布されていたと推定される。

(3)国境線をわざと不確定にしておくのが有利という判断があった。

今岡豊少佐は陸大の学生だった一九三四年頃、新京で関東軍参謀から「西の国境はこっちが強くなれば延びるし、向うが強いと引っ込む。わざとぼやかしておくんだ」[19]と述懐したのを聞いている。事件さなかの三九年六月二十四日、天皇が閑院宮参謀総長へ「国境画定は関東軍が寧《むし》ろ之を欲せざりしにあらずや」[20]と質問しているのは、今岡の回顧を裏付けるものかもしれない。

(4)事件前に関東軍はソ蒙軍の主張する国境線が入った地図を確認していなかった。

外蒙が日満側と異なる国境観を持っていることは満州里会議で知れたが、主題がボイル湖近くのハルハ廟をめぐる論議にとどまり、ノモンハン地区や以南をふくむ地図論争にまでは至っていない。日本軍がそれを確認したのは、ノモンハン戦の初期に捕獲した外蒙軍の地図に「ブルド・オボ西南三キロメートル付近より概ね東南及び西北に通じる」[21]国境線が引いてあったのが最初だとされている。もっとも三八年五月に亡命したフロント少佐が地図（詳細は不明）を携行したとも言われ、他にも入手する機会はあったかもしれない。

(5)以前からハルハ河を国境と主張していたバルガ族隊員が、国境警察隊や満軍の認識と行動に影響を与えた。モンゴル側の記録によると、三八年末頃に多数のバルガ族住民がハルハ河東岸地区へ移動してきたので、「モンゴル側は国境警備を厳重にする必要性[22]」に迫られ、彼らを押し戻すため増強したモンゴル国境警備隊が出動するようになったとしている。

(1)~(5)のいずれが主因かは断定しにくいし、複合していたとも考えられるが、事件当時、参謀本部ロシア課員だった斎藤浩三中佐の「一般には軍も民も常識的に国境はハルハ河と思いこんでいた。事件が起きてからあわてて国境線の考証が始まった[23]」という折衷説が実情に近かったのかもしれない。

示唆を与えてくれるのは、第二十三師団長小松原道太郎中将の日記である。ノモンハン事件の発端となった三九年五月十一日の衝突直前から、東捜索隊がソ蒙軍に包囲され全滅した五月二十九日に至るいくつかの記事を次に引用したい。

「国境に関し彼我の解釈の異なるためなり」（四月二十三日の兵団長会同で小松原が報告した「情勢判断」）

「満軍はノモンハンに……越境進入せる外蒙軍を奇襲」（五月十二日）

「所感　師団長は管区防衛の全責任を有し、過般命令せられたる満ソ国境紛争処理要綱に基き、随意に作戦の指導兵力の運用をなすべき権限を保有す」（五月二十二日）

「所感　ノモンハン事件は国境の不確定に基因す　外蒙領内と彼が信ずる地域に外蒙軍進

第二十三師団長小松原道太郎中将（左）と矢野参謀副長

入せるを以て5月15日、日満両軍を以て之をハルハ河以南に撃退す」（五月二十九日）

傍点部分をつないで小松原の心境を推察すると、先入観もあってか発端時にはハルハ河を国境線と信じていたのは確かなようだ。しかし砲火を交える前から彼我の国境観に差異があるらしいと気づいてはいたようで、五月末には、国境はやはり不確定なのかとの疑心を抱きはじめたようすが見てとれる。改めて手許の諸地図をじっくり見直して反省したのかもしれない。

五月二十二日の所感からは律儀細心の定評があった小松原が、随意と表現した気軽な気分で初動を決意したきっかけが、植田関東軍司令官の名で示達されたばかりの「満ソ国境紛争処理要綱」（四月二十五日、関作命一四八八号別冊）にあったらしいことも読みとれる。事件終結後に沢田第四師団長が、同期生の小松原から「あの訓示（植田）さえなかったら、こんな事はなかったであろう[24]」と聞いているのは、それを裏書きする。

そこで、ノモンハン戦研究者の間で「諸悪の根源」視されてきた「満ソ国境紛争処理要綱」（以後は紛争処理要綱と略称）の成立事情と問題点を概観しておきたい。

「満ソ国境紛争処理要綱」の衝突路線

強硬派の関東軍作戦参謀辻政信少佐が起案し、昭和十四年四月二十五日の関東軍兵団長会同で示達されたこの要綱がもたらした各方面への波及効果を検分しよう。要綱は冒頭で「軍は侵さず、侵さしめざる」を本則とするが、国境におけるソ蒙軍の不法行為（越境等）は「周到なる準備の下に徹底的に膺懲《ようちょう》」し、その「野望を初頭に於て封殺破摧《はさい》」する方針を宣言している。

そしてつづく「要綱」で、国境線が「明瞭なる地点」と「明瞭ならざる地域」への対処策を別々に示していた。前者では越境者への「急襲殲滅《せんめつ》」（第三項）を、後者では「防衛司令官（注：ノモンハン方面では第二十三師団長を指す）に於て自主的に国境線を認定して之を第一線部隊に明示」（傍点は著者）せよとする。「無用の紛争惹起《じゃっき》を防止」せよとの但し書きはあったが、単なるガイドラインではなく命令の形式を踏んでいるだけに、第一線指揮官は、つづく「万一衝突せば兵力の多寡 並《ならびに》 国境の如何に拘らず必勝を期す」（第四項）の部分を重視したにちがいない。

全体に流れる好戦的姿勢はともかく、第一線の兵団長に国境の認定権を委ねたうえ、越境を意味する「一時的にソ（蒙）領に進入」（第三項）するのも容認したのは、天皇大権を犯しかねない越軌と見られてもしかたがない。

関東軍司令部内でも満州国の内面指導を担当していた片倉衷《ただし》中佐（第四課長）が、国境の認定は外交大権を犯す心配があるから、せめて国境線を防衛線と書き換えるべしと磯谷参謀長に進言している(25)。

また、前記の兵団長会同で多田第三軍司令官が「国境に関しては彼我違う意見から紛争となるのに一方的に決めて叩くとなると大問題になりかねない。……考慮の余地を(26)」とただしたが、「この植田が処理するから……断固として侵入者を撃退されたい」とはねつけられてしまう。

そうなると、暴走を食いとめられるのは大本営しかないが、「関東軍機密作戦日誌」によれば、紛争処理要綱を発令すると同時に報告したが「参謀本部としての指示、意見等を正式に受けたること」はなかった。かえって個人的には荒尾少佐、島村少佐（いずれも作戦課員）は同意を表明していたので、「当然本要綱は中央部に於て認められあるものと考えあり(27)」というのが関東軍の言い分であった。

「要綱は知っていたが、気にとめなかった。手ぬかりというほかはない(28)」（今岡豊）式の弁明が通説化しているなかで、事件の一年後に竹田宮少佐が中島前参謀次長と交わしたヒアリングの一節が興味深い。紛争処理要綱の「一時越境しても良い」という部分の由来を、竹田宮が聞いたのに対し、中島は「私はあの文句に気が付いて居りました」と述べ、「あれを参謀本部としては承認して居った訳ですか」とたたみかけられ、「はい、そうです」「越境があればすぐ叩くほうが後手になって派兵するより有利だと善意に解釈しました(29)」と明快に答えているのである。

その少し前になるが、四月五日の師団長会議に出席するため上京した磯谷関東軍参謀長は、紛争処理要綱の主旨を了解してもらい、陸軍大臣がハルハ河が国境だと「明示」したと回想している。[30] しかし稲田作戦課長は、中央が「国境を明示したことはない。関東軍に委せていた」[31] と食いちがう証言を残しており、磯谷の申し出に反対はしなかったというレベルの消極的容認だったのかもしれない。

それでも中央としては言質《げんち》を取られていた形でもあり、六月三日には軍務局長と参謀本部総務部長から関東軍へ「外交折衝上必要ある時は〈哈爾哈《ハルハ》〉河の線を以て国境と主張すること従来の通り」[32] と連絡している。外交交渉にかこつけて譲歩の含みを持たせたとも考えられるが、こうした優柔不断の姿勢がノモンハン事件の処理を混迷させたことは否定できない。

大幅な裁量権をもらっていた小松原は、「無用の紛争」を引きおこさないよう外蒙兵の「越境」を黙認してもよかったのだが、「侵さしめざる」という部分に過剰反応したのかもしれない。

だが本格的な武力衝突にまでエスカレートするには、相手側（ソ蒙）の敵意が高まる必要がある。折しもソ連のスターリン書記長は、三月十日の第十八回共産党大会で「帝国主義戦争は開始されている」と述べ、「侵さず、侵されず」「ソ連と友好国（注：モンゴルを指す）の国境侵犯に対しては二倍の反撃で応じる用意がある」と宣言した。

この強硬姿勢は、三月三日に赤軍参謀本部情報局（ＧＲＵ）がウォロシロフ国防相へ提出した「上海の日本軍人の間では日本軍が五月に大規模な対ソ軍事攻勢を開始するらしい、という噂が広まっている。石原中将が現在、満ソ国境地帯をまわり指示を与えている」[33]という情報分析に起因する、と説くアリウンサイハンのような観測もある。

ただし、このGRU情報なるものの確度はきわめて低い。石原莞爾《いしわらかんじ》少将（当時）は満州事変の首謀者としての知名度は高かったにせよ、当時は東条参謀長との確執で関東軍参謀副長の座を追われ舞鶴要塞司令官の閑職にあった。上海情報の出所も怪しいが、ソ連首脳部の疑心をかきたてるには十分だったろう。歴史が時として当事者の妄想によって動くのは珍しくないとすれば、日ソ双方が期せずして「衝突路線」（collision course）に足を踏み入れてしまったのが、ノモンハン戦なのかもしれない。

粛清の嵐

ここで、日満ソ蒙の四国が交錯した前史段階についてソ蒙の内情を一九三五年前後までさかのぼり概観しておきたい。

日露戦争以降の日本陸軍にとって、ソ連は筆頭に位置づけられる仮想敵国であった。満州事変と満州国の建国によって、関東軍は直接に極東ソ連軍と国境を接するようになったが、経済建設を優先したソ連は満州国内を貫通する北満鉄道を譲渡（一九三五年）するなどの後退策を重ねる間に極東軍の戦備充実を進めた。

その結果、一九三六年末にはバイカル湖以東のソ連軍兵力は歩兵が十六個師団（約三〇万人）に増勢され、満鮮をあわせた五個師団基幹（二二万人）の日本軍と大差はなかったが、戦車では八倍、飛行機は五倍の優勢を示し、参謀本部の石原作戦部長を「驚くべき国防上の欠陥」を招来したと慨嘆させている(34)。

この格差は、日本が三七年夏から中国との全面戦争にひきこまれたこともあり、むしろ開く一方であった。ノモンハン事件直前の三九年春に日本陸軍は全三十七個師団のうち中国戦線に二十七個師団を投入し、在満鮮兵力は九個師団にすぎず、辻関東軍作戦参謀は兵力比を三対一と算定していた。それにもかかわらず、関東軍は強気の姿勢を崩していない。

ひとつには三七年前後からトハチェフスキー元帥を筆頭に、被害者約一七〇万人とされる独裁者スターリンの酷烈な「粛清」が始まり、それは極東軍ばかりか衛星国のモンゴルにも波及したので、戦力と士気の低下が大きいと判断されたからでもある。

D・M・グランツによれば、一九三七～四〇年の間にソ連軍将校の推定総数二〇万人のうち、三万人が処刑もしくは投獄された。そのなかには五人の元帥のうち三人、国防次官一一人の全員、軍管区司令官の全員がふくまれていた(35)。多くは正規の裁判にかけられず、罪名は拷問で自白させられたドイツ・日本の「スパイ」とか「人民の敵」など「とるに足らない」ものばかりで、スターリンの死後にほぼ全員が名誉回復されている。

大がかりな粛清は、マイナス効果だけではなかったとも言われている。「赤軍の知的能力はいちじるしく低下(36)」（ヴォルコゴーノフ）したのは否定できないものの、軍の再編でジューコフ将軍など若手の有能な指揮官が代って登用されたので、ドイツや日本が期待したほどの弱体化には至らなかった。

ハバロフスクに司令部を置く極東方面軍は全地上軍の四分の一を擁し、司令官には一九二九年いらい十年近くブリュッヘル元帥が君臨していた。しかし極東方面軍の幹部も表1－2が示すように三七年半ばから粛清の嵐に巻きこまれ極東方面軍の「指揮官の40％、参謀の70～80％が逮捕」[37]（コンクェスト）された。ブリュッヘルも張鼓峯事件が解決して一週間後に当る三八年八月十八日にモスクワへ召還された。その後の運命をV・S・ミルバクの論文から概要を紹介しよう[38]。

ブリュッヘルは政治局会議で、ハサン湖（張鼓峯）事件の失敗をきびしく批判されたのち解任された。二週間後に妻子も呼ばれ、息子の大尉や弟の大佐もろともソチに軟禁され、秘密警察（NKVD）の取調べを受けた。

そして九月四日に、元帥は別宅のある東京へ逃亡する準備をしていたと告発され、「けだもののような拷問」（ヴォルコゴーノフ）を受けたすえ十一月九日に死んだ。息子や弟、それに前妻までが前夫の「反革命行動」を自白して処刑され、後妻は八年後に釈放されたが、生後八ヵ月だった幼児の消息は不明のままである。処刑された全員が、一九五六年に名誉を回復された。

スターリンは張鼓峯事件で戦ったソ連軍を「祖国の国境を勇敢に英雄的に防衛した」と賞讃した。師団長や国境守備隊の指揮官たちにはレーニン勲章を与えているから、最高指揮官のブリュッヘルを日本のスパイ呼ばわりするのは言いがかりにすぎないが、事件の直前にこの地区から越境亡命したリュシコフ（NKVDの極東担当）との関わりも影響している。

そのリュシコフも、日本軍の尋問に対し、前年にスターリンからブリュッヘル粛清の密命を受け、極東へ派遣されたが隙を見つけられず、側近のラピンらを除去する程度に終り、かえって自身に危険が迫ったので逃亡したのだと告白していた(39)。彼はまた「ソ連は支那事変を対日牽制の具に利用し、日本を泥沼に陥れ、その後適宜に積極政策をとろうとしている(40)」とも説明した。

粛清の波はモンゴルにも押し寄せた。ロシア革命と列強のシベリア出兵に乗じ一九二一年、ソ連の支援下に中国から独立したモンゴルの共産政権は、それいらいソ連唯一の衛星国でもあった。

一九三六年三月には、それまでの口頭による紳士協定（三四年十一月）を強化したソ蒙相互援助条約が結ばれる。相互援助といってもモンゴルは人口八〇万人余、騎兵を主力とする兵力が一万人前後にすぎない。実質はソ連の一方的援助となり、条約を援用して一九三七年夏から進駐してきた新編のソ連第五十七特別軍団の軍事力は圧倒的な比重を占め、弱勢のモンゴル軍はソ連人軍事顧問の監視と指揮下に置かれた。

こうしたソ蒙の関係は、関東軍と日系官吏・軍人が実権を握る満州国に相似し、戦力的にもモンゴル軍と満軍はほぼ互角と見られていた。ソ連として気がかりな点は極東方面軍が東部、北部正面の満ソ国境では軍事的優位を占めていたものの、弱い脇腹に当る内蒙古あるいは西部正面の満蒙国境から日満軍がモンゴル経由で侵攻してくる事態で、そのさいにモンゴル軍の一部が、モンゴル系の多い満軍と手を結んで寝返ることであった。

実際に野心満々の関東軍は、三五年半ばから華北と内蒙古を「第二の満州国」化しようとする謀略工作を進めていたし、この動きを抑制する立場にあった中央の参謀本部もソ連に対し、

1．沿海州、北樺太を割譲せしむ
2．大蒙古国の建設を認めしむ

のような強硬方針を並べた「対ソ戦争指導計画大綱」(三六年八月、参本第二課)を立案している。[41] 三八年頃からは対ソ戦にさいし西部に主攻勢を指向する八号作戦計画(発動は一九四二年を想定)の研究に着手し、新設の第二十三師団をハイラルに配置した。内蒙古の張家《ちょうか》口《こう》には一九三七年一月に第二十六師団を基幹とする駐蒙兵団を編成し、七月には駐蒙軍に昇格させた。

こうした動きに危機感を抱いたスターリンは、モンゴルに二方向から圧力を加え、対抗策を強化した。まず、三七年八月十四日、ソ連共産党中央委員会はソ蒙相互援助条約に基づき

表1-2　粛清されたソ連極東方面軍とモンゴルの要人

	階級	職務	逮捕	処刑
1. ソ連極東方面軍				
A.I. ラピン	軍団長	空軍副司令官	1937.5	1937.9.21（自殺）
L.N. アロンシュタン		政治部長	〃	
M.V. カルムイコフ	軍団長	第20軍団長	37.6	38.4.16
M.V. サングルスキ	軍団長	副司令官	〃	38.7.28
プロコフィエフ	政治委員	第57軍団政治部長	38.7.25	
エムリン	旅団長	第36師団長	38	
M.D. ヴェリカノフ		ザバイカル軍管司令官	37.10	38.3.25
V.K. ブリュッヘル	元帥	極東方面軍司令官	38.10.22	38.11.9
G. シュテルン	軍司令官	極東方面軍司令官 →防空本部長	41.6.7	41.10.28
Y. スムシュケビッチ	軍団長	航空司令官	41.6.8	〃
2. モンゴル				
ダムバドルジ		人民革命党書記長	1928？	1934.6.24
P. ゲンデン	元帥	首相	37.8（36.4軟禁）	37.11.26
G. デミド		国防相		37.8.22（毒殺？）
J. マルジ		参謀総長	37.9.10	37.10.21
G. サンボー		外務次官	〃	〃
L. ダリザブ	軍団長	副司令官	37.9.22	〃
G. ダンバ		参謀次長	39.1.31	
A. アマル		首相	39.3.8	41.7.10（モスクワで）
ロブサンドノイ		副総司令官		39.6（？）
ジャムサラン		第2副首相	41.9	42.7.22

八月末から九月にかけザバイカル軍管区で編成された狙撃一個師団、騎兵、戦車各一個旅団、装甲車三個旅団の第五十七特別軍団（長はT・コーネフ将軍）をモンゴルに進駐させた。兵力は前年の四八三一人（二個旅団）から一挙に二万六六八二人に増強される。そしてさしあたりの脅威は張家口―ウランバートル路を北上する日本軍と想定し、主力の狙撃第三十六師団は南部のザミンウデ地区に配備する。(42)

第二はモンゴルの全階層にわたり危険性があるとみなした分子を一掃するための大量粛清で、ウランバートルの「モンゴル粛清博物館」の掲示によると、三七年夏を頂点として三〇年代末までに軍人七二一人、民間人九八五二人、ラマ僧一万七六一二人が処刑されたという。(43)

民族主義者、パン・モンゴリスト、反ソ派と目された人びとが標的になったが、実行はモスクワの指令（NKVD次長フリノフスキーが伝達）を受けた親ソ派のチョイバルサン内相が引き受けた。三八年八月に越境して満州国へ亡命したビンバー大尉（モンゴル軍第六騎兵師団）の情報によると、ゲンデン首相、後継のアマル首相、デミド国防相、ダンバ将軍らはかねてからソ連軍の進駐とラマ教の弾圧に抵抗し、日本軍の内蒙進出に呼応した反乱も謀議していたのが祟って弾圧され、満州里会議の出席者をふくめ、日本のスパイとして次々に粛清されたようだ（表1―2参照）。

ゲンデンの最期は、一家全滅のなかで生き残った娘（粛清博物館長）によってのちに公表されている。それによると三六年三月に首相を解任されたゲンデンの一家は、クリミア半島で一年半軟禁されたのち銃殺されている。彼女が父の死を確認できたのは、一九八九年に名誉回復を通知されてからだった(44)。後任首相のアマルもノモンハン事件直前の三九年二月、スターリンの指令で解任（のち処刑）され、小スターリンの異名をとったチョイバルサンが首相兼国防相、軍総司令官を兼ねた。関東軍と対決する前に後顧の憂いを断ったとも言えよう。

粛清の波は幸か不幸か、中国にまでは波及しなかった。それでもスターリンは一九三七年十二月に駐ソ中国大使を通じ、蔣介石へ「人民の反政府行為をなくそうとすれば、少なくとも四五〇〇万人を銃殺せねばならぬ……私は疑わしいロシア人はすべて逮捕し、NKVDへ送る。そこへ送られると、出口は二つしかない。シベリアへ行くか、墓へ行くかだ」と勧めたが、蔣は聞き流したらしい(45)。

張鼓峯事件（I）

一般論になるが、国境紛争は当事国の現地部隊による国境線の解釈が食いちがうことから発生する。互いに相手が越境したと思いこんで小競り合いになり、時には援軍をくり出すことで規模が拡大することもあるが、いずれも相手が先に仕掛けたと主張するのが常則で、上部指揮官でも実態はつかみにくい。一九三五～三七年に起きた諸紛争（表1－3参照）は、とくに両軍の指揮官や上層部に拡大する意図がなく、一戦交えるとあっさり係争地点から撤退している。

このうち一九三八年（昭和十三年）夏に起きた張鼓峯事件は、師団単位の大部隊が出動して戦火を交え、一年後のノモンハン事件に与えた影響が大で相似点も少なくないので、紛争の概要を紹介しておきたい(46)。

張鼓峯は東にソ連領ポシエト湾、西を北部朝鮮の豆満江《とまんこう》に挟まれ、満州国東南部の琿春《こんしゅん》から舌状に日本海まで延びた丘陵地の一角にある。ロシア名はザオーゼルナヤ高地だが、南北に走る稜線のすぐ東側にある小さな湖水名にちなんで、ソ連はハーサン湖（Lake Khasan）事件と呼んだ。

問題の張鼓峯は標高一四九メートルの小高い丘陵にすぎないが、ソ連側から見ると「一八キロメートル余をへだてた羅津港も一望のうち」という要点なのに、日ソ両軍のいずれも配兵していなかった。三種あった地図のうち標準とされていた琿春界約（一八八六年に露清間で締結）付属地図では、国境は張鼓峯をふくむ稜線上を通っていた。

もし山頂に陣地を作れば、相手方から越境と非難される心配があり、紛争を避けようとすれば、周辺がそうであったように日ソ両軍が稜線上の要点を互い違いに占拠するか、無人地帯として放置するしかない。

満州国領であるにもかかわらず例外的にこの地区の防衛任務を与えられていた朝鮮軍（司令官は三八年七月十五日に小磯国昭大将から中村孝太郎大将へ交代）は、張鼓峯をふくむ豆満江の東岸は、国境不明確な地区として、配兵しない方針をとっていた。

その均衡が破れたのは、六月十三日に張鼓峯北方三五キロメートルの長嶺子を占拠してい

表1-3　張鼓峯事件までの主要な国境紛争

事件名	日付	概要
1. ハルハ廟事件（満州西北）	1935年1月	モンゴル国境警備隊の十数人がハルハ廟付近を占領し満軍が奪回、騎兵集団が出動、蒙軍は退去したので3週間後にハイラルへ帰還。戦死瀬尾中尉ら2、蒙兵1人死亡
2. 楊木林子事件（東満）	35年6月	日本軍偵察隊とソの国境警備隊が交戦、ソ兵1人を射殺、日ソ間の最初の戦闘。
3. ホルステン川事件（満州西北）	35年6月	ホルステン川付近で測量中の関東軍測量隊員の犬飼測量手と使役していた助手2人を蒙軍が拉致、まもなく釈放返還。
4. オラホドガ事件（満州西北）	36年2月	越境した蒙軍約200を騎兵集団の杉本部隊と満軍が撃破後、ハイラルへ帰還。戦死8、蒙軍は装甲車と飛行機が出動。
5. タウラン事件（満州西北）	36年3月	タウランで満蒙両軍が衝突、渋谷支隊が出動、ソ軍も参加、日ソ蒙の航空隊も交戦。日本側の戦死13。
6. 長嶺子事件（東満）	36年3月	日ソ両軍の小部隊が交戦。日本の戦死2。
7. カンチャーズ事件（北満）	37年6月	6月19日、黒龍江中のカンチャーズ島にソ兵が上陸、ソ軍の砲艇を日本軍が歩兵砲で撃沈。中央の方針で外交交渉によって7月2日、ソ軍は撤退。
8. 張鼓峯事件	38年7～8月	（本文参照）

出所：主として『関東軍〈1〉』『満洲国軍』、田中克彦『ノモンハン戦争』。

た日本軍正面に、ソ連秘密警察（NKVD）の極東長官G・S・リュシコフ（G. S. Lyushkov）が投降してきたリュシコフ亡命事件であった。

その責任を問われ更迭された第五十九国境警備隊長に代る新任隊長が、七月六日にハバロフスクの上司へあて国境線上の高地に配兵すべきだと進言した電報が、関東軍の特情班に傍受解読される。(47) 連絡を受けた朝鮮軍は新任隊長の点数稼ぎかと推定し監視を強化したところ、九日に十数人のソ連兵が張鼓峯に出現、十一日には四〇人にふえ、満州国側の斜面（一〇〇メートル下方）に陣地の構築を始めた。

この「不法越境」に対し朝鮮軍の静観方針と関東軍の強硬論に挟まって苦慮した大本営（参謀本部）は、原状復帰を主張する重光駐ソ大使の外交交渉がはかばかしくないので、七月十四日頃から積極論に傾き、十六日の大陸命で朝鮮・羅南駐屯の第十九師団に出動待機を命じた。積極論の中心は稲田正純作戦課長で、秋に支那派遣軍の主力を投入する漢口作戦を控え、ソ連の出方を見きわめるため「威力偵察(48)」を兼ねた限定的な武力発動を唱えた。

そして「北辺の火遊び(49)」で対ソ戦を誘発すれば武漢作戦の中止に追いこまれるかもしれないとためらう部内の反対論を説得し、二十日に参謀総長と陸相が武力発動について天皇の裁可を得る段取りを設定した。

ところが、当日になってこの筋書きは狂った。宇垣外相や米内海相が反対していたのに、両相も賛成しているかのように奏上した板垣陸相に「だまされた」と気づいた昭和天皇は、満州事変いらいの「陸軍のやり方は誠にけしからぬ……朕《ちん》の命令なしに一兵たりとも動かすことはならん[50]」と叱りつけ、裁可どころではなくなったのである。
すでに裁可を見越して現地指導のため作戦課の荒尾興功《おきかつ》少佐が急派されていたので、大本営はあわてて「聖断」による武力行使の中止と原駐地への撤退を現地へ指示した。しかし満々たる戦意で待機していた尾高《すえたか》（亀蔵）第十九師団長や、部下の佐藤（幸徳）歩75連隊長には効果がなかった。

ひそかに一部兵力を張鼓峯西方の将軍峯に進出させ、好機を窺っていた尾高は、原駐地復帰を進めていた途中の二十九日朝、少数のソ連兵が新たに沙草峯（張鼓峯の北方三キロメートル、ソ側呼称はベズイミャンナヤ高地）の南側稜線で「越境」して陣地工事を開始したとの理由で、独断反撃を下令する。しかも佐藤連隊が三十日の深夜、夜襲をかけて占領したのは沙草峯と張鼓峯の両地だった。大命（聖断）に逆らっての独断夜襲について、尾高は朝鮮軍司令部への事後報告電で「張鼓峯事件とは全然、性質を異にし、別個に処置[51]」すべきものとこじつけている。

陸軍首脳は天皇へどう言い訳すればよいか悩んだが、多田参謀次長が「敵の進攻に反撃した」と説明したせいか、天皇はあっさり受け入れた。そして「起きたことはやむを得ぬ。第一線の将兵に対し、困難があろうとも国境線を越えてはならぬという朕が意図を伝えよ。しかしながら確保した国境線は放棄してはならぬ[52]」と釘を刺している。

現地部隊の反撃が尾高個人の独断か、大本営作戦課との以心伝心的行動だったのかは、微妙な論点であろう。稲田作戦課長は戦後に「第一線師団長の純粋に思いつめた独断は、まさに上司の意図に合致した」と述べつつも、旧上司と部下の関係もあって親しい仲の荒尾少佐との間で「どんな話があったかは穿鑿《せんさく》の限りではないが、師団長が何等かの暗示を受けたことに間違いはあるまい」(53)と意味深長な回想を残している。

昭和天皇は陸軍によるこの種の越権行動には、慣れっこにさせられていた。胸中の思いはともかく、「自衛戦闘」で勇戦してかなりの犠牲者(死傷一八〇人)を出しつつも張鼓峯を「奪回」したのを否定するよりも、よくやったと賞讃するかわりに専守防御の態勢を厳正に守らせ、外交交渉に移すほうが得策だと判断したのではあるまいか。

この判断は的中した。天皇の反応を聞いて感涙にむせんだ尾高は、直後から優勢な地上部隊に戦車、飛行機を投入したソ連軍の本格的な攻勢で悪戦苦闘を重ねながら、停戦の日まで両高地を守り抜いたからである。

張鼓峯事件(Ⅱ)

この間のソ連側の内情は、現在でも明確ではない。メドヴェージェフによると、極東方面軍司令官のブリュッヘルはNKVDの指揮系列に属す国境警備隊が勝手に張鼓峯を占拠して招いた紛争には消極的で、スターリンの不満を買ったという。そして八月一日、彼はブリュッヘルに直通電話で「君は本気で日本と戦う気があるのか。自身で直ちに現場へ出向き日本軍を撃滅せよ」(54)と命じた。スターリンはすでに粛清の対象にされていたブリュッヘルを更迭する好機と判断したのかもしれない。

三個師団から成る第三十九軍団が新編され、極東方面軍参謀長から軍団長に横すべりしたシュテルンは、ブリュッヘルに代って五日に極東方面軍司令官代行へ昇格し、六日から張鼓峯周辺の奪回をめざす総攻撃を発動した。

大本営は張鼓峯を固守する尾高師団へ増援兵力を送らず、飛行隊も出動させなかったが、戦車（二八五両）、飛行機（二五〇機）をくり出すソ連軍に、歩兵だけの専守防衛戦闘、しかも国境線を一歩も越さないという限定戦闘に破断界が来ようとしていた。死傷率が四割を超せば戦力喪失も同然とするのが兵学の常識だが、佐藤連隊の死傷は五一％に達し、歩76連隊は三一％、師団全体でも二割を超した。

八月十日になると、さすがの尾高も「あと数日の運命か」と悲鳴をあげ、現地視察から帰った大本営の寺田雅雄大佐（ノモンハン事件時の関東軍高級参謀）は、多田参謀次長へ即時撤退の意見を強く進言している(55)。楽天家の稲田大佐も「十日夜、作戦課の空気は相当陰惨なものがあった」が「もう一晩待とう」と耐えた翌朝、モスクワで停戦協定が成立したと知らされた。

その直前までリトビノフ外相は日本の重光駐ソ大使との断続的な交渉で強気の姿勢を崩していなかった。ところが十日の交渉で、日本側が一キロメートルの後退という不利な条件を受け入れたのに、上部からの指示なのかすぐにそれを撤回して、両軍が現在位置で停止するよう申し出た。

どうやらソ連側も損害が大きく、力攻めを続行するだけの戦力が乏しくなったこと、大本営と関東軍が一部兵力を琿春付近に集中してソ連軍の後背を脅かし、重砲隊を動員するなど戦勢が逆転しかねない兆候に気づいたことが影響したものかと思われる。

しかし十一日の停戦と同時に大本営は第十九師団に撤退命令を発し、係争地の張鼓峯ばかりか豆満江東岸への部隊配置を禁じる。「(日本軍の)実力を、十二分にソ連に了解せしめ得た」(稲田正純)からには、紛争の種を残すべきではないとの判断からだが「実質的に国境線に関する主張を一方的に放棄した」(中山隆志)との見方もある。

それにこの地区の防衛任務を朝鮮軍から関東軍へ移管したことで、別の火種を作ったと言えなくもない。張鼓峯の現地視察に赴いた関東軍の辻参謀は、ソ連軍がトーチカ陣地を強化し「不法越境の既成事実を確保」している姿を見て、「たしかに我が負け[56]」と憤慨した。

そして翌年春、関東軍は外交交渉によってソ連軍の撤退を求め、それが不成功の場合は武力行使すべきだとの意見書を大本営に提出するが却下されてしまう[57]。結果的に「日ソ双方に不満と再戦意欲を残した[58]」と評せるのかもしれない。

ソ連側でも戦訓が検討された。スラヴィンスキーによれば、八月三十一日のスターリン、ウォロシロフ、シャポシニコフ参謀総長が加わった最高軍事会議では、国境警備隊との二重指揮体制もあって積極性と協調に欠け、戦術的能力が低水準のため思わぬ大損害を受けたことが指摘されたが、その責任は「敗北主義者」のブリュッヘルが負うべきだとされた[59]。

この軍事会議では、ブリュッヘルの解任と極東方面軍を国防人民委員部に直属する第一特

図1-2　張鼓峯付近要図

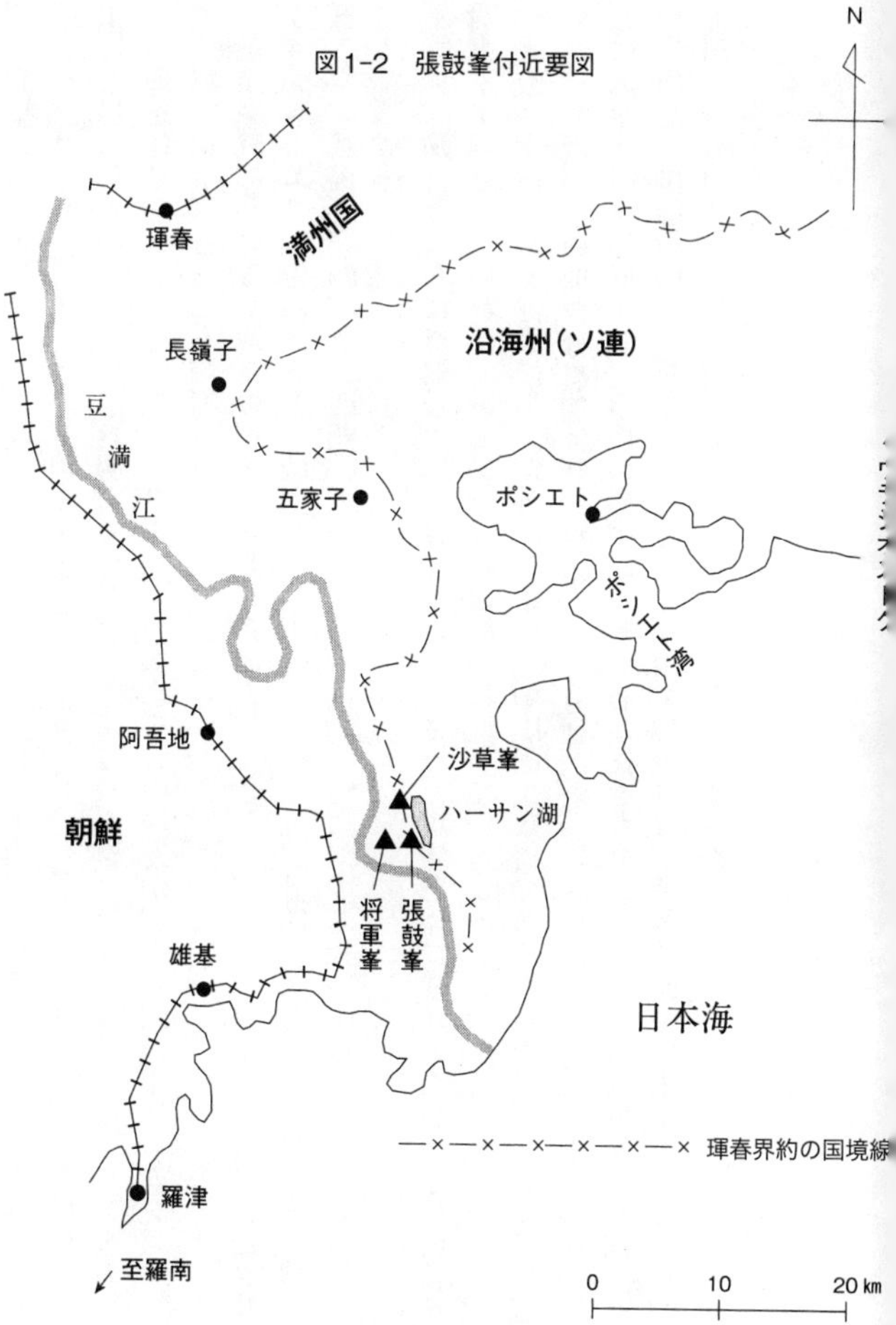
N
琿春
満州国
長嶺子
沿海州(ソ連)
豆
満
江
五家子
ポシエト
ポシエト湾
阿吾地
沙草峯
ハーサン湖
朝鮮
将軍峯
張鼓峯
雄基
日本海
琿春界約の国境線
羅津
至羅南
0
10
20 km

別赤旗軍（司令部はウォロシロフ、シュテルン司令官）と第二特別赤旗軍（司令部はハバロフスク、コーネフ司令官）に分割することが決定された。「ブリュッヘル王国」を解体する主旨と思われるが、代って「賢明なる指導」を評価されたシュテルンは、ノモンハン戦の総合指揮を任せられる。それでもスターリンの気まぐれのゆえか、一九四一年にスムシュケビッチ航空司令官もろとも粛清される運命を免れなかった[60]。

張鼓峯戦におけるソ連軍の損害は久しく封印されてきたが、二〇一〇年に発表されたクリヴォシェーエフ報告[61]によると、戦死九六〇、傷病三二七九、計四二三九人で、日本軍の戦死五二六、戦傷九一四、計一四四〇人の約三倍、出動兵力に対する損耗率は二八％（日本軍は二二％）に達する。

戦車、飛行機なしに貧弱な火器だけで不得意とされた専守防衛に成功した日本軍の特性を関東軍が認識していれば、ノモンハン戦の展開は変っていたかもしれない。

張鼓峯事件の日ソ停戦であてが外れたのは、中国国民政府であったろう。あわよくばソ連の対日参戦かとの期待は裏切られ、日本軍は「ソ連の黙認」（蔣介石）を得て後顧の憂いなしに武漢作戦を達成する。事件の最中から蔣介石が働きかけていた中ソ軍事協定も共同宣言の発出も、国際情勢を複雑化させるという理由で拒絶され、武器援助の強化にとどまった[62]。

稲田の「威力偵察」論は、無駄ではなかったとも言えようか。

（1）戦史叢書『関東軍〈1〉』（朝雲新聞社、一九六九）三一〇ページ。『極東国際軍事裁判（東京裁判）速記録』（雄松堂書店、一九六八）一九四六年十月十五日の項。ソ連側は一九三二〜三五年の国境紛争を計一八五〇件と発表。
（2）代表的な著作は『ノロ高地』の他に樋口紅陽『ノモンハン実戦記』（一九四二）、山中峯太郎『鉄か肉か』（一九四〇）、入江徳郎『ホロンバイルの荒鷲』（一九四二）、松村黄次郎『撃墜』（一九四二）などがある。
（3）前掲『関東軍〈1〉』は、第六軍軍医部が調製した死傷計一万九七六八人の数字を掲記している（七一三ページ）。
（4）一九六一年に刊行された原著は、ソ連共産党中央委員会付属マルクス・レーニン主義研究所『大祖国戦争史』（一九四一―四五）の第五巻として知られている。邦訳は川内唯彦訳で六三年に『第二次世界大戦史』第二巻（弘文堂、一九六三）の標題で刊行された。第二巻一八ページを参照。
（5）マクシム・コロミーエッツ『ノモンハン戦車戦』（大日本絵画、二〇〇五）一二五ページ。この点については『国士舘大学アジア・日本研究センター紀要』第五号（二〇一〇）の三浦信行他「日露の史料で読み解く〈ノモンハン事件〉の一側面」を参照。
（6）小堀桂一郎・中西輝政『歴史の書き換えが始まった！』（明成社、二〇〇七）七三ページ。小田洋太郎・田端元『ノモンハン事件の真相と戦果』（原史集成会、二〇〇二）一九ページ、二〇〇四年九月一日付産経新聞「正論」欄の渡部昇一論稿、『中央公論』二〇〇五年一月号の福井雄三稿。
（7）ノモンハン航空戦における双方の損失データはD・ネディアルコフ『ノモンハン航空戦全史』（芙蓉書房出版、二〇一〇）の源田孝解説（二二八ページ）および本書の第六章を参照。
（8）鎌倉英也『ノモンハン――隠された「戦争」』（日本放送出版協会、二〇〇一）四二―四三ページ。シュテルン、ジューコフ最終報告書の全訳は「ノモンハン事件関連史料集」（二〇〇七）に収録されている。
（9）保月義雄（興安北省警正）『私の境涯』（私家版、一九六七）一三九ページ。

(10) 伊藤桂一『静かなノモンハン』(講談社文芸文庫、二〇〇五)八ページ。
(11) アルヴィン・D・クックス『ノモンハン』上(朝日新聞社、一九八九)第一章の扉裏ページ。
(12) O・プレブ編『ハルハ河会戦――参戦兵士たちの回想』(恒文社、一九八四)四七ページ。
(13) ホロンバイル地区の国境線をめぐる史的事情については、北川四郎『ノモンハン――元満州国外交官の証言』(現代史出版会、一九七九)、田中克彦『ノモンハン戦争』(岩波新書、二〇〇九)第二、第三章、マンダフ・アリウンサイハン「ノモンハン事件発生原因と〈国境不明論〉」(『一橋論叢』第一三五巻二号、二〇〇六)を参照。
(14) 東京裁判で国境線問題をめぐって証言したのは服部卓四郎大佐、矢野光二大佐、橋本群中将。
(15) 前掲北川四郎『ノモンハン――元満州国外交官の証言』八四ページ。
(16) 前掲北川、一〇二ページ。
(17) 一九三七年八月三十日付関東軍参謀長東条英機発梅津陸軍次官宛関参地発四五五号。軍務課長、軍務局長、新聞班長などの連帯印がある(「昭和12年満受大日記」第20号)。地図を作成した事情、送付した理由などについて、下河辺宏満「再考ノモンハン事件」(『防衛研究所紀要』第二巻三号、一九九九)、二〇〇九年ウランバートル国際シンポジウムに提出された二木博史論文(風響社、二〇一〇)を参照。
なお、この地図(表1-1の9)だとノモンハン付近ではほぼ清朝時代の部族境界を採用しているものの、ハルハ廟をふくむ三角地帯、ボイル湖の全湖面が満領とされている。全体としては外蒙側に不利であることは否定できない。二木博史は、一九三七年九月に再開が予定されていた(開催に至らず)満州里会議の交渉案として作成されたのではないかと推測するが、外蒙が呑む可能性はなかったと論じる(前掲二木論文)。
(18) 東京裁判(一九四七年五月二十六日)に提出された矢野光二口供書。
(19) 『増刊歴史と人物――秘史・太平洋戦争』(一九八四)の座談会における今岡豊発言。
(20) 「畑俊六日誌」(『続・現代史資料(4)』みすず書房、一九八三)。
(21) 昭和十四年十月十日の参謀長会同で配布された大本営陸軍部「ノモンハン事件経過の概要」(防衛研

究所蔵、満州—ノモンハン—15)。

(22) 前掲『ハルハ河会戦』のボルド報告、一一〇ページ。

(23)『丸』一九五七年十月号の斎藤浩三稿。

(24) 沢田茂『参謀次長沢田茂回想録』(芙蓉書房、一九八二) 一三五ページ、九月十九日の項。

(25) 片倉衷『回想の満洲国』(経済往来社、一九七八) 二六〇ページ。

(26)『昭和史の天皇25』の島貫武治証言(二四一ページ)、前掲沢田、二一ページ。

(27)「関東軍機密作戦日誌」七二ページ。

(28)『昭和軍事秘話』中巻(同台経済懇話会、一九八九)の今岡豊講演。

(29)「中島鉄蔵回想録」(「ノモンハン事件関連史料集」に収録) 三七ページ。

(30) 額田坦『陸軍省人事局長の回想』(芙蓉書房、一九七七) 八四ページ。

(31) 同右。

(32) 前掲「関東軍機密作戦日誌」一二二ページ。

(33) 前掲アリウンサイハン論文。

(34) 前掲『関東軍〈1〉』一九四—一九五ページ、『石原莞爾資料——国防論策』(原書房、一九七一) 四三四ページ。

(35) D・M・グランツ、J・M・ハウス『独ソ戦全史』(学研M文庫、二〇〇五) 四七ページ、平井友義『スターリンの赤軍粛清』(東洋書店、二〇一二) 七—九ページ。

(36) D・ヴォルコゴーノフ『勝利と悲劇』下(朝日新聞社、一九九二) 六四ページ。

(37) R・コンクエスト『スターリンの恐怖政治』下(三一書房、一九七六) 一九五ページ。

(38) V. S. Mil'bakh, "*Stalin's Interwar Purges*" (The Journal of Slavic Military Studies, Vol.16, No.4, 2003), Mil'bakh, "*Repression in the 57th Special Corps*" (same Vol.15, No.1, 2002)

(39) 林三郎『関東軍と極東ソ連軍』(芙蓉書房、一九七四) 一三六ページ。

(40) 前掲『関東軍〈1〉』の西原未定稿、七三四ページ。

(41) 前掲『石原莞爾資料——国防論策』一八六ページ。
(42) 前掲コロミーエツ、第2章。
(43) 前掲鎌倉、一一七ページ。なお、ビンバーは東京朝日新聞に三九年七月五日から七回にわたり、「外蒙古脱出手記」と題する手記を発表している。それによると、二人の軍団長、八人の師団長のうち五人が三七年夏に粛清されたという。
(44) 前掲田中克彦、一二〇—一三二ページ。
(45) 『蔣介石秘録12』(サンケイ新聞社、一九七六) 八一ページ。
(46) 張鼓峯事件の経過については前掲『関東軍〈1〉』第三章、アルヴィン・D・クックス『もう一つのノモンハン——張鼓峯事件』(原書房、一九九八)、『現代史資料〈10〉』(みすず書房、一九六四) の張鼓峯関係の文書と解説、『太平洋戦争への道』(朝日新聞出版、一九六三) 第四巻第一編第六章の秦郁彦「張鼓峯事件」を参照。
(47) 中山隆志「張鼓峰事件再考」(『防衛大学校紀要』七〇輯、一九九五)、宮杉浩泰「昭和戦前期日本軍の対ソ情報活動」(『軍事史学』一九三号、二〇一三) を参照。
(48) 稲田正純「ソ連極東軍との対決」(『別冊知性——秘められた昭和史』一九五六)。稲田の「威力偵察」論には、関係者の間でも異論が少なくない。秦も「やられたらやり返す」という日本軍らしい発想を正当化するためのセオリーかと推定する。
(49) 井本熊男『支那事変作戦日誌』(芙蓉書房出版、一九九八)。
(50) 松平宮内大臣の談話、原田熊雄『西園寺公と政局』第七巻 (岩波書店、一九五二) 五一ページ。
(51) 七月二十九日夜の第十九師団発朝鮮軍司令部あて報告。
(52) 前掲クックス『ノモンハン』上、一七一ページ。
(53) 前掲稲田。
(54) ロイ・メドヴェージェフ『スターリンと日本』(現代思潮新社、二〇〇七) 四一—四三ページ、前掲ヴォルコゴーノフ上、七一四ページ。

(55) 前掲『関東軍〈1〉』四〇二ページ。
(56) 辻政信『ノモンハン』(亜東書房、一九五〇) 四〇ページ。
(57) 前掲『関東軍〈1〉』四一六ページ。
(58) 中山隆志『関東軍』(講談社選書メチエ、二〇〇〇) 一九一ページ。
(59) ボリス・スラヴィンスキー『日ソ戦争への道』(共同通信社、一九九九) 一六二ページ。
(60) シュテルンは一九三九年末に第八軍司令官としてソ連・フィンランド戦争に転補されたが、四〇年六月極東方面軍司令官に復帰し、四一年一月防空本部長に転補したのち、六月に逮捕され、十月に銃殺された。
(61) クリヴォシェーエフ『20世紀のソ連とロシアの戦争』(モスクワ、二〇一〇) におけるソ連軍の損害を、在来の計数と比較検討した笠原孝太「ソ連軍 (ロシア側) 史料等からみた張鼓峯事件」(『軍事史学』一九一号、二〇一二) を参照。
(62) 前掲スラヴィンスキー、一六五—一六七ページ。

第二章　第一次ノモンハン事件

ハルハ河周辺の小競り合い

一九三九年に入ると国境紛争の主舞台は、第二十三師団と満州国軍の興安北警備軍が防衛を担当する西北部満州に移る。

満州里西方からアルグン河（黒龍江の上流）にかけてはソ満国境（三河地区）、ダライ・ボイル両湖周辺からハルハ河上流は満蒙国境（ホロンバイル）に区分され、国境線に沿った地域の監視と警備は満州国の国境警察隊が分担していた。

第二十三師団は一九三八年七月に内地で編成され満州に移駐してから日が浅く、歩72連隊の一個大隊を満州里に分遣したのを除き、主力は約二〇〇キロメートル後方のハイラルで練成訓練に没頭し、国境紛争の処理はハイラル特務機関、満軍（騎兵が主体の北警備軍）、満州国治安部の国境警察隊に一任していた。第二十三師団も無関心ではなく、一〇〜二〇人の偵察隊を何回かノモンハン地区へ派遣したが、情報参謀の鈴木善康少佐は、モンゴル側を刺激しないようハルハ河までは行くなと指示していた(1)。

のちに係争地となるノモンハン地区は、アムクロに本部を置く国境警察隊の分駐所に警士五〜七人が詰め、ホルステン川の南北からハルハ河に至る地域を騎馬で巡察していたが、時に河の西岸から少数のモンゴル人パトロールが渡ってきてもあえて見逃していたようである。事情は西岸のモンゴル国境警備隊員も同様だったかと思われる。一応の国境意識はあったにせよ、双方ともにハルハ河東岸の係争地域には巡察員がまわるだけにとどめ、固定した監視施設は置いていなかった。

均衡が破れ、交戦を伴なう紛争が多発するようになったのは三九年初頭からだった。表2－1は主要な衝突事件を例示したものだが、小松原日記によると、一月二八件、二月二二件、三月七件、計五七件の衝突のうち、方面別ではソ満国境が三七、満蒙国境が二〇（うちノモンハン地区が一五、ソ蒙側は一～五月に三〇件と主張）の割合だった。ソ満国境（主として三河地区）では日本兵とソ連兵の交戦が多く、表2－1の例12では小松原師団長自身が現場へ出向いている。

しかし国境線の明確性という観点からは、不明確度の高いノモンハン地区のほうが、潜在リスクをはらんでいたと言えよう。

多くの国境紛争は、双方の言い分が食いちがい、いずれが挑発、主導したか、見きわめにくい。表2－1の諸例は、主としてソ蒙側の言い分に依拠したが、常に「越境」し攻撃を仕掛けたのは日満側とされているので、断定を避け「交戦」と表現した。彼我の出動兵力、死傷数や交戦した部隊の素性も、誇張や誤認が少なくないと思われる。たとえば日満軍と記録されていても、実際には日系隊員をふくむ国境警察隊や満軍の場合が多い。

一月になってから結氷したハルハ河を渡ってくるモンゴル兵の「越境」が活発化するよう

になったので、警察隊はノモンハンの分駐所に日系三人、蒙系五人の警士を増派し、応援に出る北警備軍（騎兵第七団）の拠点ともなった。日本側にはモンゴルの士官学校を出たばかりの「年少気鋭の一少尉」(2)が国境警備隊に着任したせいだとの情報も入っていた。

この少尉は内務省に所属する第二十四国境警備隊第七哨所長で、約二〇〇人（および予備の一〇〇人）をひきいるP・チョグドン少尉を指していたのかもしれない。前任者のダシヌマ少尉は一月十七日、ノモンハン分駐所の付近で捕えられたが、実は投降だったらしく、十日後にはダシヌマがソ連とモンゴルの断絶を呼びかける宣伝ビラが撒布された。(3)

この事件はモンゴル側を刺激したらしい。二十七日にはチョイバルサン元帥がタムスクを訪れ、国境警備隊政治委員ツェヴェグジャブへ「国境を侵犯している日満軍を徹底的に撃滅せよ(4)」と命じ、騎兵17連隊の一個中隊とソ連軍中尉の指揮する軽装甲車を指揮下に編入した。

三月に入ると、ソ連軍が乗り出してくる。ウンドルハン駐留の第11戦車旅団長ヤコフレフ大佐が、指揮下の狙撃大隊長ブイコフ少佐へ狙撃一個大隊に戦車八両、装甲車二一両、砲八門を付した混成支隊を指揮して三月五日にタムスクへ前進、国境警備隊支援の態勢につくよう命じた。(5)

同じ頃、モンゴル軍の総司令官チョイバルサンは副司令官のラハグワスレンへ「日本の侵略者が国境付近に大兵力を集中させて、わが国に侵攻しようとしていることがはっきりしてきた。そこでモンゴル人民革命軍に、戦闘準備態勢をとらせる必要が起きた(6)」と述べた。ど

表2-1　満蒙国境の諸紛争

場所	日付	概要	出所
1. 満州里（ツァガン・オラ）	1938.11.1	監視任務中の歩72連隊（砂原小隊）が蒙兵に奇襲され、日本兵2が戦死、遺体を奪われた。	クックス上 p.44
2. ノモンハン地区	39.1.17	ブルド・オボ西方2kmで日満軍がダシヌマらの国境警備隊7人を襲撃。ダシヌマ少尉と兵1人が捕虜(投降?)に。	ジューコフ p.626
3. ノモンハン地区	1.29	日満軍50が蒙監視所を攻撃、撤退。	同上
4. ノモンハン地区	2.2	北警備軍の松本小隊がノモンハン西南20kmで蒙兵8を駆逐。	『蒙古』p.193
5. ノモンハン地区	2.8	日満軍と蒙警備隊が銃撃戦。	ジューコフ
6. ノモンハン地区	2.16	日満軍がチョグドンら蒙巡察兵を攻撃、1人殺害、4人を捕虜に。	『蒙古』p.194
7. 三河地区	2.23	日ソ両兵が交戦、田川伍長を拉致。ソ軍の死傷7。	『満洲国軍』p.232
8. 三河地区	3.3	日ソ交戦、ソ兵の死者11、日兵1。	
9. ノモンハン地区	3.17	フラト・オボで交戦、満警察隊のカワノを殺害。	ジューコフ
10. ボイル湖地区	3.18	ボイル湖西方80kmでソ蒙兵150以上が50km越境侵入後、撤退。	東京朝日新聞
11. モンゴル奥地	3.23	日本機1機がハルハ河西方100kmのバイントゥメンを偵察。	『ノモンハン全戦史』p.34
12. 三河地区	4.23	日満ソ軍の交戦、日本軍の1個中隊増派、殺害4。4月25日小松原が現地視察。	『満洲国軍』p.223
13. ノモンハン地区	5.4	満軍10、警察隊6人が巡察中、ノモンハン西方10kmで陣地構築中の蒙兵50と交戦10時間。満の死者1、蒙の死傷15。	クックス上 p.66
14. ノモンハン地区	5.8	巡察中の満警察官と蒙軍がハルハ河で交戦、日本側は死亡3、捕虜1。	『ノモンハン全戦史』p.34

出所：クックス『ノモンハン』上、ジューコフ最終報告書、『モンゴル人民軍五〇周年』に依拠した牛島康允『蒙古—50年の夢』(1990)、同『ノモンハン全戦史』(1988)。

うやら彼らは頻発していた国境紛争を、日本軍が「わが軍と戦うにあたって、交通の便がよく、地勢上有利なハルハ河地区を選んだ」ものと理解していたらしい。

それに比べると、「国境の些事」と心得ていたのか、日本軍は静観の態度を持していた。北警備軍司令官の烏爾金《ウルジン》将軍から「国境紛争の処理は満軍に任せてくれ」と言われたせいもあり、小松原第二十三師団長がノモンハン地区を視察したことはなく、指揮下の部隊が出動、介入した証跡もない。

それでも数時間の小競り合いののち、ハルハ西岸へ退散するソ蒙側のゲリラ的戦法に小松原は焦燥感をつのらせていた。彼は四月二十三日の兵団長会同で「師団は彼（ソ蒙軍）の虚勢的挑戦行動に対し徹底的膺懲《ようちょう》をなすの決意を有するも……戦機を捉え難き状況にあり」と報告していた。二日後に示達された「満ソ国境紛争処理要綱」を、ストレートに受容する心境になっていたと見ることもできよう。

五月十一日の衝突

一九三九年初頭から四ヵ月余に三十数件の小競り合いが発生したうち五月十一日の衝突が、ノモンハン事件の直接的契機になったというのが定説とされてきた。東京裁判の判決は、ソ連検事とモンゴル人証人の申立てを採用して、「五月十一日に、数百名に及ぶ日本軍偵察隊が蒙古側国境警備隊を攻撃したことで開始された」と明快に断じている。

それに対し、発端部分についての日本側の認識はかなりあやふやで、ノモンハン戦史の記述に三〇〇ページ余を割いた戦史叢書の『関東軍〈1〉』でさえ「この事件の直接の動機となった外蒙軍の最初の越境は五月十一日で……満軍をもって直ちにこれを撃退した」としか記述していない。

だが私はノモンハン戦全体の性格を理解するには、発端時における当事者の反応と対応ぶりを検分するのが欠かせないと考える。そこで冗長をいとわず五月十一日に焦点をすえて、関連の諸情報を次に対比してみよう。

1.「昨十二日朝来外蒙軍少くも七〇〇は『ノモンハン』南方地区に於て『哈爾哈《ハルハ》』河を渡河し不法越境し来り十二日朝来満軍の一部と交戦中　尚後方より増援あるものの如し。防衛司令官は師団の一部及在海（注：ハイラル）満軍の全力を以て此の敵を撃滅せんとす」（五月十三日一四〇〇第二十三師団長発関東軍司令官宛電報）。

2.「満軍第九団ノモンハンに進入せる外蒙兵約十を奇襲し、次で越境進入せる敵五十を襲撃し之に莫大の損害を与えたり　敵の遺棄死体五……我に損害なし。外蒙兵七百、さらに越境第九団は之に対し攻撃中」（「小松原日記」五月十二日の項）。

3.「五月十一日ノモンハン西南約十五キロ付近の地区に不法越境せる外蒙軍（機関銃を有する八、九十名）に対し、警備隊の一団は二時三十分攻撃を開始し勇戦奮闘、敵に多大の損害を与え之を国境線外に撃退せり。敵の遺棄死体五。防衛司令官（注：小松原）は警備隊の郭文通隊長に対し賞詞を与えられたり」（第二十三師団参謀部の情報記録、五月十二日の項)。

4.「五月十日ハルハ河渡河点付近で巡察中のわが国境警察隊は、外蒙古側から不法射撃を受け直ちに応戦した。翌十一日わが警察隊は再びハルハ河飲馬場付近で外蒙側の国境監視兵と衝突、敵はさらに増援隊を繰り出したので激戦となり、(十二日には)ツァガン・オボの興安騎兵第七団の一個小隊(塩野慶吉中尉指揮)は直ちに応援に出動。越境した敵は約二百騎」(蘭星会編『満洲国軍』一九七〇、五三九ページ)。

5.「去る十一日〇二三〇頃、ノモンハンの西南方満領内に外蒙兵約百名が越境、満軍監視兵を狙撃……七時間にわたる激戦ののちハルハ河以南に撃退……満州国政府は十三日一八三〇外蒙に抗議」(読売新聞、五月十四日付、十三日新京同盟発)。

1～5を通観すると、傍点を付したようにかなりの異同がある。やや精度が高いのは、3の第二十三師団参謀部の情報記録と4の満軍情報と思われる。2の「小松原日記」は十一日の交戦(前段)と翌十二日の記事(後段)をまとめて記入したのであろうが、遺棄死体五を「莫大の損害」と表現したり、出動した満軍は騎兵第七団のはずなのに、三河地区にいる騎兵第九団と記したり、満州国警察と満州国軍の弁別さえ、あやふやである。

辻参謀や服部参謀らを「ノモンハンはどこだ[7]」とあわてさせたのは1の関東軍司令部への第一報である。しかし公式電報としては精度が落ちる。小松原日記では満軍が「奇襲」「襲撃」し「攻撃」を仕掛けたかのような表現を用いているのに対し十一日の経過を省いたので、いきなり七〇〇人の外蒙軍が押し寄せ迎撃に追われているかのような印象を与えてしまった。

しかも第一報と「撃滅」を意図する本格的反撃の決意表明が抱きあわせになっている。十七日の小松原日記では「外蒙兵七〇〇越境侵入せるの報は虚報なり……三〇～五〇なり」と気づいているが、すでに行動を起こしたあとだから、訂正電を打ったかは疑わしい。

どうやらノモンハン戦の初動は、小松原の軽率な好戦的姿勢に起因すると評してよさそうだが、本来は対ソ情報の専門家で慎重派と見られていた彼を、いささか軽率な行動に駆りたてた要因はいくつかあった。第一は第二十三師団司令部のあるハイラルは衝突の現場から二〇〇キロメートルも離れ、師団長、参謀をふくめ現場に土地勘のあるスタッフがいなかったこと、第二は満州国警察と満州国軍の報告は満軍第十管区司令部（ハイラル）を経由して小松原から新京の関東軍司令部へ届く間に情報の混線や増幅が生じたことであろう。

興安北省警務庁の保月義雄（日系警正）によると、年初からモンゴル兵の動きが活発化したので、ノモンハン分駐所の日蒙人警察官を一〇人ほど増強したが、依然として劣勢なので危機感を強め、第二十三師団司令部へ日本軍の出動を要請し、「警察を見殺しにするなら引揚げるより方法はないと強談判⑧」したという。

一方、関東軍直属のハイラル特務機関は年中行事化していた外蒙兵の「越境」を過敏に受けとる必要はなく、「軍事的に無価値な地域で事を構える根拠がない」として、師団出動の必要はないと判断していた。しかし機関長の横井忠道大佐は、対ソ情報の先輩である小松原に気兼ねしたためか関東軍に対し反対意見を送らず、第二課の大越兼二参謀から問責されたと証言する機関員（田村利美少校）の証言もある(9)。小松原も、ハイラル特機の所見を聞いた形跡はない。

あたかも五月十三日、ハイラルの師団司令部では指揮下の各部隊長を集め、くだんの紛争処理要綱を徹底するための会同が実施されていた。しかも現地視察中だった大本営作戦課長の稲田正純大佐が井本、荒尾、櫛田少佐ら三名の課員を帯同して立ち寄り同席していた。

その席上で十一、十二の両日、ノモンハン付近で外蒙軍が越境してきたという報告が入り、師団長が捜索隊長東八百《あずまやお》蔵《ぞう》中佐に歩兵64連隊の一個大隊と満軍の第8騎兵団を加えて現場へ出動命令をくだす場面に居合わせたと、井本熊男少佐は証言する(10)。稲田大佐は「何はともあれ健闘を祈って送り出す」と回想するが、一行は単なる国境の小競り合いと「極めて軽く」受けとめ、「大事件の発端となることは夢想もしなかった」し、そもそも国境線の解釈が分れていることにも注意を払わなかったようである(11)。

大本営参謀たちの激励で意を強くしたのか小松原は、関東軍司令官にトラック一〇〇両と偵察機一中隊を急派されたいとか、ハイラル駐屯の飛行第24戦隊（九七式戦闘機一八機）を指揮下に入れてくれと要望し、折返し了承電を受けていた。

「関東軍機密作戦日誌」は、「第一回出動は国境紛争処理要綱の精神に基き防衛司令官たる第二十三師団長が独断を以て決意」（傍点は秦）したので了承し、兵力の増求も認めたと記す。あまり気が進まないのに引きずられてしまったというニュアンスだが、そのうち熱くなってしまう関東軍幹部に、やはり消極的だった大本営も引きずられるという皮肉な成り行きになってしまうのである。

チョグドンは見た

それでは、対応するソ蒙側はどう動いたのか。発端についてジューコフ最終報告書は、「五月十一日の〇四〇〇～〇五〇〇、ノモンハン・ブルド・オボ地区でトラックに乗った日、満軍二〇〇人が越境、二〇人のモンゴル国境警備隊員を襲撃、ハルハ河まで退却したが、援軍が来て十二時間の激戦で二名が死亡、一名が負傷した」と記している。

情報源と思われる第七哨所長P・チョグドン少尉（のち少佐）の東京裁判における証言はもう少し詳しいので、要点を次に引用したい[12]。

第七哨所の担任区域はエルス・ウリン・オボからフラト・ウリン・オボを経てノモンハン・ブルド・オボに至るハルハ東岸地区で、西岸のサンブル・ツァガンの哨所本部から東岸へ連日のように巡察隊を派出していた。五月十日夜から翌朝にかけ、副所長のツェドイブを長とする二〇名を巡察に出したところ十一日〇八〇〇頃、ノモンハンの南西六キロメートルでトラック四台に乗った日満騎兵約三〇〇人が攻撃してきて、二名が戦死、一名が負傷し、巡察隊は退却したが、予備隊が出動して十二日夜までに国境外へ撃退した。

十四日朝、ノモンハン西北三キロメートルの歩哨からトラック一〇台に乗った約六〇〇人の日満騎兵隊がノモンハン・ブルド・オボ地区で国境を越えて進撃中と報告を受けたので、私は四〇名をひきいてドゥングル・オボへ出動したが、十五日にはハルハ河西岸へ後退した。

さて双方の言い分を照合すると多少の食い違いはあるにせよ、交戦の規模をいずれも誇大に申し立てていたことがわかる。兵力数はせいぜい数十人が数百人にふくれているし、数時間の「激戦」だというのに、五月十一日の戦死者はモンゴル軍が二人、満軍はゼロにすぎない。いずれも相手方が越境したと信じこんでいるから、どちらが先に発砲したかを詮索しても無駄だろう。

それ以前の衝突と比べて「規模としても、性質としても特に異なるものでもないし、突発的なものでもない。連続している紛争の一つに過ぎない[13]」（牛島康允）と割り切れば本件は自然鎮火していたかもしれないが、「子どものケンカに親が出る」形で日ソ両軍が介入するに及び、本格的な軍事衝突へ発展することになる。

先にケンカを買って出たのは五月十三日夜に東支隊と満軍を出動させた日本軍だが、十五日午後にノロ高地のモンゴル軍に攻撃をかけると、チョグドンの国境警備隊は装甲車を伴った十数倍の日本軍に包囲されるのを恐れ、大あわてで西岸に退いた[14]。

戦果と言えば、越境した飛行第10戦隊の九八式軽爆撃機五機が対岸のサンブル・ツァガンにあった第七哨所の本部を爆撃し「数十人を粉砕」した。チョグドンの証言だと、軍医一人と兵士二人が死亡、二五人が負傷した。二十二日にも空襲され、ツェドイブが殺され、六人が負傷したとされる。

　ともあれ出動目的を達したと判断した小松原師団長は十五日夜、満軍をノモンハン付近に残して警備に当らせ、撤退を命じられた東支隊は十七日までにハイラルへ引き揚げた。「遠路をはるばる行軍（実際は車載）し、敵の顔もあまり見ず、僅か五十騎ぐらいの敵騎を撃退したのみ[15]」と捜索隊の鬼塚曹長は回想するが、肩すかしを食った形の師団長や支隊長の失望と焦燥は、五日後にソ蒙軍が再出動したという情報へ過敏に反応する一因となった。

　ところが入れ替るように、現地のソ蒙軍は積極的な行動を起こす。コロミーエツは「第五十七特別軍団（フェクレンコ軍団長）のほうが日本軍より機敏に反応した[16]」と評す。そして五月十六日、ソ蒙軍司令部は国境地区の紛争が増加しつつある状況に備え、第11戦車旅団（在ウンドルハン）の機械化狙撃大隊長ブイコフ上級中尉を指揮官に、戦車（一三両）、装甲車（三九両）、野砲（一〇門）、架橋工兵等を引き抜いたブイコフ混成支隊、さらに後詰として、車載狙撃第149連隊（在ウランバートル）と砲兵一大隊をタムスクへ前進させたと記している。

チョグドン少尉

　チョグドンは五月十五日に、哨所を訪れた

ソ蒙両軍の代表から「敵兵力を二十一日までは絶対にハルハ河を渡らせないよう食いとめろ[17]」と厳命されたと回想する。そのときまでハルハ河地区にソ蒙正規軍は皆無で、小銃しか持たない国境警備隊だけで日満軍を食いとめるのは至難だったろう。しかし幸運にも、同じ日に小松原は東支隊にハイラルへの引き揚げを命じたのである。

タムスクからモンゴル第六騎兵師団の二個中隊とブイコフ支隊の先兵が西岸の拠点となるハマルダバへ進出してきたのは五月十八日で、二十日には渡河して満軍騎兵と小競り合いを演じている。そして二十三日には第六騎兵師団の主力が河を渡って、ノモンハンから六〜八キロメートルの線とホルステン川南岸に布陣する。

二十六日には工兵中隊がハルハ河に架橋し、ブイコフ支隊の主力は戦車、装甲車を渡して距岸八キロメートルの砂丘（日本軍呼称の733高地またはバルシャガル西高地に相当）に陣地を構えたが、一二二ミリ榴弾砲などの砲兵は西岸の台上に配備し、全体の指揮を第五十七軍団作戦参謀のイヴェンコフ大佐が統轄した。はからずも、二十七日に攻勢をかけてきた山県支隊を迎え撃つ態勢についたのである。

川又をめざした山県支隊

一方、小松原師団長は肩すかしされた東支隊が撤退したのを追尾するかのように、追い払ったはずのモンゴル軍がハルハ河東岸の係争地へ舞い戻ってきたのを知り、いらだちを隠さなかった。

彼が歩兵第64連隊第三大隊と捜索隊（東中佐）等から成る山県支隊（歩64連隊長山県武光大佐が指揮）へ出動を下令したのは五月二十一日である。満軍騎兵（兵力約五〇〇人）、警察隊、亡命者のビンバー大尉や捕虜になったダシヌマ少尉をふくむ特務機関の情報隊も同行した。その報告を受けた辻参謀は「待てよ、こんな方法を蒸し返したら際限がない。何とか新しいやり方を」と感じ、各幕僚も軍司令官も同調した。そこで軍参謀長名により「ハルハ河右岸に外蒙騎兵の一部が進出滞留するようなことは、大局的に見て大なる問題ではない。暫く静観し、機を見て一挙に急襲しては如何(18)」と伝えた。

折から新京へ来ていた第二十三師団参謀長の大内孜《つとむ》大佐も賛成して、山県支隊をハイラルへ呼び返すよう小松原へ進言している。関東軍司令官も、考え直してもらえると楽観したのか、二十三日には「事件を拡大せざることに関しては万全を期しあり」と参謀総長にあてて発電し、折り返し「関東軍の適切なる処置に信頼し……上聞に達せらるる筈」との返電が届く(19)。

支那事変に国軍の主力を割かれ、ドイツとの防共協定強化問題や天津の英租界問題など重要な外交案件の処理に追われている陸軍中央としては、日ソ間で新たな火種をかかえこむのは好まなかった。だからこそ関東軍の不拡大方針に、「上聞」の重みを添えて釘を刺したつもりなのだろう。ところが、こうした配慮は効きめがなかった。五月二十二日の小松原日記では「山県支隊は出動の直前なり。今さら其出動を中止すること統率上出来難し……防衛司令官の遣《や》り方に異議ありとて軍が制肘《せいちゅう》すべきに非ず」と開き直っている。

それでも関東軍の勧告は無視できなかったのか、山県支隊を係争地へ直行させるのはためらい、とりあえずカンジュル廟にしばらく待機させ二十五日夕方に戦機到来と見て出撃命令をくだす。その間に航空偵察や捕虜にしたブイコフ支隊の下士官から得た情報でソ蒙軍の兵力は約五〇〇だが、野砲、対戦車砲、戦車、装甲車を持ち、タムスクに六〇機を展開させているのを知りながら、支隊の装備に注意を配った形跡がない。

表2－2で示したように、防御にまわったソ蒙軍の兵力に比べ、攻める日満軍の兵力は「攻者三倍原則」どころか、同等ないしやや劣勢である。

何よりも日本側には射程の短い連隊砲（七五ミリ）、大隊砲（七〇ミリ）が四分の一の五門しかなく、戦車に至っては皆無である。その気になれば、持ちあわせぬ戦車・装甲車はともかく、手許にあった指揮下の野砲第13連隊（定数は七五ミリ野砲二四門、一二二ミリ榴弾砲一二門）を随伴させれば、ソ蒙軍の七六ミリ砲一二門、一二二ミリ榴弾砲四門と対抗できたのに、動員しなかった。相手はモンゴル騎兵が主力だから、東捜索隊の騎兵（軍馬八八頭）で蹴散らせると踏んだのかもしれない。

ともあれ山県支隊は「歴史の第一頁を飾るべき栄ある首途《かどで》に際し必勝を期して已まず」と、いささか大げさすぎる支隊長訓示のあと、二十七日夜から行動を起こした。各隊が三方向から六隊に分れ前進して、翌朝までに川又（ハルハ河とホルステン川の分岐点）へ敵を追いこみ、包囲撃滅したあとはハルハ河の対岸台上に進出するという巧緻とも見える「分進合撃」戦法である。作戦命令（山作命一四号）では「対岸の掃蕩《そうとう》は概《おおむ》ね二時間以内に完了の予

表2-2　第一次ノモンハン事件の参加兵力と損耗

（1939年5月28日〜30日

部隊名	戦死／出動兵員	野山砲	対戦車砲（速射砲）	戦車	装甲車
1. 日本軍					
a 捜索隊	105／157	—	—	—	1／1
b 歩64連隊	51／1,058	0／5	1／4	—	—
c その他共計	158／1,701	0／5	1／4	—	2／2
2. 満軍	／488	0／2	—	—	—
3. ソ連軍	138／1,043	3／13	？／4	0／13	10／39
4. モンゴル軍	33／1,257	／7	／4	—	3／9
3. ＋4.	171／2,300	？／20	／8		

出所：1. aは第23師団捜索隊戦闘詳報。
　　1. b、cは『関東軍〈1〉』p.462。
　　2. は『満洲国軍』。
　　3.、4. はコロミーエツp.37、43。
注⑴下（右）段は参加数、上（左）段は喪失数。

⑵おくれて出動したが、ほとんど交戦しなかった歩71連隊馬場大隊（381人、山砲門等）は計上していない。

⑶満軍の損害は不詳、ソ連側は12名を捕虜にしたと記録する。

⑷日本軍は戦果として戦車、装甲車21両撃破と記録。

⑸捜索隊の装甲車4両は故障で出動せず。

⑹ソ連軍の「野山砲」13門は122ミリ榴弾砲4門をふくむ。

定」で、概ね河より一〇〇〇メートル以上には進まず、反転してノモンハンへ集結する時間表を示している。

連絡用の隠語付き信号も「桶狭間＝追撃前進」が黄竜、「川中島＝渡河開始」が赤吊星、と念入りに示達されたが、「秋祭＝撤退せよ」の赤三星まで加えていたのは不吉な予告と言えなくもない[20]。

見殺しにされた東捜索隊

ところが六隊の前進に遅速が生じ、目標物が乏しいために地点標定が狂い、無線連絡も通じにくい欠陥から、幅三〇キロメートルに近い広正面でバラバラに戦うはめになってしまったのである（図2－1参照）。

それでもソ蒙軍の退路を断とうとしてハルハ河寄りの最右翼を無抵抗で急進した東捜索隊は、夜明け頃に川又軍橋の東側約一・七キロメートルの砂丘に西面する陣地を占拠した。いわば敵の内懐に飛びこんだ形になり、山県支隊主力との戦闘で押されて北東至近のバル西高地（733高地）に退ってきたソ蒙軍と、ハルハ河の西岸に集結しつつあった増援部隊の両方から挟撃され、逆に退路を断たれてしまう。

とくに西岸台上から撃ちおろす計三〇〇〇発とも称された一二二ミリ砲四門の猛射や火炎放射器付の戦車と装甲車には対抗手段がなく、死傷者が続出した。東中佐は前進がおくれがちになっていた山県支隊主力の進出と救援に期待していたが、砂丘の北側稜線上を見え隠れしていた友軍（第三大隊）はやってこなかった。数回にわたり派遣した伝令から東たちの苦境を知っても、山県はさっぱり動かず、「見殺し」（小松原日記）にされた捜索隊は、陣地を固守したまま二十九日夕方に「全滅」（小松原日記は三十一日の項に「全滅」と記したのを消し「半滅」に直す）してしまった。[21]

モンゴル騎兵第17連隊長のL・ダンダルは「全滅」の寸前に東部隊長を捕えようとしのびより、双眼鏡をのぞいていた太った日本人に飛びかかったと回想している。[22]その男はとても強く負けそうになって、ピストルで腹を撃って倒したというのだが、この話はどうやら思い違いの武勇伝らしい。生き残って脱出した下士官の証言によると、東中佐は二十九日夕刻、残兵一九人の先頭に立って試みた最後の抜刀突撃にさいし、手榴弾を胸に受けて戦死したとされているからだ。[23]

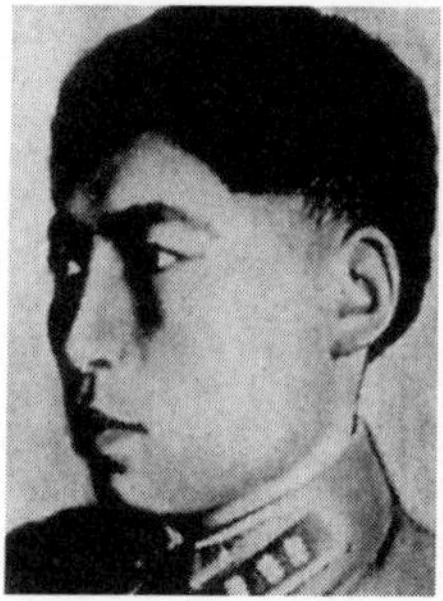

L・ダンダル

その東は二十九日一五〇〇に鬼塚智応曹長（本部書記）を呼び、山県支隊長への報告書と遺書を託す。鬼塚は負傷した両脚をひきずりながら、かろうじて包囲網を脱出、三時間後に二キロメートル後方の支隊司令部へたどりついた。

報告書は簡単な戦闘経過を記し「攻勢に転ずる企図なるも、目下兵力三〇名に足らず、独力如何ともなし難き情況なり……現在地を死守す。御健闘を祈る」[24]とあり、「怨み言も、援軍を頼むの言」もなかった。その後の山県とのやりとりを鬼塚の手記から引用したい。

鬼塚「支隊長、速かに少くも二個中隊か一個大隊の兵力を増援して東部隊の苦戦を救って下さい。今頃はもはや全滅しているかもしれませんが」

山県（黙って瞑目したまま）

鬼塚「帰ります」（と挙手の礼）

山県「おい！　曹長、どこへ行く。捜索隊は全滅したぞ」

鬼塚「そんな筈はありません。少しは生存している者がいるかも……」

山県「先程、双眼鏡で眺めていたら、最後の突撃を敢行したぞ。生きている者は一人もいまい。お前はここに居れ、明晩二個中隊の兵力を以て死体収容をする。お前はその道案内をせよ」

鬼塚「はい」

関東軍の辻参謀が支隊本部に現われたのは、その前後である。辻は呆然としている山県へ「あなたの用兵のまずさによって東中佐を見殺しにした」と決めつけ、「今夜半、支隊を挙げて夜襲を実行しなさい。目的はあくまで東部隊の遺体収容だが――」と迫りつつも、「新京へ[25]帰ったら『山県支隊は三十日未明、大夜襲を敢行して敵を国境線外に撃退した』、と発表する」と子どもをさとすような口調で話を決めたという。

図2-1　第一次ノモンハン事件の作戦行動図

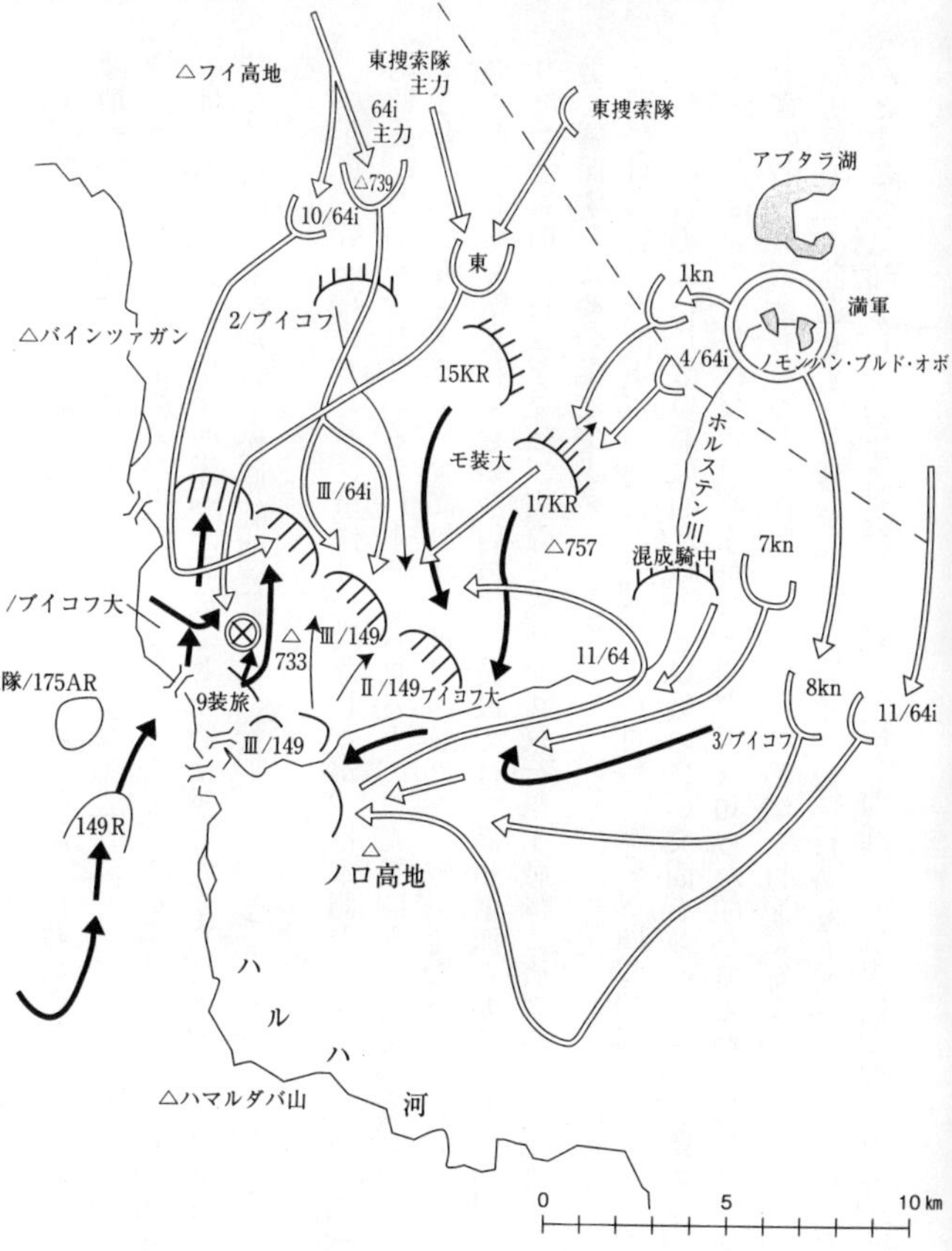

5月28日朝
5月28日夕
5月29日夕

部隊名用例
［日満軍］
10/64i：歩64連隊10中隊
Ⅲ/64i：同Ⅲ大隊
8kn：満軍騎兵第8団

［ソ蒙軍］
Ⅲ/149(R)：ソ狙撃149連隊Ⅲ大隊
175AR：野砲175連隊
15KR：モンゴル騎兵15連隊
9装旅：ソ第9装甲車旅団
モ装大：モンゴル装甲車大隊

出所：コロミーエツ『ノモンハン戦車戦』p.40を秦が補正

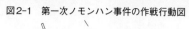

そして同日夜半に、連隊長ら六〇〇人の支隊に村田、伊藤の両師団参謀が同行して捜索隊陣地へ潜行し、一〇三体を収容したが、ここでも辻が「三人で一人の屍を担げ」と命令した情景は、ノモンハン伝説のひとつとして有名になる。(26) この遺体収容作業が妨害されなかったのは、偶然にもソ蒙軍が西岸へ一時後退した隙に乗じたからであった。収容作業を終えた山県支隊長にハイラルの小松原師団長から撤退命令が届いたのは、三十一日の〇九四〇である。

こうして第一次ノモンハン事件は一段落したが、日本側とソ連側が摂取した教訓と評価は対照的な方向に分れている。日本側から見ると、まだ戦闘が終っていない五月三十日に、早くも大本営から「ノモンハンに於ける貴軍の赫々《かくかく》たる戦果を慶祝す」との祝電が関東軍に舞いこむ。しかも頼まれてもいないのに、後段では「満州増派を要する兵力資材あらば通報あり度《たし》」と気前の良さを見せ、実際に内地から飛行第1戦隊（戦闘機）の増派となる。航空優勢を確保するための配慮であろう。

同じ日に届いた関東軍の報告が「(二十八日に)敵を包囲して之に一大打撃を与えたり」とか「退路を失いし敵の窮鼠的反噬《はんぜい》」と景気の良い文面を並べ、東捜索隊の全滅は伝えていなかったせいかもしれない。そうなると関東軍も知らん顔をするわけにはいかず、植田軍司令官の名で賞詞をもらった小松原は、山県への不満を日記に綿々と書くしかなかった。日記の所感では「前進せず、又捜索隊を応援せず、遂に見殺せしむるに至れり」「任務を達成せんとするの気魄《きはく》なし」「死体収容のさい、一部を前進させ橋を破壊せざりしや……」と散々である。

また本人を呼んで「なぜ夜襲を決行せざるや」とか「其理由如何」とか「不徹底ならずや」などと細部にわたり問いつめているが、有益な戦訓を引き出したようには見えない。山県の不活発な動きが、実は西岸台地から撃ちおろすソ軍重砲にひるんだせいだと見抜くことができず、砲兵を付けてやらなかった自身の失策を反省したようすはない。

関東軍作戦参謀・辻政信少佐

第二十三師団捜索隊長・東八百蔵中佐

その反動か、小松原は玉砕した東中佐に対しては「隊付少佐から脱出して支隊本隊へ合流すべきだと進言されても、命令なき以上は撤退せずと動じなかったのは敬服に価す」と評価が高い。この心情は第二次ノモンハン戦末期に、山県をふくめ続発した「無断撤退」の指揮官へ自決を強いた苛烈な処分に影響したのであろうか。

しかし戦術上の観点からは別の見方もありうる。たとえば支隊に同行した師団後方参謀の伊藤昇大尉は「猪突猛進、敵をあなどり、敵情捜索もほどほど遮二無二、川又の合流点を目指して突進し、前後左右の連絡協同等、戦力の統一発揮を意に介することなく、各個バラバラの攻撃に終始したことはまことに遺憾[27]」と回顧している。批判の対象は七分が山県、三分が東に向けられたと見てよい。通信連絡が不良だったという事情を考慮しても、東には山県支隊本部と歩調を合わせ、猪突を避ける柔軟な進退が望ましかったと言えよう。

捜索隊の生き残り負傷者が山県支隊を呪ったのを知る辻参謀は「第二十三師団の左右の団結が薄弱であることと、対戦車戦闘の未熟な点[28]」を指摘しているが、「第一次ノモンハン事件は一勝一敗」と総括した。一勝が何を指すのかは不明だが、この強気な姿勢こそ第二次ノモンハン事件の布石になったと評してよいだろう。

ジューコフの登場

ソ蒙側の内情も単純ではない。モンゴル軍にとっては独立後における最初の本格的戦闘で、越境した日本軍を追い返した勝利の戦いだという位置づけが定着している。『ハルハ河会戦――参戦兵士たちの回想』（一九八四）には九人の執筆者が、奮闘して勲章をもらったモンゴル軍兵士たちの武勇談を列挙している。

たとえばチョグドンら第七哨所の全員が勲章をもらい、ダンダル連隊長はモンゴル軍総司令官のチョイバルサン元帥に戦闘体験を報告して賞讃を受け、ソ連軍のジューコフ司令官にも引見された。だが勝敗は別として、そのジューコフの参戦部隊に対する評定はきびしかった。

従来の定説では『ジューコフ元帥回想録』の記述を典拠として、彼がモンゴルの前線に到着したのは六月五日、すなわち第一次ノモンハン事件の終結直後とされてきた。それを覆《くつがえ》したのは、ロシア軍事公文書館の記録によりモスクワ出発が五月二十五日、前線到着はウォロシロフ国防相にあてた電文報告の日付から二十九日以前であるのを発見したＮＨＫの鎌倉英也記者である。

ミンスクの白ロシア軍管区副司令官だったジューコフが急に国防相から呼びだされ、三ヵ月の予定でモンゴルへ急行し、問題点を洗いだして今後の対日作戦構想を提言するよう要請されたのは五月二十四日である。数日おくれで、航空専門家のスムシュケビッチ少将もモンゴルへ派遣された。

ウォロシロフが下した命令書は、ジューコフに与えた課題を次のように記している(29)。

第五七軍団長と幕僚の任務遂行ぶりを調査せよ。彼らがいかに戦闘の訓練をしているか、軍団長は部下の戦力を高めるためにいかなる措置を講じているか、将兵の戦闘能力や構成をどのように点検しているか、兵器と補給についても現状と維持のあり方を調査せよ。戦闘訓練に欠陥を見いだした場合は、軍団長とともに速やかに改善措置を取るべし。

のちに第二次大戦最高の英雄となるジューコフは、貧しい靴屋の息子で一九一八年、二十二歳で赤軍へ一兵卒として入隊した。三〇年に陸軍大学を卒業、騎兵の旅団長、師団長、軍団長として頭角を現わしたが、トハチェフスキー元帥の人脈と見られ粛清の危険が迫ってい

た。その間の事情を晩年のジューコフは、作家シーモノフへ次のように語っている。(30)

ハルハ河の戦況が思わしくないと伝わったとき、スターリンはウォロシロフに「フェクレンコ（注：第五十七軍団長）とはどんな男だ」と聞き、よく知らないと答えると、立腹したスターリンは「立て直すために誰か他の者を現地に派遣すべきだ。場合によっては日本軍を潰滅させる必要がある」と言い出した。

同席していたティモシェンコ将軍が統率力と決断力のある候補者としてジューコフの名を挙げた。「ジューコフ？　聞いたことがあるような気がする」とスターリンがつぶやくと、ウォロシロフが「二年前に無実の疑いをかけられているのを晴らしたいと電報を打ってきたあの男ですよ」と答えた。私はノモンハンの勝利でやっと粛清の呪縛から解放されたのだ。

こうした偶然に近い理由で粛清を免れたジューコフは、並々ならぬ決意を抱いてノモンハン戦場へ登場するのだが、では彼の派遣の日付を一週間ずらせた裏には、どんな思惑が秘められていたのか。鎌倉は「この些細《ささい》な日付のちがいは、実はソビエト側がこの国境紛争にどれだけの決意と見通しをもって臨んだかを探る上で、大きな意味を持つ。ジューコフは、いわゆる『第一次ノモンハン事件』が一応の終結を見た後の六月、落ち着いた状況で前線戦況の分析・戦力建て直しを図るために送り込まれたのではなく……モスクワはこの戦闘が今後、大きな戦争に発展することを見抜き、重要視した上での切迫した緊急の決断だったと言っていい[31]」と推測する。

そうだとすると、党と軍中央に直結するジューコフが、その威信を誇示するため第五十七特別軍団など現地部隊の戦績に辛口の評価を与えたのも理解できよう。たとえば五月三十日にジューコフがタムスクの第五十七特別軍団司令部からスターリンとウォロシロフにあてて打った電報は、「五月二十八日、二十九日の極めて非組織的な攻撃の結果、我が軍は、次のような損失をこうむった。戦死七一名、行方不明三三名、戦傷八〇名。戦術が稚拙で作戦指揮も構想力を欠いた。敵の航空機は絶え間ない空爆を行っている[32]」という要旨だった。

十一月十五日付のジューコフ最終報告書は、もっと具体的で峻烈な査定を加えているので、一部を抜き出してみる[33]。

1. 第五十七軍団とモンゴル軍の訓練はきわめて劣悪で、準備態勢は犯罪的な怠慢ぶりだった。
2. 日本の挑発行為を誘引したのは、誤った無責任な国境警備態勢であった。
3. 五月の戦闘を通じ一二〇キロメートル後方のタムスクから動かなかった軍団司令部は国境の些事としか受けとめず、部隊指揮は拙劣で前線の実情を把握していなかった。
4. 無能なフェクレンコ軍団長とイヴェンコフ作戦参謀は五月二十九日、日本軍の来援を恐れ、ハルハ河東岸の拠点を捨て、指揮者不在のまま無秩序な西岸への撤退を命じた。

まるで敗軍の責任を追及するかのようなきびしい筆致だが、六月八日スムシュケビッチ少将は中央へ「フェクレンコは失敗を犯した。ジューコフと交代させるのが賢明[34]」と勧告、ウォロシロフは直ちにスターリンと協議してフェクレンコを解任、十二日、モスクワへ召還されたフェクレンコに代り正式の軍団長に就任したジューコフは、懲罰的人事の追い討ちをかけた。

軍団の前参謀長（クーシチェフ）、参謀（イヴェンコフ）は「人民の敵」「日本の大物スパイ」（シュテルン最終報告書）呼ばわりされた。ブイコフをふくむ下級指揮官たちも「本来は軍法会議ものだが」の但し書き付きで更迭され、修理更生部隊へまわされている[35]。山県支隊長さえ留任させた関東軍の温情ぶりに比べると、いささか同情したくもなってくるというものである。

またジューコフの要請に応じ、モスクワはそれを上まわる三個狙撃師団、二個戦車旅団、三個装甲車旅団、それに有力な空軍と大量の砲弾を送った。「ソ連側に事件拡大の意図はない[36]」（大本営ロシア課）と推定して、兵力の増強を怠った日本陸軍中央の甘い情勢判断とは対照的だ。こうした日ソの反応差は、やがてきた第二次ノモンハン事件の明暗を分けることになる。

注

（1）前掲クックス『ノモンハン』上、六六ページ。

(2) 斎藤浩三「ノモンハン事件半歳の総決算」(『丸』一九五七年十月号)。
(3) 前掲ジューコフ最終報告書、六二六ページ。
(4) 前掲プレブ編著に収録されたツェヴェグジャブ論文、一一四ページ。
(5) 前掲コロミーエッ、三五ページ。
(6) 前掲プレブ編著のラハグワスレン論文(二七—二九ページ)。
(7) 辻政信は一九五〇年に刊行した著書『ノモンハン』で、五月十三日の第一報について「ノモンハンは何処ぞ」「拡大鏡で漸く探す」の見出しを使い、本人をふくめ関東軍司令部の幕僚にノモンハンの地名を知る者が一人もいなかったことを特筆している(六七ページ)。
　この記述に疑問を投げかける声は少なくないが、同僚の服部卓四郎中佐による同主旨の証言もある。それによると十三日午後には、参謀長以下の主要参謀が打合せのため軍司令官公邸へ集まっているとき、くだんの第二十三師団長からの第一報が届き、「一体ノモンハンは何処かということになったが、誰も知っている者がいない。辻少佐が司令部にとんでいって、三時間ばかり首っ引きでこの地点を漸く探し出す始末で、全く不意打ちを食らったもの」だという(服部「ノモンハン事件の真相」『丸—大陸軍戦史』一九五六年十二月号)。島貫参謀も同主旨を回想しているので、辻の記述は正確かと思われる。
(8) 前掲保月義雄、一三九ページ。
(9) 『ノモンハン』第九号(一九七二)の田村利美談。
(10) 前掲井本熊男、三七〇ページ。
(11) 前掲稲田正純論文。
(12) 東京裁判速記録、一九四八年一月二十九日に朗読されたチョグドンロ供書(国立公文書館蔵、4E—13—49宮内省3523)。
(13) 牛島康允『ノモンハン全戦史』(自然と科学社、一九八八)三七ページ。
(14) 「第二十三師団捜索隊戦闘詳報」(防衛研究所蔵、満州—ノモンハン—225)。東支隊の出動兵力は軽装甲車を随伴した捜索隊(二二一名)、歩64連隊第一大隊(五一〇名)、トラック輸送の輜重兵23連隊

（七五名）など計七九一名、別に満軍騎兵一五〇名、山砲二門。

(15) 鬼塚智応『ノモンハンの夕映え』（私家版、一九八八）二六ページ。

(16) 前掲コロミーエツ、三五ページ。

(17) 前掲プレブ編著のチョグドン手記（一一九ページ）。

(18) 前掲辻『ノモンハン』八〇ページ。

(19) 前掲「関東軍機密作戦日誌」一〇九—一一〇ページ。

(20) 「山県支隊戦闘詳報」（防衛研究所蔵、満州—ノモンハン—87）。

(21) 捜索隊の戦闘詳報によれば、東捜索隊の兵力は合流した歩64の浅田小隊をふくめ一九〇名、うち戦死一二一名、負傷三四名である。

(22) 前掲プレブ編著のダンダル手記（五四ページ）。

(23) 『昭和史の天皇25』二九六ページ。

(24) 前掲鬼塚、九七、一一〇ページ。

(25) 前掲『ノモンハン』第十一号の古川常深（山県支隊本部付）手記。

(26) 前掲辻、八七—九〇ページ。

(27) 前掲『ノモンハン』第二号の伊藤昇手記。

(28) 前掲辻、九二—九四ページ。

(29) ジェフリー・ロバーツ、松島芳彦訳『スターリンの将軍ジューコフ』（白水社、二〇一三）五九ページ。ロバーツはウォロシロフの命令原文をV・クラスノフの著書『ジューコフ』（モスクワ、二〇〇五）から引用している。

(30) K・シーモノフ『同世代の人の眼を通して』（モスクワ、一九八八）三一九—三二〇ページ、平井友義の非公式訳による。

(31) 鎌倉英也『ノモンハン——隠された「戦争」』（日本放送出版協会、二〇〇一）七六—八〇ページ。

(32) 前掲ロバーツ、六三ページ。

(33) 前掲ジューコフ最終報告書、六二五—六二七ページ。
(34) 前掲ロバーツ、六四ページ。
(35) 前掲鎌倉、一六三ページ。
(36) 前掲『関東軍〈1〉』四六六ページ。

第三章　ハルハ河畔の攻防

泣く子も黙る関東軍

第二十三師団長小松原道太郎中将が書き残した丹念な日記（防衛研究所蔵）はノモンハン戦の研究に欠かせない第一級の記録だが、事件発生の前日に当る一九三九年（昭和十四年）五月十日の項に「東京物資漸く欠乏」の見出しで、九項目の具体例を列挙している。日記には年間を通じてこの種の話題は見当らないので、やや奇異な感をぬぐえないが数例を拾ってみると、

1．市中に金屑の一片もなし。ハイラルには鉄屑、古釘、古針金の散乱遺棄せるもの多し。
2．織（物）欠乏。一着分百十円、ハルビンは三、四十円。
3．足袋、タオル、繃帯、殆んどスフ（人造繊維）、当地は尚木綿の残物あり。
4．缶詰の缶、殆んど姿を没す。
5．紙不足、店は商品を紙で包まず。

など悲観的な材料ばかりである。

情報の出所は不明だが、実際の統計データを参照すると意外に正確であることがわかる。たとえば日中全面戦争に突入した一九三七年に比べ、三九年における内地民需品の総供給量

は綿布で六割、毛織物、紙は三分の一、ゴム製品は半分以下になっている。主食のコメも在庫量が半分に落ち、四一年から配給制へ移行した。物価上昇（年率一〇％前後）もあって、実質国民所得は三八年から下降線に入っていた。(1)一〇〇万人を超える外征の大軍を賄《まかな》うためか、国民生活はかなりの圧迫を受けている。中国軍を相手にした前近代的戦争の三年目にして、日本の総合国力は息切れしはじめていたと言えよう。

陸大卒の知性派と目され、大使館付武官補佐官、同武官など情報将校として革命前後のソ連に勤務した小松原が、戦時経済の実情に関心を寄せていてもふしぎはない。そうだとすれば、対ソ戦のリスクをはらむノモンハンの国境紛争にもう少し慎重な姿勢で臨んでもよさそうなものだが、逆方向に近い心境を思わせる反応が目につく。

東京の物資欠乏ぶりを憂えた翌日（五月十一日）――奇しくも、事件の発端となった日――の日記には「支那軍に対する必勝の信念」と題し、

三倍なれば殲滅《せんめつ》し得べし
五倍なれば相当大なる打撃を与え得べし
十倍なれば攻撃し得べし

のような勇ましい所見が登場してくるのである。小松原には支那軍と戦った経験はないから、誰かからの受け売りだろうが、十倍の敵と戦うのも辞さないというのは、およそ兵学の

常識に反する暴論である。だが支那軍の戦力を極端に軽侮する風潮が当時の陸軍内部に横行していたのは、まぎれもない事実だった。自前の空軍も戦車も持たぬ劣等装備で、後退戦略を重ねる支那軍に対する連勝体験の副産物とも言えよう。

そして満州事変の成功を背景に、「泣く子も黙る関東軍」の威勢を誇る「独立王国」を形成していた関東軍のなかには、「支那軍」を「外蒙軍」や「ソ蒙軍」に置き換えた「必勝の信念」が広がっていたようだ。

第一次ノモンハン事件では第二十三師団、第二次以降は関東軍司令部が主導した作戦計画を見ると、兵力差を計算したとは思えない独善的な思考と運用が目につく。第一次で小松原が手許の兵力を出し惜しんで、東捜索隊の全滅を招いたのは既述の通りだが、戦訓は生かされなかった。

七月初頭のハルハ渡河作戦を立案した関東軍の作戦参謀たちは、対決するソ蒙軍兵力を歩兵九個大隊、戦車一五〇両と算定したうえで、歩兵十二個大隊、戦車約七〇両という「関東軍としては未曽有なる大規模の地上作戦(2)」を発動すれば「牛刀をもって鶏を割くようなもの」と楽観していた。この渡河作戦は失敗し、一日で東岸へ撤退せざるをえず、虎の子の安岡戦車団も甚大な損害を受け、戦線は膠着《こうちゃく》状況に陥った。

満を持したジューコフの第一集団軍が八月二十日に歩兵三個師団強、戦車・装甲車五個旅団の兵力を投入した大包囲作戦に出たときも、関東軍と第六軍は消耗して戦力が半減した第二十三師団だけで支えられると誤算した。それればかりか一個旅団強を加えただけで、八月二十四日から無謀な反転攻勢を試みている。もしソ蒙軍がかねてから主張していた国境線で自発的に停止していなかったら、第六軍は玉砕同然の破局に陥ったかもしれない。

ここまでくると、関東軍には戦術上の計算どころか、傷つけられたプライドへのこだわりしか残っていなかった。全軍をあげての対ソ決戦を決意した植田関東軍司令官は、「暴戾《ぼうれい》不遜なる蘇蒙軍を撃滅し以て皇軍の威武を中外に宣揚せん」[3]（九月二日の訓示電）と、なおも強気だったが、さすがに見込み薄と判断した大本営の介入で中止となり、四ヵ月にわたったノモンハン戦は終結した。

軍事的観点からは日本軍の敗北は隠しようもないが、関東軍をひきずった主戦派の辻政信参謀は、戦後に刊行した著書『ノモンハン』で所々に反省の弁を加えながらも、「戦争は敗けたと感じたものが、敗けたのである」[4]としめくくった。責任を取らされる形で一時左遷された服部卓四郎、辻のコンビは、二年後に大本営の作戦課長、兵站《へいたん》班長（ついで作戦班長）として返り咲き、似た発想と手法で対米英戦へ全軍をひきずっていくことになる。

少し進みすぎたので、あらためて第一次ノモンハン事件が終った一九三九年五月末まで戻ることにしたい。

「委せたらいいではないか」

小松原師団長が山県支隊へハイラルへの撤退命令をくだし、関東軍司令官と参謀次長から健闘ぶりを評価する「祝電」が舞いこんだ五月三十一日には、事件のその後の展開を暗示する次のような関連情報が記録されている。

1．ソ連のモロトフ新外相は最高会議の決定に基づき東郷茂徳駐ソ大使へ、全力をあげてモンゴル国境を守るつもりだと表明した。

2．事件が全面戦争に拡大する可能性は「万無きものと信ずる」が、もしソ蒙軍が攻勢をかけてきても、第二十三師団だけで対処できるとする関東軍の見通しが中央部へ打電された(5)。

3．大本営作戦課は、関東軍の不拡大方針を信頼し満蒙両国間の国境画定交渉によって早期終結を期待する。そのため第二十三師団を使用しても敵撃破後、係争地に永く駐兵しないし、ハイラルを爆撃されても、航空隊の越境爆撃は実施しないという主旨の「ノモンハン」国境事件処理要綱(6)」を作成している（ただし関東軍には示達されず）。

4．陸軍の主唱で年初から進行していた防共協定を軍事同盟へ強化しようとする日本とドイツの外交交渉の過程で、対米英刺激を警戒して強硬に反対する海軍に右翼からの圧力が強まった。テロに遭う覚悟をきめた山本五十六海軍次官は、この日の日付で「述志」と題した遺書を書き、金庫に収めている。

5．四月に天津のイギリス租界で起きた親日派中国要人の殺害犯引き渡し問題で、日英関係は緊張を高めつつあったが、この日在天津の日本総領事から英総領事へ期限付要求が提出された（六月十四日には北支那方面軍による天津租界の封鎖へ発展）。

いずれも九月に勃発する第二次世界大戦へ向かう巨大な潮流が残した指標であったが、渦中にあった当事者たちの視界は限られている。当面の課題に取り組むのに追われ、右往左往するしかなかった。

国家的観点から言えば、この段階で最優先課題は半年余の間に七十数回の五相会議でもみにもんで決着がつかなかった4の三国軍事同盟問題だったろう。ドイツと結んで筆頭仮想敵国のソ連を東西から挟撃できるから、陸軍が実現に熱意を持ってもふしぎはない。

ところが五月頃から、日本が同盟に応じないならドイツは馬を乗りかえてソ連と手を結ぶかもしれないという情報が流れてくるようになった。実際に英仏との提携に見切りをつけたソ連は八月二十三日、ポーランドの分割を密約したうえで独ソ不可侵条約を結び、呆然自失の平沼内閣は五日後に「欧州の天地は複雑怪奇」の一言を残し、倉皇として総辞職する。

こうして短期間に変転を重ねた日独ソ関係のバランスを、スターリンはノモンハン事件の処理策に反映させたが、同盟問題で多忙な陸軍中央は、ソ連に事件拡大の意図がなさそうだと判断していたこともあり、暴走気味の関東軍にひきずられるまま半ば放任していた。

もっとも国軍の七割以上を中国大陸の戦場に釘づけされていた陸軍にとっての最重要課題は、日中戦争の早期解決であり、政治・外交的手段による和平工作も模索しているところだった。その意味でも中国に影響力の強いイギリスとの関係を天津租界問題で悪化させず、日本に有利な形で調整する必要があった。

この頃の畑俊六侍従武官長日誌を見ると、昭和天皇の関心が圧倒的に同盟問題と天津問題に集中していたことが窺える。ひとつには米英協調を重視する天皇が三国同盟を嫌い、天津での実力行使を抑えたいと希望していたのに、それに逆らう姿勢をとっていた陸軍とのやりとりがくり返されたせいでもある。

五月末に一段落した第一次ノモンハン事件について、陸軍は侍従武官長を通じ一応の情報は上げていたようだが、天皇が関心を示した記録は、六月二十二日の畑日誌に「昨日御前に召され……昨今のノモンハンの外蒙軍の活躍は天津租界問題と関係ある如く思わるゝが――」とあるのが最初だ。そこで畑は夕方に板垣陸相を訪れて懇談したが、「ノモンハン事件の原因は未だ参謀本部にて適確なる判断なきも、大したことにならざるやに察せられる」と聞いている。

おそらく天皇にも伝えられたであろうが、すでに二十一日には関東軍から第二十三師団に安岡戦車団を加え、ハルハ河を越えて進入したソ蒙軍を膺懲すると通報され、陸軍省・参謀本部首脳の会同で論争になっていた。

陸軍省側からはかなり強い反対意見も出たが、「一師団ぐらいいちいちやかましく言わないで、現地に委せたらいいではないか(7)」という板垣の一言で容認してしまう。容認派の稲田作戦課長は、戦後に「結果論にみると、初めから中止を命ずべきであったという感じもあるが、関東軍はかなり忠実に中央の意向に同調しているように見受けられた」ので、あえて認めたものの「事後承諾を求めてきたそのやり方に……胸中一まつの不安を押さえることができなかった(8)」と回顧する。

この時点で、関東軍はすでにハルハ河を渡河して、地上部隊をモンゴル領内に進攻させるとともに、ソ連空軍の根拠地であるタムスクへ航空の全力をあげて攻撃する構想を固め、参加部隊に出動準備を下令していた。しかし「若《も》し中央に企図を報告する場合、中央より行動すべからざる旨申し来らば[9]」困るので、越境攻撃の部分は秘匿し事前協議はしないと決めた。

板垣も稲田も、「膺懲」行動がハルハ河を越えたモンゴル領内に及ぶとは想像できなかったのか、頼まれもしないのに、内地から野戦重砲二個連隊を増派する配慮を見せている。この増派は二十四日閑院宮参謀総長が参内して上奏、裁可を得た。ついでに膺懲行動の概要も報告し、ソ連軍が補給根拠地のザバイカル軍管区から八〇〇キロメートルも離れたノモンハンに大兵を注入することは「万なかるべし」と楽観論を言い添えたが、天皇は双方がいたちごっこで増兵すると拡大の恐れがあり、「満州事変の時も陸軍は事変不拡大といいながら彼の如き大事件となりたり[10]」と述べ、むしろ国境画定交渉に入ったらどうかと示唆した。

陸軍大臣・板垣征四郎中将

昭和天皇の目配りと心配は的を射ていた。許可を得ない越境攻撃は、天皇の統帥大権を犯す重大な犯罪である。天皇は満州事変時に林銑十郎朝鮮軍司令官が独断越境を強行したにもかかわらず、「越境将軍」ともてはやされ陸相、ついで首相の座を得た先例を想起したのかもしれない。

偶然ながら、同じ二十四日に上京してきた関東軍参謀の片倉衷中佐からタムスク爆撃の企図を知った参謀本部は、次長名で関東軍参謀長へ自発的中止を促したが、関東軍の暴走は止まらない。タムスク爆撃は二十七日に決行され、得々と大戦果を電話で報告した寺田高級参謀に、稲田作戦課長が「馬鹿ッ、戦果が何だ」とどなりつけ、「余りと言えば無礼の一言」は「関東軍と中央部とを、決定的に対立させる導火線になった[11]」と辻参謀は記す。

さすがに地上部隊も越境しそうだと懸念したのか、大本営は六月二十九日に上奏裁可を得た大陸命第三二〇号で「満洲国中其の所属に関し隣国と主張を異にする地域並《ならびに》兵力の使用不便なる地域の兵力を以てする防衛は情況に依り行わざることを得」と、それを受けての大陸指四九一号で「地上戦闘行動は概ね貝爾湖《ボイル》以東に於ける満洲国外蒙古間境界地区に限定するに勉むるものとす」「敵根拠地に対する空中攻撃は行わざるものとす」と関東軍を押さえにかかった[12]（傍点は秦）。「勅命」という伝家の宝刀を抜いたかに見えるが、それにしては腰が引けていた。

大陸命は満州国防衛に関する関東軍の責任を軽減する主旨だが、「情況に依り」行なってもよいと読める。また大陸指の「ボイル湖以東」は地図を見ると、七月三日のハルハ河渡河点やハマルダバをふくむモンゴル領も入ってしまう。

係争地域なら「ハルハ河以東」と表現すれば足りるのに、なぜわかりにくい「ボイル湖以東」としたのか理解しかねる。「情況に依り」に結びつけると、地上部隊のモンゴル領進撃を容認したと読めなくもない。しかも「概ね」という曖昧な条件が加わり、「勉むる」の部分で単なる努力目標にすぎないとも読めてしまう。

さらに大陸指を補足する二十九日の参謀次長電（八二七号）で「近く貴軍の企図せらるる地上作戦を容易ならしむる趣旨のものなり」と恩着せがましい配慮まで見せている。

七月二日の発動を期し、すでに地上部隊を攻撃配置へ前進させつつあった関東軍は、一連の「警告」は形だけと見抜き歯牙《しが》にもかけなかったのである。

「再び起て打撃を……」

ここで目を転じて、第二次ノモンハン事件の攻勢作戦を発動した関東軍の動きとソ蒙軍の対応ぶりを追ってみよう。

すでに見てきたように、関東軍はノモンハン周辺の国境紛争（第一次ノモンハン事件）は一段落したものと判断し、対ソ戦において本来の主戦場と想定していた東部、北部正面の作戦準備へ関心を向けつつあった。

六月三日から七日まで司令部では東部満州を舞台とする図上演習を実施し、参謀本部からは橋本第一部長を筆頭に秩父宮《ちちぶのみや》中佐、島村、宮子、今岡各少佐ら作戦課のスタッフ七名も参加した。後方担当の今岡は到着早々に「ノモンハン事件は終りましたからもう大丈夫です。ご安心して下さい[13]」と辻参謀に言われたと回想している。しかし、この甘言は額面どおりには受けとれない。ソ蒙軍の活発な動きを注視しながら、「再び起《たっ》て打撃を与うる[14]」機会を窺っていたという服部の回想のほうが本音だったと思われるからだ。

実際に東捜索隊を撃破したあとハルハ河西岸に退去したソ蒙軍は、山県支隊のハイラル帰還を見きわめるや、六月二日には東岸の旧陣地へ復帰し、日本軍の再攻撃に備えた防備態勢の強化を進めつつあった。モスクワは、増援兵力を加えた前線部隊の再編成にも着手した。

ジューコフが立ててモスクワに伝えた作戦構想は「日本の大規模攻勢を想定して、ハルハ河東岸の陣地を固守し、反撃態勢を準備したい」というもので、あわせて兵力の増派も要請したが、国防人民委員部は六月十二日に要請を上まわる狙撃三個師団、戦車二個旅団、装甲車三個旅団、砲兵四個旅団、飛行六個連隊を送ると返電してきた(15)。

とくに力を入れたのは、五月の空戦で「きわめて不首尾」(ジューコフ最終報告書)と自認する航空隊の立て直しであった。しばらく出動を禁じ、スペイン内戦でソ連空軍を指揮したスムシュケビッチ少将(空軍副総司令官)が六月上旬に連れてきた熟練飛行士の一団(四八人)を、教官役として再訓練に当らせる。

戦闘機は旧式鈍速のイ15戦闘機に代えて武装を強化したイ16とイ153(チャイカ)戦闘機を補充し、日本の九七式戦闘機が得意とする格闘戦を避け、一撃離脱戦法を採用した。新鋭のSB2高速爆撃機も加わり、地上部隊との直協を重視した(16)。

急ピッチで再編と再訓練を進めたジューコフが、禁を解いて航空隊に出撃を許したのは六月十七日、偵察を兼ねた地上部隊(モンゴル軍)の出動を下令したのは十九日だから、期せずして日ソ両軍は相手方の動きを手探りしつつ、ほぼ同時に二度目の遭遇戦へ踏み出したことになる。

小松原日記はソ蒙側の動きを、

六月十七日……「敵27機、カンジュル廟を対地射撃」「戦車・装甲車34両を伴う敵騎兵三〇〇、ノモンハン付近の満軍派遣隊を攻撃す」

十八日……「敵機15機、アルシャンに来り偵察す」「敵40機ツァガン・オボ、ハルハ廟を空襲、敵戦車も出現」「在タムスク飛行場の敵機55機」

ソ蒙連合軍の指揮官。左より、シュテルン方面軍司令官、チョイバルサン元帥、ジューコフ集団軍司令官

十九日……「五時、敵17機、カンジュル廟とアムクロを爆撃、物資集積所の満軍用ガソリン405缶など炎上し、1名戦死。歩兵団長の指揮する一個連隊をカンジュル廟に急派」

二十日……「外蒙軍はハルハ廟を占領、満軍第七団と交戦」

二十三〜二十四日……「装甲車を随伴したソ蒙軍の一部（歩一四九連隊等）は明らかに満領である将軍廟に来襲、所在の日本軍（小林少将以下の五個中隊）と交戦、ソ軍装甲車10両を撃破し、後退させる」

と記録している。

戦史叢書『関東軍〈1〉』は「小松原師団長は六月十九日朝、以上の状況を報告するとともに、これを撃攘すべき意見を具申した」「関東軍第一課においては……意見具申に接するや、直ちに研究に着手した」「軍は越境せるソ蒙軍を急襲殲滅し其の野望を徹底的に破摧する」[17]方針を固めたと記述している。

「判断に迷った」と称する辻も、「第二十三師団長は、防衛の責任上進んで更に徹底的に膺懲したい、との意見を具申して来た」[18]と小松原が主導したことを強調し、他の諸文献も同調しているが疑問もある。

関連の重要電報を収録している関東軍の機密作戦日誌に、なぜか第二十三師団長の具申電が見当らない。小松原日記にも言及がなく、十九日の項には「軍は外蒙軍の挑戦的行動を膺懲破摧せんとす」との「軍命令を受領す」としかなく、積極的姿勢を感じさせる表現が見当らないからである。

また小松原の具申電への回答となるこの軍命令（関作命一五三〇号）は、十九日二一四〇の発信となっており、しかも関係諸部隊への任務の付与を並べた十六項目にわたる長大な電文である。植田関東軍司令官の反対で棚上げされた第七師団を使用する当初案の作成過程（後述）まで考慮すると、時間的に不可能に近く、少なくとも数日前から関東軍司令部の主導で準備しておいたとしか考えられない。

それを裏書きするような証言もある。六月十七日、植田軍司令官は矢野参謀副長、寺田、服部、辻、芦川ら参謀をひき連れ、北部満州の防衛を担当する孫呉の第四軍司令部を視察中だった。後方担当の第三課参謀芦川春雄少佐の「備忘録」と題した日記に次のような記載がある。

六月十七日（土曜日）、「ノモンハン方面の敵の跳梁《ちょうりょう》に鑑《かんが》み、第一課（作戦担当）において第七師団の主力をアルシャン方面に進め、第二十三師団の一部をカンジュル廟、将軍廟方面に進め、航空部隊と共に敵を徹底的に撃滅する」の議起こるや、第三課においても所要の準備を進む。

この日記を発掘した『昭和史の天皇』取材班は、健在だった芦川から「作戦会議の席ではなく、十八日に新京へ帰るまで同行した辻参謀から作戦実施にさいしての兵站補給について相談されたのだ⑲」と聞き出している。

前後の経過から想像すると、攻勢計画の原案は六月十七日よりかなり前から辻が温め服部も同調していたもので、上司を説得できる材料がそろうのを待っていたのではあるまいか。

そして十七日以降に続発したソ蒙軍の「挑発的」行動を伝える小松原の通報が、好材料として利用されたのだろう。ただちに十九日午前、軍司令部の第一課作戦室に寺田大佐（高級参謀）、服部中佐（作戦主任）、三好康之中佐（航空主任）、村沢一雄中佐（北部担当）、辻（東部担当）、島貫武治（西部担当）の両少佐が集まって協議した。作戦担当の矢野音三郎参謀副長は出張の帰りが遅れ、列席していなかった。作戦会議の経過は、「関東軍機密作戦日誌」が次のように詳しく伝えている。

それによると、寺田参謀は主旨には賛成するが、支那事変の処理に重要な対英関係が天津租界問題でこじれている最中なので、解決の見通しがつくまで攻勢時期を延ばしたらどうかという慎重論を唱えたらしい。

それに猛然と食い下がったのが辻で、「事ここに及んで、ノモンハンを放置すればソ軍はわが軟弱態度に乗じ大規模な攻勢をかけてくるだろう。徹底撃破する自信もあり、それによりかえって日英交渉を好転させられる」と説き、服部、三好が同調して寺田も主張をひっこめた。

のちになって寺田は「事件を自主的に打切るとせば此際が正に潮時なりし」[20]「職を賭してでも主張し抜くべきであった」[21]と悔い、辻自身も「素直に寺田参謀の意見を採用」していれば「第二次ノモンハン事件は……立ち消えになったかもしれない」[22]と反省している。

ともあれ辻がまとめた「対外蒙作戦計画要綱」（案）の要点は、次の通りである。[23]

作戦方針
「ノモンハン」方面に於ける越境「ソ」蒙軍を急襲殲滅し、其の野望を徹底的に破摧す。

作戦指導要領

(1)飛行部隊は地上作戦の開始に先だち展開して、好機を捉え航空撃滅戦により制空権を獲得す。

(2)地上部隊主力(第七師団と戦車団)を鉄道でアルシャンに集中し、ハルハ河上流方面より左岸(西岸)に進出し、川又西方台上(注：ハマルダバ周辺)の敵砲兵主力を撃滅して敵の退路を断ち、ついでノモンハン方面の越境した敵を背後より攻撃し撃滅する。

(3)第二十三師団は主力に先だち、勉めて多くの敵をノモンハン方面に牽制抑留する。

(4)戦闘が一段落した後には、一部兵力でハルハ河左岸の要点を確保する。

使用兵力

第七師団長の指揮する歩兵二個連隊(六個大隊)等

第二十三師団の歩兵一個連隊(三個大隊)等

第一戦車団(戦車第三、第四連隊)、独立野砲兵第一連隊(九〇式野砲八門)

第二飛行集団の一部(戦闘二、重爆二戦隊など)

その他

この要綱案を提出された磯谷参謀長は、主旨に異存はないが師団を動かすほどの規模となるので、中央と連絡し、大本営の了解を得ることが必要だと述べ再考を求めた。しかし寺田、服部は中央の空気を察するに「意見具申を採用する公算少」と思われるので、独断専行すべきだと押す。磯谷はさらに矢野副長が帰ってくるまで待ったらどうかとも述べたが、両人は待つ余裕はないと強弁し、説得されてしまう。

ところが意外にも植田軍司令官が異論を持ち出す。攻勢をかけるのはよいが、ノモンハン地区の防衛は第二十三師団の管轄なのに、他の師団を以て解決するのは好ましくないというのだ。服部は第二十三師団が新設から一年にすぎず、三単位師団（三個歩兵連隊の編制）でもあって、在満師団では最精鋭と目されている第七師団（四単位編制）に比し、戦力的に不安があると食い下さがった。

すると植田は、戦術的考察はその通りだが、「統帥の本旨ではない……自分が小松原だったら腹を切るよ」と言い切り、「粛然として答える者もなかった。正に一本参った」(24)形の幕僚たちは、引き下がって案を練り直すことになる。もっとも植田の本心について、三好参謀は「小松原師団長のメンツを表面に立てられたが、内心では第七師団をそんなところへ使うな」(25)という意図ではなかったかと推測している。

しかし練り直すといっても、急に斬新な発想が湧くはずもない。軍司令官の顔を立てて、主役を第七師団から第二十三師団へ入れ替えてはいるが骨格は変らず、むしろ投入兵力を歩兵九個大隊から十二個大隊へ、火砲も七六門から九十数門へ水増ししていた。小松原がひきいる第二十三師団の主力（満州里分遣の一大隊を除いた八個大隊）に第七師団の四個大隊を編入するので、幕僚たちは名を捨て実を取ったとも言える。

早くも六月十九日夜には航空部隊の出動準備を指示した関東軍命令（関作命第一五三〇

号）、翌二十日午後には地上部隊の応急派兵（編制定員の約八割）を命じた関作命第一五三二号が発出され参謀総長をふくむ関係方面に通報されているが、国境線を越えるタムスク爆撃とハルハ河渡河作戦の企図は明示していなかった。

それでも注意深く読むと、前者の第三項には「第二飛行集団長は……越境敵飛行機を索《もと》めて撃墜し且爾後の進攻作戦を準備すべし　敵航空根拠地に対する攻撃実施に関しては別命す」「速に……ハンダガヤを経て哈爾哈《ハルハ》河左岸地区に通ずる道路の写真撮影を実施すべし」（傍点は秦）とヒントめいた字句が入っていた。大本営の担当参謀なら何を意味するか察知できるはずだが何も手を打たず、二十七日のタムスク爆撃を知ってあわてふためいたことにされている。

戦史叢書はそうした事情から、関作命は「直ちに、大本営へ送致されなかったとしか思われない」[26]と推測するが、別の見方もありうる。大本営には内心で関東軍に同調ないし遠慮する空気があり、あえて幕僚連絡等で問いただしもせず、黙認ないし放置していたとも考えられるのである。

ヒントは他にもあった。地上部隊の行動を指示した関作命一五三二号は、既述のように二十一日の省部首脳会議で論議された。出席者は「第二十三師団長は……主力を将軍廟方面に集中しハルハ河河畔に於ける爾後の作戦を準備」（第五項）とか「安岡支隊長は……第二十三師団主力と策応しノモンハン方面に於ける爾後の作戦を準備すべし」（第九項）とハルハ渡河作戦を示唆していたのに、問いただしたようすは見られない。

国境を越えての軍事行動には大命が必要で、それを無断でやるのは天皇の統帥大権を犯すことになる。しかも地上侵攻は空爆よりも罪は格段に重い。ところがタムスク爆撃計画のほうが前述のような片倉参謀の暴露（二十四日）で大本営をあわてさせたため、地上部隊のハルハ渡河への関心はかすんでしまった。目くらまし効果と呼んでもよい。大本営は参謀次長名で関東軍参謀長にあて「外蒙内部の爆撃は適当ならず」と自発的中止を促す電報を打ち、翌日には作戦課の有末作戦班長が説得役として新京へ飛んだ。

関東軍のほうも、二十三日関東軍が第二飛行集団へ発したタムスク爆撃の命令書を島貫参謀に持参させた。しかし決行後となるように、わざわざ列車と連絡船を使い上京させる小細工を弄している。満州事変時に、陰謀の「止め男」として派遣された建川少将の先例を見習ったのであろうか。

タムスク爆撃のドタバタ劇

その後に進展した一連のドタバタ劇を日録風に追ってみよう[27]。

六月二十三日―（a）タムスク爆撃を命じた関東軍司令官の命令（関作命甲第一号）を第二飛行集団に下達、（b）同日夜、命令写を携行した島貫参謀、列車で新京発上京。

二十四日―（a）「我の断乎たる決意」をソ連へ示すため、関東軍へ野砲重砲二個連隊を内地より増派することについて参謀総長より上奏、裁可を得る（二十六日発令）、（b）片倉参謀、岩畔《いわくろ》軍事課長へタムスク爆撃の計画を暴露、（c）それは稲田作戦課長に伝わり、一六三〇に参謀次長名で外蒙内部の爆撃を実施しないよう要望し、有末次《やどる》中佐を連絡のため飛行機で派遣すると伝える電報を関東軍参謀長にあて発信。
二十五日―（a）第二十三師団長へ「一時ハルハ河左岸に行動することを得」との関東軍命令（関作命甲一二号）を示達（参謀総長へも通報）、（b）爆撃中止を説得するため、有末中佐を空路で新京へ派遣、（c）それを知った関東軍は〇七三〇に、寺田参謀から第二飛行集団参謀長へ二十六日の爆撃決行を指示。
二十六日―（a）タムスク爆撃の予定を準備不足により一日延期、（b）島貫参謀、東京着。
二十七日―（a）戦爆計一一九機の大編隊でタムスク攻撃を実施、敵一四九機を撃墜破したと大本営へ報告、（b）天候不良で遅れた有末は新京着、（c）島貫が大本営へ出頭、（d）参謀次長より関東軍参謀長へ「事前連絡なかりしを甚だ遺憾」と発電（参電七九七号）。
二十八日―（a）関東軍参謀長↓参謀次長「北辺の些事は当軍に依頼し安心せられ度《たし》」の返電。
二十九日―（a）参謀総長より上奏、裁可を得て大陸命三二〇号、大陸指四九一号を発令。
三十日―（a）ハルハ両岸攻撃を命じる第二十三師団の作命甲一〇五号を下達。
七月二日―（a）橋本第一部長、新京へ出張、大陸命の主旨を植田軍司令官へ説明（橋本は翌日戦場へ向い観戦）、（b）安岡支隊、夜襲により攻勢発起。
三日―（a）未明、第二十三師団主力はハルハ河を渡河、ソ蒙軍と決戦。

この日録を眺めてまず気づくのは、強気の関東軍と硬軟の合間をふらつく軍中央とのやりとりがチグハグにすれちがい、結果的にタムスク爆撃もハルハ渡河も抑止できなかったことだろう。

もし中央が本気で阻止するつもりなら、二十四日の時点で大陸命を発するのは可能だった。二十九日の大陸命でもハルハ渡河は中止させられたはずだが、既述のように「概ねボイル湖以東に限定」とか「近く貴軍の企図せらるる地上作戦を容易ならしむる趣旨」のように不得要領な表現になっていたため、関東軍に見くびられてしまう。

疑心は疑心を呼ぶ。関東軍が作命の番号（一五〇〇番台）を二十三日から甲第一号という新連番号へ更改したのも、秘匿のための小細工かと疑う向きさえあるが、いずれにせよ荒馬を乗りこなすとか、「駄々っ子」を宥《なだ》めすかす中央の手法が通じる相手ではなかった。

関東軍は「任務達成上の戦術的手段として、軍司令官の権限に属するもので、別に大命を仰ぐべき筋合ではない[28]」と割り切っていた。中央からタムスク爆撃を叱られても（二十七日のd）、「現場の認識と手段とに於ては貴部と聊《いささ》か其の見解を異にしあるが如きも北辺の些事は当軍に[29]」任せてくれ、と開き直る。

それでは、これほどの無理を押し通して決行したタムスク攻撃はそれに見合うだけの成果を収めたのだろうか。翌日の新聞が「前代未聞の大空中戦　戦果絶大」（関東軍報道班長談）と報じたのはともかく、四年後に発行された陸軍大学校の教科書「ノモンハン空中戦史」までが「世界航空史上未曽有の戦果」と自讃している。

たしかに午前中の第一波攻撃は、幸運もあっての奇襲となり、あわてて離陸しはじめた敵戦闘機群は九七戦の編隊に上方からかぶられ、次々に撃墜されるか、在地のまま撃破された。しかし爆撃隊のほうは投弾のタイミングを外したため命中弾はほとんどなく、奥地のサンベースに向かった午後の第二波攻撃でも在地機が見当らず空振りに終ってしまう。

発表された総合戦果は空中で九八機、地上で四九機、日本側の損失は四機（七人）だが、最近になって判明してきたソ連側の記録によると、空中で撃墜された戦闘機は一七機（九人）にすぎない。詳細は不明だが、他に地上で撃破されたり被弾した機がかなりあった。搭乗員の戦死者数で見ると、大差はない。どうやらネディアルコフ（ブルガリア人の航空史家）による「日本側の勝利は不完全」(30)という評言が妥当なところだろう。

参加者のなかからも疑問の声は出たようだ(31)。下野一霍《いっかく》少将（第七飛行団長）は「当時から確認できる撃墜数は二十六機と判断していた」とクックス博士へ語り、空中指揮に当った野口雄二郎大佐（戦闘機の飛行第11戦隊長）は、中隊長たちと「（発表戦果は）どう考えても多すぎる」と言いあい、「戦果が誇張されるとすればそれで得をする者がいるからだ(32)」と想像をめぐらせた。

それが参謀クラスではただ一人爆撃機に同乗して戦果を見届け、その足で新京の司令部へ戻った辻少佐を指すと考えても不自然ではない。もとをただせばタムスク爆撃の発想は、七月早々に予定したハルハ渡河作戦にさいし、戦場の制空権を確保したいという願望に発していたからである。

だが、その思惑はかなわなかった。実際にはソ連側は直後に航空二個旅団をザバイカル軍管区から補充する処置をとり、七月三日のバインツァガン戦（後述）には戦闘機一二〇機、爆撃機八〇機と、日本空軍を上まわる機数をそろえて迎え撃ったからである。

この頃になると中央も、関東軍を実質的に動かしているのは辻少佐らしいと気づきはじめる。「これほど関東軍の立場を考えて」いるのに「中央の不同意を承知の上で殊更出し抜く、その不徳義、その権謀的態度に心底から」[33]怒った稲田作戦課長は、参謀人事を所管する岡田庶務課長や陸軍省の額田《ぬかた》補任課長へ辻の更迭を要望したが、二人とも「あれは役に立つ男ですよ」と煮えきらない。そこで板垣陸相へ「いまの関東軍司令官は辻君です。彼がかきまわすので事件が大きくなってしまった」と直訴したが、かつて上司として辻を重用した板垣は、「そういわないでかわいがってくれよ」[34]とニヤニヤ笑うばかりだった。

稲田と作戦課のほうにも、弱味がないわけではなかった。四月に関東軍が示達した「満ソ国境紛争処理要綱」に「一時的にソ（蒙）領に進入……することを得」という条項があるのに、送付された大本営作戦課は疑問を呈さなかったばかりではない。既述したように要綱を第二十三師団長が指揮下の部隊へ説明する席に出張中の稲田ら作戦課員が居合わせ、小松原らに一時越境を大本営も容認していると思わせたからである。遅ればせながらこの「失策」に気づいた大本営は、二十九日の大陸命三二〇号で国境線の主張が異なる地域の「防衛は情況に依り行わざることを得」と修正し、大陸指で戦闘行動の範囲をボイル湖以東に限定した。

裁可にさいし、どこまで問題点を知らされたかは不明だが、昭和天皇は明らかに参謀本部の優柔な対応ぶりに不満だった。畑日誌には「(タムスク攻撃は)明かに越権行為にて一の大権干犯と見ざるを得ず……当然関東軍司令官の責任なり」という天皇の発言が記録されている。植田軍司令官の更迭を要請したとみてよいが、閑院宮総長は「軍司令官の処分に関しては何れ慎重に研究」と逃げてしまい、天皇は「将来もこの種のことは度々起らざる様注意せよ」と駄目押ししている[35]。

しかし大本営は大元帥の怒りを「柳に風」とばかり受け流し、「一時的越境」について今後の裁可は期待できないとしつつも、「万已むを得ざる」行動は可能になるよう配慮する所存だと、抜け道を暗示するかのような表現の次長電を添えて関東軍へ伝えた。

傍点の部分の真意は、まもなく判明する。「大本営研究班抜粋」に、七月二日付で冒頭部の(一)が抜けた「総長上奏」という奇妙な文書が入っている。ハルハ河の越境進攻を必要とする理由を、関東軍に代って弁明するスタイルになっているが、一部を引用したい。

(一)(欠)

(二)ハルハ河左岸台地は同河右岸の我方を瞰制《かんせい》しあり、正面よりする我攻撃は敵砲火に暴露するため、多大の損害を招き(東捜索隊の失敗例を引き)……敵の側背を攻撃し特に左岸地区に在る敵の砲兵を撲滅するとともに同河の敵橋梁を扼《やく》し退去する敵に徹底的打撃を与うるの要あり。右の如く一時なりとも我方の認定しあるハルハ河の線を越えて行動することは……万已むを得ざるものと考察せられ、之が為に事件を拡大紛糾せしむることは無きものと認めらる。

推測になるが、七月二日は日曜日で畑俊六日誌にも宮内庁編の『昭和天皇実録』（二〇一四年公開）にも上奏の記事はないので、上奏案を下書きだけ（大陸命の原案か）にとどめたのではあるまいか。もし二日に上奏しても事後報告となり、天皇の激怒を誘うばかりと思い直し、頬かむりすることにしたのかもしれない。しかし『戦史叢書』は「七月二日に上奏し……やむを得ない戦術上の一時的手段であることを率直に申し上げた」と記す。

七月二日、三日の攻勢が失敗に終ったせいもあり、関東軍は大本営作戦課にも報告を怠ったらしい。井本少佐メモは「状況依然明確ならず。有利に進展しあらざるが如し」（六日）、「状況すこぶる不明」（七日）と記入し、十一日になって、やっと「総長参内将来の見透しに就《つ》き上奏、第一部長は其の実視せる状況に就き御説明」するに至った。天皇が知らぬ間に戦は始まり終ってしまったのである。

多少の内輪もめがあったにせよ、統帥権者である天皇に対して、関東軍と大本営は持ちつ持たれつの共同戦線を張る姿が露呈したと言えそうだ。モンゴル人研究者のエルデニバートルは、七月三日の渡河作戦に姿を現わした橋本第一部長が混雑をきわめる軍橋に立って一時的に砲兵を指揮した事実に注目した。そして「関東軍独走」という通説は虚構にすぎず、関東軍と参謀本部は「作戦上の〈対立〉というより、むしろ〈合作〉の方が目立つ(36)」と指摘している。

貧弱な架橋能力

戦闘は過誤の連続であり、より多くのミスを犯したほうが敗れるという言い伝えは正しいが、偶然にまぎれこむ運不運で流れが変る場合もあり、戦史研究に興趣を添えてくれる。七月一日を目途に発動された第二十三師団による攻勢作戦の変転を眺めると、勝敗は別としてその思いが去来する。

ハイライトと目される局面は二つあった。ひとつはハルハ河東岸（右岸）のソ蒙軍と安岡戦車団の攻防（七月二、三日）、もうひとつは、シュテルン将軍が「バインツァガン大会戦」と名づけた西岸（左岸）における日本軍歩兵とソ蒙軍機甲部隊との遭遇戦である。

結果的に安岡戦車団は東岸のソ蒙軍陣地を突破できずに後退し、西岸の日本軍も半日で進撃をあきらめ、一本だけの軍橋を渡って東岸へ撤退した。彼我の数的損失だけ見れば痛み分けと評す余地もあるが、作戦目的を達成できなかった点を考慮すれば、仕掛けた日本軍の分が悪いと言えよう。関東軍の辻参謀は事件から十年後になっても「勝負なし、引分けに終った(37)」と、当時と同じ負け惜しみ調だが、七月三日に架橋現場で戦況を視察し八日に帰京した橋本参本第一部長は、「ハルハ河左岸の戦況は結局退却なり(38)」と率直に失敗と敗北を認めて

ハルハ河を渡る日本軍——7月3日

いた。軍中央の公式見解と受けとってよいだろう。

大著『ノモンハン』の著者A・D・クックス博士は、関係者の証言や記録を広く参照して、彼らが指摘した西岸作戦の「敗因」を次のように列記する。[39]

1．敵に対する過小評価と自軍に対する自信過剰
2．上級司令部の戦略指導のまずさ
3．弱体な第二十三師団
4．劣勢な火砲力
5．脆弱な兵站（補給）
6．劣弱な架橋能力
7．原始的な対戦車戦闘力
8．非効率な通信

私としては東岸作戦で日本陸軍にとって初体験となる戦車対戦車の戦闘が加わるので、あえて、

9．劣弱な戦車の性能と運用

を追加しておきたい。

こうした指摘の詳細にはここでは深入りせず、作戦経過を追っていく過程に織りこんで論及したあと、ソ蒙軍と対比する形で総括的な論評を試みることにする。

表3-1　小松原兵団の編組

(1939年7月3日〜5日

A左岸攻撃隊

	指揮官	出動兵数	戦死	その他
歩71連隊（Ⅰ〜Ⅲ大）	岡本徳三大佐	2,404	47	
歩72連隊（Ⅰ・Ⅱ大）	酒井美喜雄大佐	1,705	73	
砲13連隊（Ⅲ大）	関　武思少佐	448	7	野砲9門（失1）
工23連隊（1・2中）	斎藤　勇中佐	371		
歩26連隊（Ⅰ〜Ⅲ大）	須見新一郎大佐	1,568	143	
捜索隊（1・2中）	井置栄一中佐	264	4	第2中は右岸
配属速射砲（9個中隊）		150		計34門
その他				通信隊、衛生隊、輜重、自動車、高射砲隊の一部等
計		7,500	323	

B右岸攻撃隊（安岡支隊）

	指揮官	出動兵数	戦死	その他
戦車3連隊	吉丸清武大佐	343	47	戦車25両（失15）、装甲車7両（失6）
戦車4連隊	玉田美郎大佐	561	28	戦車42両（失15）、装甲車10両（失1）
歩64連隊（Ⅰ〜Ⅲ大）	山県武光大佐	2,388	24	Ⅲ大は予備
歩28連隊（Ⅱ大）	梶川富治少佐	578	28	
独立野砲1連隊	宮尾　幹大佐	539	8	野砲8門（失1）
砲13連隊（Ⅰ・Ⅱ大）	伊勢高秀大佐	1,100	6	野砲24門（失1）、Ⅰ大は予備隊
工24連隊（1・2中）	川村質郎大佐	235	11	
配属速射砲（3個中隊）				計12門（失2）
満軍（興安支隊）		(1,700)		
計		6,000	152	
総　計（A＋B）		16,670		

出所：各部隊の戦闘詳報等により作成。

注⑴出動兵数の下線は推定。⑵別に第2飛行集団の出動兵数2,993名。

⑶敵戦車・装甲車の撃破は歩71が164両、歩72が97、砲13が88、歩26が83、捜索隊が7と記録されている。

⑷航空隊、後方部隊をふくめると、総計は約2万という算定もできる。

表3－1は右岸と左岸への攻勢作戦を発動した時点における参加部隊（小松原兵団）の編組等を一覧にしたものである。六月十九日の当初案では園部和一郎中将（陸士16期）の指揮する第七師団と安岡正臣中将（同18期）が指揮する安岡支隊（第1戦車団の戦車第3、第4連隊）を主攻、第二十三師団を助攻とする構想だったが、前述のように植田軍司令官の意向で主攻と助攻部隊が入れ替った。

それに伴なって作戦の基本構想も変化する。当初は第七師団の二個歩兵連隊を随伴する戦車団が、ハルハ河上流のコロベンネイラ付近で渡河して、ハマルダバをめざし北上する予定にしていたのを、第二十三師団主力にも下流で渡河南進させ、ソ蒙軍主力を西岸地区で挟撃する構想へ拡大したのである。

難点は直ちに調達できる架橋材料の不足だった。師団規模の部隊を渡河させるには「少くも三本の架橋材料と三個中隊の高射砲が必要[40]」とされていたのに、第二十三師団の工兵23連隊は教育用として熊本から携行した八〇メートル分の乙式軽渡河材料と、漕渡用の折畳舟二〇隻しか持っていなかった。

乙式では戦車と重砲を渡せる強度がないので、使用兵力は歩兵と小口径砲に限られる。六月二十一日に関東軍司令部から来た辻参謀が渡河作戦を持ちかけたさい、小松原師団長が渋ったのも、劣弱な架橋能力に不安を抱いたからだろう。しかし辻が「しきりに越境攻撃を求め、師団長が独断でやれんようなら、辻が関東軍司令官の名をもって軍命令を出す[41]」と迫ったので、承服してしまう。

追って二十五日に発出された関東軍命令（関作命甲一二号）には「第二十三師団長は……一時〈ハルハ〉河左岸に行動することを得」とある。傍点は辻の独断を、第二十三師団長の「独断」にすり替えるための修飾なのかもしれない。理解に苦しむのは、当初案では戦車の渡河も可能な甲式重渡河材料を持つ工兵第7連隊を戦車団に随伴させる予定にしていたのを取りやめて、代りに戦車団と同じ公守嶺にいた工兵第24連隊にさしかえたことである。

工24は六月二十一日応急派兵が下令されたときは吉林で渡河演習中で、二十三日には戦車団とともに鉄道終末点のハロン・アルシャンに到着したが、折からの雨で次の集結点であるハンダガヤへの道路は泥濘と化した。キャタピラ走行の戦車だけは何とか二日後に着いたが、燃料、弾薬、架橋材料を積んだトラックは途中で動けなくなった[42]。

このままでは主攻勢の予定日に間に合わないと判断した関東軍は、ハルハ河上流の渡河計画を放棄して安岡支隊を軍直轄から第二十三師団長の指揮下へ編入、将軍廟へ北上させ東岸地区でソ蒙軍陣地の突破攻撃に使うよう変更した。場合によっては歩兵を連れずに戦車だけで渡河しても、「河に乗り入れたらエンジンストップ立往生となることは目に見えている」と苦慮していた玉田戦車第4連隊長は、「渡河をやめ、補給線をハイラル方面に変えた」のを知り、配属の「野口参謀と互いに顔を見合せてホッとした[43]」と回想する。

小松原が頭を悩ませたのは、ハルハ渡河点の選定で、(1)ボイル湖東方の下流、(2)フイ高地南方の中流、(3)コロベンネイラ付近の上流の三案を検討したが、(1)は補給拠点（将軍廟）から遠すぎるので放棄し、(3)は前記のような事情で断念せざるをえなかった。それでも小松原はあきらめきれず、偵察隊を派遣して、「上流方面の渡河覚束《おぼつか》なきが如し」（小松原日記、六月二十九日付）とわかり、やむをえず⑵を選択する。

のちになって小松原は、ハンダガヤまで来ていた工24の重架橋材料を運べばよかったと後悔したらしいことは、次のような小松原日記の記事から見当がつく。

敵（は）攻勢開始に先［だ］ち一夜に重架橋四を作る。我軍作戦に際し架橋材料の配給を受けず、工兵自隊の軽渡河材料　而《しか》も一の掛換なき材料にて渡河し頗《すこぶ》る際どき危険極まる作戦をなせり。安岡支隊方面の重渡河材料は降雨の為《た》めハンダガヤより来らず、爾後直に引揚げられ請求するも交付せられず　攻勢を企図する敵の準備周到なる、我軍に比較にならず（八月二十二日付）。

小松原が気づいたように、兵員、弾薬、食糧をトラックに積んだままでは渡せない貧弱な橋一本で七〇〇〇余の将兵を敵地に投入した「危険極まる作戦」は、当然の報いを受ける。渡河自体は幸運も手伝ってほぼ無抵抗で達成できたものの、渡橋に手間取ったため、進撃開始直後からソ連戦車群の反撃に遭い、数時間後には「後方をただ一本の軍橋に託するのは危険」だとして撤退するはめに至ったからである。

橋が戦局全体の死命を制す状況はソ蒙軍も同様で、彼らもきわどい場面を切り抜けていた。ノモンハン戦の終結までにソ軍工兵が架橋した橋は計二二本（ジューコフ最終報告書）

に達するが、五月末には川又地区の一本にすぎなかった。六月に入ると三本が増設されたが、十六日の増水で二本は壊れてしまい、日本軍が渡河してきたときは二本しか残っていなかった[44]。

西岸、東岸の両攻撃隊は、この橋の占領か破壊を目標にしていたので、そうなれば東岸のソ蒙軍は補給を断たれ、立ち枯れも同然になりかねない。日本軍は七月に入って幅二〇メートルのホルステン川に旧工兵橋、新工兵橋の二本を渡したが、ハルハ本流への架橋は見果てぬ夢に終ってしまった。

戦車対ピアノ線の東岸戦

小松原中将が関東軍の矢野参謀副長、服部、辻参謀らとの協議を経て、攻勢作戦に関する攻撃命令（師作命甲一〇五号）を下達したのは六月三十日の一五〇〇である[45]。十三項目の第二項で「師団は主力を以って哈爾哈《ハルハ》河を渡河し越境敵軍を捕捉殲滅」する作戦目的を示し、第三項以下で参加諸隊の任務と軍隊区分を列記している。

表3－1で示すように兵力の規模は通信隊、衛生隊、自動車隊などの後方部隊をどこまで含めるかで数字は分れるが、西岸に渡ったのが約七五〇〇人、東岸の安岡支隊が約六〇〇〇人、予備と後方部隊も合した地上部隊の総数は一万六〇〇〇人余と推定され[46]、別に第二飛行集団の約三〇〇〇、満軍の約一七〇〇を加えると二万人に達した。

服部参謀が「鶏を割くに牛刀を以てせんことを欲したるもの[47]」と回想したのを、「関東軍作戦課のいわゆる牛刀主義」と呼んだ戦史叢書は、「敵を戦場から離脱させないため、わが企図を一切秘匿し、従って飛行捜索も行わず、急襲によって一気に包囲殲滅しようという考えであった」[48]と解説する。

そのうえ、攻勢発動の直前に「ソ軍の戦意乏し」とか「ソ軍退却中」というたぐいの情報が師団司令部に届いて指揮下の部隊にも伝わった。六月三十日の前記作命の第一項には「哈爾哈河々畔に在る敵は戦意既に喪失し撃滅の好機到来せり」と、異例の情勢判断が加わっている。

関東軍がこれほど楽観主義に流れた根拠は、必ずしも明確でない。戦力面を比較してみても、軍の作戦参謀たちは、当面のソ軍兵力を軍団砲兵によって増強された狙撃一個師団内外(狙撃約九大隊)、戦車二個旅団(一五〇～二〇〇両)、飛行機一五〇機、自動車約一〇〇〇両のほか、外蒙騎兵二個師団と判断していた[49]。

日本軍が投入した歩兵十二個大隊(一万弱)、戦車七〇両、飛行機一八〇機、自動車四〇〇両に満軍騎兵(兵力一三〇〇)を加えて比較すると、ほぼ均等で「牛刀」とは言いにくい。のちに辻参謀は「蓋を取ってみた敵兵力は、一倍半乃至《ないし》二倍に近いものであった」[50]と書いているが、実状はどうだったのか。

「ジューコフ最終報告書」によると歩兵は一万一〇〇〇余、戦車一八六両、装甲車二六六両、飛行機三〇五機で、日本軍の兵力を歩兵二万二〇〇〇と過大に見積り、兵員と砲兵は日本軍の半分だが、戦車・装甲車ではソ軍が優勢だったと総括している[51]。局面を七月三日から四日にかけての「バインツァガン戦」に限ると、日本軍の歩兵約六〇〇〇に対し、ソ軍は二〇〇〇弱と少ないかわりに、戦車・装甲車は約三〇〇両に対し日本軍はゼロという非対称ぶりだった。

同時進行した東岸地区の戦闘では、歩兵と戦車のバランスは逆転する。歩兵二三〇〇、戦車八両、装甲車六二両で守備していたソ蒙軍陣地に安岡は歩兵二四〇〇、戦車六七両、装甲車一七両で攻勢をかけ、半数近い戦車を失って撃退されてしまう[52]。

次は戦意の側面だが、冷静に観察すれば、むしろ逆の現象が目につく。すでに二十一日に発令した応急派兵で師団主力と歩26連隊などの配属部隊は、ハイラル等を出発して五〜七日かけた強行軍で二〇〇キロメートル踏破して、二十九日までに将軍廟地区に集結を終っていた。日本軍の攻勢が近そうだと警戒したソ蒙軍は、二十日頃からハルハ東岸の各所に偵察部隊を出没させている。なかでも二十三日には装甲車を伴なう歩騎兵の集団が将軍廟を襲撃して、翌日にかけ小競り合いを交えたのち退散している[53]。

七月一日に行動を起こした左岸攻撃隊は、進路を誤り北方に偏した歩71連隊の西川大隊が二日朝対岸の砲兵に援護されたモンゴル騎兵15連隊と河岸で交戦、七九人の死傷者を出す（モンゴル軍の死傷は三〇人）。そのかわり、対岸のソ蒙軍に予想渡河点を実際より十数キロメートル北方と誤断させ、主力の無血渡河が成功する一因となった。

安岡支隊が予定を変更して渡河部隊よりも半日早く川又のソ蒙軍陣地への突進を開始したことも、やはり一種の陽動効果をもたらす。戦車をふくむ日本軍の主攻正面は東岸になるかもしれないと疑ったジューコフは、タムスク周辺に待機させていた予備部隊へとりあえずハルハ河畔への移動を指示した。

そこへ予想より早い日本軍の渡河に不意を打たれたジューコフは、河畔から五〇キロメートルまで近づいていた機甲集団に、進路を変え徹夜の行軍隊形のまま迎撃せよと命じた。当初の構想どおり、日本軍がハマルダバを南北から挟撃していたら戦局がどう展開したかは興味深い論点であろう。

ともあれ同時進行した二つの戦場のうち、まずは東岸における安岡支隊の戦闘経過を追ってみよう。支隊の任務が確定したのは、七月二日一七〇〇に発令された師作命甲一〇九号である。それまでに到着したのは戦車団だけだったので戦歩砲の協同攻撃が可能なように、歩64と砲13の森川大隊を配属して、「三日払暁を期し攻撃前進を開始し……川又に向い突進し敵をハルハ右岸に殲滅すべし」と命じた。工24には挺進隊を編成し、川又軍橋へ進入して占領するか爆破する任務が与えられ、あわよくば歩64の西岸進出も期待された。

だが、作戦企図は挫折した。要因はいくつかある。第一は東岸の敵が退去中という「虚報[54]」に影響されてか、安岡支隊長は独断で発進時間を半日早めて七月二日一八一五にくりあげ、しかも途中で速度を時速一五キロメートルに上げて歩砲を追い抜き、先例のない戦車団の単独夜襲を決行する。

ソ蒙軍はすでに一ヵ月近くかけ縦深一〇キロメートルに及ぶ堅固な陣地を構築していたにもかかわらず、「敵情の不明、地形の不利は問うところではない。ただ成否を天に委《ま》かせ[55]」

表3-2　日ソ主要戦車の性能比較

型式	制式（年）	乗員（人）	馬力（Hp）	重量（トン）	速度（km／h）	主砲口径（ミリ）	機銃（ミリ）
日本							
89式（乙）中戦車	1929	4	D120	13.0	25	57	7.7×
97式中戦車	1937	〃	D170	14.0	38	57	〃
95式軽戦車	1935	3	D120	7.4	45	37	〃
94式軽装甲車	1934	2		3.5	40	—	7.7×
ソ連							
BT-5中戦車	1933	3	360	11	45～65	45	7.6×
BT-7中戦車	1935	〃	400	13.8	53～73	〃	〃
BT-7M		〃	D400	13.8	50	〃	
T-26軽戦車	1931	〃	80	6.5	27	45	7.6×
BA-6装甲車	1935	〃				〃	〃
BA-10装甲車		〃				〃	〃

注(1)馬力のDはディーゼル・エンジン、その他はガソリン・エンジン。
(2)BT-5、BT-7の速度は装軌―車輪の別。
(3)装甲の厚さの高い数字は正面、その他は側面など。

司令官と政治委員はこの中隊を陣地に引き戻し、掩体《えんたい》から砲塔を突出させ位置につかせた。（中略）激しい砲撃戦が始まり、それは二時間以上も続いた。敵は九両の戦車を遺棄して後退した。[56]

このあと東側から迂回してソ軍右翼の第149狙撃連隊に攻撃をかけた軽戦車が主体の戦車第4連隊と夕方の迎撃戦がつづくが、玉田連隊長が慎重に進退したため、大きな被害は出さずに後退している。

この戦闘は、日本陸軍が初めて経験した戦車対戦車の対決であった。第二次大戦では、北アフリカ戦線で数百台、独ソ戦線では数千台規模の大戦車戦さえ出現するが、数十両ばかりの小規模とはいえ、世界戦史では初例だったかもしれない。得られた戦訓は少なくなかった。

玉田連隊長が一砲手から「隊長殿。私の射つ弾丸はたしかに敵の戦車に命中するのですが跳ねかえりますㅤ」と聞いたように、敵歩兵陣地の攻撃を想定した八九式中戦車の五七ミリ砲は短身低初速（秒速三五〇メートル）のためBT戦車の装甲を貫通できず、有効射距離も八九式が七〇〇〜八〇〇メートルに対しBTは一五〇〇〜二〇〇〇メートルもあった。その反面、対戦車攻撃用に高初速（秒速八〇〇メートル）の徹甲弾を撃つソ軍の戦車、装甲車の四五ミリ砲は貫徹力にすぐれ、日本戦車の薄い装甲を簡単に撃ち抜いた。

半藤一利は戦歩砲の相互支援による対戦車防御を強調する「赤軍教令」を引用して、「その教えをそのままに実行して日本軍を撃破した」と評価した。そして日本軍の「戦車兵操典」の前身である「教練規定」が「戦車はみだりに対戦車戦闘すべきものに非ず」と規定し、作戦要務令も「所要に充たざる戦車が敵陣深く孤立突進するのは通常効果がないものである」と戒めているのに、それを無視したミスを責めている。

戦車の設計思想には部内でも議論はあったが、戦車を持たぬ中国軍を相手に見せた「鉄牛」の威力ぶりが改革を遅らせた一因だったろう。

安岡支隊の構成にも問題があった。戦車と「神代以来生れながらの二本脚で敵弾に裸の歩兵と中世紀的な挽馬砲兵を組合せた三人四脚の……戦場速成の行きあたりばったりの兵団」という辛辣な観察もある。

敗退した戦車団はその後の数日、小規模な出撃は試みたが、関東軍は再建のため七月末までに残存する全車を公守嶺へ引き揚げた。そのためノモンハン戦の後半を、日本軍は戦車なしで戦うはめになってしまう。

火炎びん対戦車の西岸戦

次にハルハ西岸（左岸）のバインツァガン（白銀査干）台地での戦闘へ目を転じよう。

歩兵団長小林恒一少将が指揮する左岸攻撃隊（主力は歩71、72）は工23が輸送してきた二〇隻の折畳鉄舟（一五人乗り）による漕渡を七月三日〇時、架橋作業を〇一三〇に開始する予定にしていたが、暗夜の移動で道を迷うなどの手違いが生じ、二時間以上遅れてしまった。

手違いはそれだけではない。架橋材料の強度が足りず、流速が速かったこともあって、トラックは兵員や砲、弾薬などの重量物はいったん下ろして一台ずつ渡したあと積み替えるので大混雑となり、渡河終了が予定より五時間以上も遅れてしまう(60)。

とくに先鋒として全員を自動車4連隊の車載で歩兵団の最外側を迂回進撃する予定の歩26は、渡橋直前にトラックを司令部に取りあげられ、第一大隊を除き他部隊と同様の徒歩に変更されて、ようやく全兵力が左岸に渡り終ったのは一二三〇になっていた。それでも渡河点の周辺にソ蒙軍は兵力を配置していなかったため、渡河作業ばかりでなくハラ台とコマツ台をめざし南下を始めた歩兵団の初動はほとんど妨害を受けていない。

ソ蒙軍が結果的に虚をつかれた形になったのは、それなりの理由があった。ジューコフは近く日本軍が攻勢に出ようとしているのを察し七月一日夜、タムスクからウンドルハンにかけて集結していた第11戦車旅団（ヤコフレフ少将）、第7、第8装甲旅団、狙撃第24連隊（フェディニンスキー少佐）などの予備隊に、ハルハ河岸へ進出するよう命じた。

七月二日夜、安岡戦車団が東岸のソ蒙軍陣地への攻撃を開始したと知るや、ジューコフはそれを日本軍の主攻正面かと判断して、側面と背後から増援しようと、予備隊の前進を急がせた。とりあえず小林歩兵団に立ち向える兵力は一〇〇〇人余と一群の重砲にすぎなかったのだが、予備隊の急進はかろうじて間に合った。

最初に日本軍の渡河に気づいたのは、ベイスン廟と廃墟（旧トーワン寺）の付近で東岸から戻る途上だったモンゴル騎兵15連隊と装甲大隊で、〇五〇五頃に反転して攻撃をかけたが簡単に追い払われ、しかもその情報がハマルダバの前線司令部に前進したばかりのジューコフに届いたのは〇九〇〇頃と遅れたようだ。もし小林歩兵団と歩26（須見部隊）の前進開始が手違いで遅れなければ、川又軍橋を占領してハマルダバまで突進できたかもしれない。

しかしソ蒙軍にとって幸運だったのは、東岸へ増強するつもりの強力な予備隊がすぐ近くまで到着していたことである。日本軍が対戦車防御陣地を構築する前に反撃すべきだと判断したジューコフの心境を、ノヴィコフは次のように記している。

図3-1　7月2日～4日の戦闘経過図

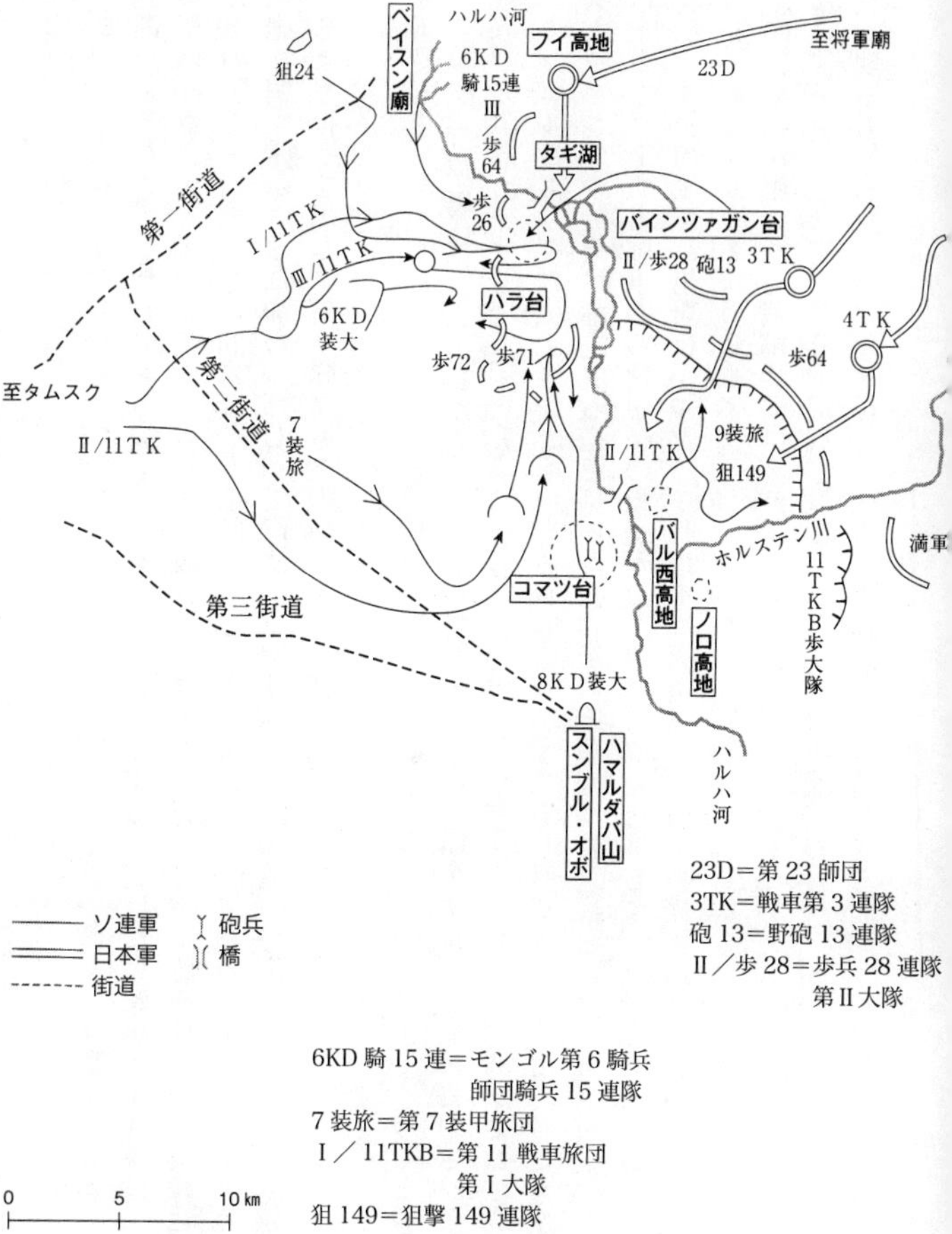

ジューコフは、歩兵と砲兵の到着を待つか、戦車と装甲車だけで直ちに反撃すべきか、判断を迫られた。ソ連野外教令（一八八条）は、砲兵の支援を受けない戦車の単独攻撃の実施は許さないと規定していたのだが、彼は迷ったのちあえて後者に踏み切った。実際にはその戦車・装甲車も、間に合った部隊ごとの逐次投入になった。それでも手元にあった重砲一個大隊が砲撃に加わったし、東岸にいた砲兵へハルハ河越しで西岸の日本軍を砲撃するよう指令を出し、航空隊にも全力出動を命じた(61)。

「戦車と歩兵の白兵戦」（クックス）は断続しつつ〇七〇〇から一六〇〇頃までつづく（表3－4参照）。現場に近いスンブル・オボの博物館には、大草原を所狭しと駆けまわるソ蒙軍戦車、装甲車の大群と、火炎びんで立ち向かう日本兵の姿を描いた壁画が展示されている。モンゴルにとっては史上唯一ともいえる戦勝のシーンであり、ジューコフにとっても第二次大戦きっての英雄へ躍進する道を拓いた意義深い戦闘だった。

日本軍も炎上する戦車から数十条の黒煙が立ち昇る写真を公開して、兵士たちの勇戦ぶりを宣伝、国民の士気高揚をはかった。それ以来、火炎びん対戦車の構図がノモンハン戦のイメージとして定着するようになる。

左岸攻撃隊が用いた対戦車兵器は、サイダーびんにガソリンをつめた間に合わせの火炎びんだけではない。他に三七ミリ速射砲（三四門）、七五ミリ野砲（一二門）、四一式山砲（八門）、対戦車地雷も使われ、戦果をあげた。代表的な体験談（要旨）をひとつずつ挙げてみよう。

表3-3　ハルハ渡河の経過

	漕渡開始	渡橋開始	渡橋後退
	7月3日	7月3日	
歩兵第71連隊	0230～0400		5日 0115～0300
歩兵第72連隊	0315～0430		4日 0430～
砲13のⅢ大隊	—	0800～0930	3日 2130～4日 0500
23師団司令部	—	1000	3日夜
歩26のⅠ大隊	—	0800～1100	5日 0300～0500
歩26のⅡ、Ⅲ大隊	—	1030～1230	5日 0300～0500
砲13のⅠ大隊	—	1600～2100	4日 2140
捜索隊第1中隊	—	1700～	5日 0400

注(1)増水したハルハ河の幅は80m、水深は2m、流速は毎秒2.5m（平時は0.8m）（斎藤勇手記）。
(2)軍橋の長さは80m、幅は2.5m。
(3)漕渡の開始は7月3日0時、架橋作業の開始は0130を予定していたが、実際の漕渡開始は0230に、架橋開始は0300（終了は0640）と遅れた。
(4)軍橋の爆破は7月5日の0530。
(5)7月の日の出は0400～0430、日没は1930頃。

火炎びん

ハルハ河を渡っていくときには、できるだけ軽装でというわけで、志願者から成る二〇人の肉薄攻撃班は手榴弾と二、三本の火炎びんを持たされた。大隊の前面に出たとき、六〇台ぐらいの戦車は車間五メートル、横の間隔五メートルぐらいで散開して迫る。二名一組で伏していると機銃弾の雨、三両目の戦車が目前を通り過ぎようとするとき、点火して逆手に持った火炎びんを履帯に打ちつけた。戦車は火の車となって、三〇メートル余り走って止まった(62)(歩26安達大隊の四宮栄上等兵)。

対戦車地雷

敵戦車は二、三台ずつ一組になって周囲をまわりながら撃ってくる。まるでネコがネズミを捕えるときのようだ。しかし速射砲はまだ来ない。

肉薄攻撃班の一兵士が飛び出した。戦車の死角を利用して弾丸の雨の中の突進である。「あっ危ない」と思ったとき、兵士は地雷をつけた竹ザオを戦車に向かって突き出した。バーンッと爆破音、同時に戦車はピタッと停止した。どっと歓声があがる。勇敢な兵士は戦車に飛び乗って、天蓋をこじ開け手榴弾を投げこんでいる(63)(歩72の野村春好中尉)。

速射砲

トラック一台に速射砲一門を載せて、動かないように土嚢《どのう》で固定。砲を車からおろすひまもなく、車上から撃ちまくった。戦車四〇台を焼いた。速射砲は移動物を撃つようにできて

表3-4　バインツァガン戦の戦闘経過（7月3日）

○日本軍　●ソ蒙軍

時　刻	事　項
0000	●全予備隊を安岡支隊の側面攻撃へ向ける指令発出
0230	○歩71の藤田大隊、ハルハ河の漕渡開始（辻参謀同行）
0500	●モンゴル第6師団の騎兵・装甲車、日本軍を攻撃後退却
0530	○小林歩兵団の南下進撃開始
0640	○架橋終了
0700	●第8装甲旅は歩72を攻撃、装甲車9両のうち4両失
0800	○歩26渡橋開始
0845	●第11戦車旅Ⅱ大の20両、歩71を攻撃、14両失
0915	●ジューコフ、ヤコフレフと会見、総反撃を決意
1000	○歩26、敵戦車と交戦　小松原・矢野左岸へ
1100	●ソ蒙軍の第一次総反撃発動
	○橋本少将、軍橋を視察
1130	●第11戦車旅主力による攻撃、94両のうち51両失
	○草葉中隊、師団長の危機を救う
1200	●車載狙撃24連隊、歩26を攻撃
	○服部参謀、満航の小型機で戦場着
1300	●東岸のソ砲兵、西岸の日本軍を砲撃開始
1500	●第7装甲旅、歩72を攻撃、50両のうち36両失
	○関東軍参謀等、小松原と撤退方針を協議
1600	○左岸→右岸撤退の第23師団命令（作命甲111号）
1900	●ソ蒙軍、三方向より渡河点へ第二次総反撃、岡本支隊が撃退
2300	●ソ軍戦車、渡河点を攻撃するが撃退
4日　0630	○ソ軍重砲の疾風射を受け混乱し、大内参謀長戦死

いるから直接照準で一〇〇〇メートル以内なら確実に命中する。近くへ引きつけて撃つと徹甲弾が戦車を貫通してから破裂するのでパッと燃える。

しかし砲一門当り六〇〜七〇発しか持ってなく二分間速射すれば、もうおしまい（歩71配属の速射砲第2中隊の八川万吉軍曹）。速射砲分隊は距離二〇〇メートルで撃ち次々に命中、一〇分間に一〇発で七両を破壊した[64]（歩71の岡本千蔵少尉）。もっともスーパー機の戦場着陸やトラック輸送で、若干の速射砲弾を補給している。

七五ミリ野砲

巧みに地形を利用し機を窺っていた敵戦車十数両が、矢のように右稜線の斜面を下って師団司令部をめがけ殺到。見れば師団長の乗用車と敵戦車との距離はわずか三〇メートル!!である。

撃っていいのか？　悪いのか？　ためらう間に、敵戦車群はほとんど直角方向にフルスピードで突っ込んで行く。地の利乗用車に与《くみ》せず、ついにその差一五メートル！　目測七〇〇メートル。「連続各個に撃てッ」と思わず叫んだ。

見よ！　肉薄していた最先頭の敵戦車はすさまじい火炎、全員叫ぶ万歳の声！　残りは我が放列に肉薄してきたが、五〇〇メートルに引きつけ、一台もあまさず全一四両を破壊しつくした。もっとも近いものは三〇メートル（砲13中隊長の草葉栄『ノロ高地』より）。

こうした華々しい戦果で参加兵士たちの士気は高まった。歩71の戦闘詳報は「裾野の巻狩の如し」とか「時ならぬ八幡《やはた》工場地帯を現出」と余裕たっぷりだが、犠牲をかえりみないソ蒙戦車隊の挑戦も無駄ではなかった。防勢に追われた左岸攻撃隊の前進を、上陸点から四キロメートル前後で食いとめたからである。

滞在一〇時間で撤退へ

それでは日本軍が使った対戦車兵器のうち、どれが効果的だったのか。

コロミーエツはノモンハン戦全体を通じて撃破されたソ軍戦車・装甲車への加害兵器を種別に分析して、

1. 対戦車砲（速射砲）　75〜80％
2. 野砲　15〜20％
3. 火炎びん　5〜10％
4. 手榴弾・地雷　2〜3％
5. 空襲　2〜3％

という比率を示し、「日本の三七ミリ速射砲は、いかなるわが戦車の装甲も無理なく撃破貫通する」(65)と優秀性を認めた。

ジューコフ最終報告書も、七月三日の戦闘で全焼した二〇両の戦車（全損害は七七両）を検査して「対戦車砲による射撃は最も効果的で、それに次ぐのは七五ミリ野砲で、火炎びんは二両だけ」(66)と結論づけた。どうやら火炎びんは武勇伝の一種にとどまると言えそうだ。

表3-5　ハルハ両岸戦のソ蒙側統計（1939年7月2日～5日）

	兵力	122ミリ砲以上	75ミリ砲	対戦車砲	戦車	装甲車
. 西岸						
ソ軍a	5,976	38		6	？／182	？／154
ソ軍b		20	14		77／133	37／59
蒙軍	1,956					8／18
. 東岸						
ソ軍 蒙軍	3,200	8	20		3／8	？／62
. 合計（1＋2）	12,547	28	58	23	？／186	？／266
ソ軍の損害 (7月3～12日)	2,431 (戦死)				125／？	67／？

所：1のソ軍a、3の合計（1＋2）はジューコフ最終報告書、1のソ軍b、蒙軍、2のソ蒙軍はコロミーエツ、3のソ軍の損害は鎌倉英也（ロシア・アーカイブ）。
(1)1はa、bの二説を掲げた。
(2)戦車、装甲軍の右段は参加数、左段は損失。
(3)3合計（1＋2）は、モンゴル東部にいた全兵力と思われる。

日本側もこの実戦テストで速射砲の威力を認識したようで、関東軍は七月二十二日に参謀長名で、第二十三師団は第八国境守備隊より速射砲三〇門、第一、第七師団が装備する速射砲を増加配属したので「辛うじて対機甲戦を遂行することを得たり」と報告している。

もっとも、火炎びんが効果をあげたのは一〇〇キロメートル以上の連続走行と晴天下の暑熱で敵戦車の車体が過熱され、ガソリン燃料に引火したせいでもあった。

それを知ったソ連軍は鉄製のネットをかぶせたり、のちにはガソリンからディーゼル機関に切り換えたため、ノモンハン戦の後半では火炎びんは威力を減らしてしまう。

もうひとつの戦訓として日ソ双方が気づいたのは、歩兵（および砲兵）を随伴しない戦車の脆弱《ぜいじゃく》性であったろう。それは何よりも数字によって裏づけられた。東岸の日本戦車隊は参加車の五割近く、西岸のソ連戦車隊は六割を喪失したからだが、対処策は分れた。

ソ軍は必ず歩砲兵の援護をつけたが、日本軍は「技術的にも練度でも未熟で現代戦の遂行には不十分[67]」とジューコフに酷評された戦車の戦場投入を早々とあきらめ、後半戦では全満の速射砲を集めて対抗することにした。

とかく見落とされがちだが、バインツァガン戦は舞台廻しが大仕掛けで華々しいわりに、双方とも戦死者が三〇〇人前後にすぎない人命節約型の戦闘だった。

大草原での不期遭遇戦で、進退自由の機動戦に終始したせいもあろうが、最大の理由は日本軍が早々に東岸への撤退を決意したことにある。七月三日、関東軍司令官から作戦指導の権限を付与されて戦場に進出した矢野参謀副長は服部、辻の両参謀を帯同し、師団長と行動を共にしつつ戦況の推移を見守っていた。

午後になってもソ軍戦車の攻撃は止まず、撃退はしたものの「恐らく敵は今夜更に新鋭を増加して、明朝から反撃に転ずるであろう……ハルハ河右岸の戦線も、漸く膠着の色が見える[68]」と判断した参謀たちは協議して、次のような理由で右岸への転進を小松原へ勧告した。

1. わが補給は唯一本の橋に依拠せねばならないが明朝以後、敵の集中攻撃を受けて破壊される危険がある。しかも代替の渡河材料は皆無である。

2. 弾薬も残り少なく、兵士たちの食糧、水は尽きかけ、疲労も大きい。

3. 進退の責任は関東軍が負う。

師団長も師団参謀も「内心この意見を希望していたことは察するに難くない[69]」と辻は観察したが、小松原も同意して一六〇〇に「師団はすみやかに左岸を撤し、爾後右岸のソ蒙軍を撃滅する」との師団命令が発令された。

この決定に対する異論がないわけではなかった。最前線にいて敵砲兵陣地の撃破を準備中の小林歩兵団長は「未だ所期の目的を達せずして、甚だ遺憾に堪えず。尚一層徹底するを有利とせしならん。もし此の際師団長が橋梁付近に位置して大局を指導せしならば斯くの如きことなからん」との所見を日

バインツァガン戦の絵画（スンブル・オボ博物館蔵）

記に記した。戦史叢書の執筆者でさえ「間もなく迫りくる夜間こそは日本軍歩兵活動の独壇場ではなかったか[70]」と惜しんでいる。だが全体状況を冷静に眺めれば、撤退の決心は妥当だったと見るべきだろう。

ジューコフは「歩兵の不足は敵残存将兵に河向うに退去するチャンスを与えた[71]」と残念がるが、それでも左岸攻撃隊全員の撤退を見届けて五日朝、斎藤工兵23連隊長が爆破を命じるまで、ソ蒙軍は戦車、飛行機、砲撃によって軍橋を占拠するか破壊して退路を断とうと食いさがった。

渡橋点援護の歩71や歩26、砲13の健闘によって何とか撃退したが、三日朝から五日朝まで軍橋が無事だったのは、奇蹟に近いと言ってよい。

吉丸戦車隊が使用した八九式戦車（甲型）

日本軍当局はハルハ河を越えたことも、西岸から退却した事実も公表しなかった。事情を察していたマスコミも報道を自粛し、「約百台の戦車を遺棄。今や瀕死の外蒙ソ軍へ空陸、総攻撃を展開」（大阪朝日新聞、七月八日付）とか、「越境外蒙ソ軍遂に潰滅す」（同九日付）のような戦勝記事を送りつづけている。

そうなると関東軍はますます引っ込みがつかなくなったのだろう。何とか東岸の係争地域だけでも取り返そうと、人命浪費型の陣地攻防戦を重ねるようになる。

注

（1）アメリカ合衆国戦略爆撃調査団『日本戦争経済の崩壊』（日本評論社、一九五〇）を参照。

（2）「関東軍機密作戦日誌」（みすず書房版）八三ページ。以後は、みすず版のページを記す。

（3）同右、一四二ページ。

（4）前掲辻政信『ノモンハン』二三五ページ。

（5）五月三十一日付関東軍参謀長→参謀次長（関参一電第二五八号関東軍機密作戦日誌）。

（6）全文は大本営陸軍部研究班「関東軍に関する機密作戦日誌抜粋――ノモンハン事件」（防衛研究所蔵）に収載されている。この文書はやや明確さを欠くが、昭和十四年秋に始まった戦訓研究委員会のため、研究班が参謀本部ロシア課を中心に対ソ情報と上奏関係文書を収集したものの一部と推定される。以後は「大本営研究班抜粋」として引用したい。
（7）前掲『関東軍〈1〉』四七六ページ。
（8）前掲稲田正純。
（9）前掲「関東軍機密作戦日誌」七五ページ。
（10）前掲「畑俊六日誌」（『続・現代史資料(4)』みすず書房、一九八三）六月二十四日の項。以後は「畑日誌」と略称する。
（11）前掲辻、一一九ページ。
（12）前掲「大本営研究班抜粋」六月二十九日の項。
（13）『昭和軍事秘話』（同台経済懇話会、一九八九）の今岡豊稿一一五ページ。
（14）前掲「関東軍機密作戦日誌」七四ページ。
（15）『ジューコフ元帥回想録』（朝日新聞社、一九七〇）一一九ページ、中山隆志「ノモンハン事件」（『近代日本戦争史』第三編、同台経済懇話会、一九九五）一七七ページ。
（16）前掲ジューコフ最終報告書、D・ネディアルコフ『ノモンハン航空戦全史』四九―五二ページ。
（17）前掲『関東軍〈1〉』四六九ページ。
（18）前掲辻、九八ページ。
（19）前掲『昭和史の天皇26』四一―四三ページ。
（20）参謀次長に提出した寺田雅雄「ノモンハン事件に関する所見」（昭和十四年十月十三日）。
（21）『昭和史の天皇26』の寺田回想（六一ページ）。
（22）前掲辻、九九ページ。
（23）全文と協議過程は前掲「関東軍機密作戦日誌」七四―七六、一一二―一一三ページに収載。未成案に終ったためか、「昭和十四年六月　日調製」となっている。
（24）前掲辻、一〇二ページ。

(25)前掲『昭和史の天皇26』の三好康之回想（六二ページ）。なお、土居駐ソ武官も富永参謀本部第四部長から「植田は出動に内心不同意だったが、いやいやながら許可したらしい」と聞いている（土居明夫『一軍人の憂国の生涯』原書房、一九八〇、一〇九ページ）。
(26)前掲『関東軍〈1〉』四七三ページ。関作命一五三〇号の発令から一時間半後の六月十九日深夜に、その要点を参謀総長へ発電し二十分後に受電しているが、「敵航空根拠地の攻撃実施」と「写真偵察」の部分は省略している。
(27)日録は主として前掲「関東軍機密作戦日誌」「大本営研究班抜粋」『関東軍〈1〉』に準拠した。
(28)前掲辻、一〇九ページ。
(29)前掲「関東軍機密作戦日誌」一二五ページ。
(30)前掲ネディアルコフ、六八ページ。
(31)前掲クックス『ノモンハン』上、一三四ページ。
(32)山之口洋『瑠璃の翼』（文藝春秋、二〇〇四）二二四―二二五ページ。
(33)『別冊知性――秘められた昭和史』（一九五六）の稲田正純論稿。
(34)前掲『昭和史の天皇26』の稲田談（一二七―一三〇ページ）。
(35)前掲「畑日誌」二一六ページ。
(36)ミャンガド・エルデニバートル「ノモンハン戦史における『関東軍独走』説への疑問」（『日本モンゴル学会紀要』27号、一九九六）五ページ。
(37)前掲辻、一五六ページ。
(38)前掲クックス上、一七二ページ。橋本群へのインタビューから。
(39)同右、二〇〇―二〇三ページ。
(40)扇広（第二十三師団参謀）『私評ノモンハン』（芙蓉書房、一九八六）一二四ページ。扇は「関東軍は幾組かの渡河材料を持ってはいたが、そのとき、中国戦線に使用されて手持は皆無」と記すが、前掲の芦川春雄証言では「当時満州には二組の渡河材料しかなく」と回想していて、確実な情報は不明。東満や北満の師団（チチハルの第七師団をふくむ）の多くは甲式重架橋材料を保有していたが、関東軍としての予備は払底していたと思われる。
(41) 前掲沢田茂『参謀次長沢田茂回想録』（芙蓉書房、一九八二）二四ページ、小松原の沢田への談話。
(42) 浅利義成編『工兵第24聯隊』（非売品、一九八二）三七―三八ページ。
(43) 玉田美郎『ノモンハンの真相』（原書房、一九八一）六六ページ、『丸』一九五九年三月号の野口亀之助稿。
(44) 前掲コロミーエッツ、四六ページ。
(45) 師作命甲一〇五号と一〇九号の全文は防衛研究所蔵の歩兵第26連隊の「戦闘詳報」第壱号（昭和14年7月3日～4日）に収録されている。
(46) 西岸への渡河兵力は戦闘詳報の一部が残っていないこともあり推定にならざるをえないが、一万人（小沼治夫）、八〇〇〇人弱（クックス）、六〇〇〇人（小田洋太郎）など諸説に分れている。
(47) 服部卓四郎回想（一九六〇、防衛研究所戦史部蔵）。
(48) 前掲『関東軍⟨1⟩』四九七ページ。
(49) 同右、四七五ページ。
(50) 前掲辻、一〇五ページ。
(51) 前掲ジューコフ最終報告書、六二九ページ。
(52) 前掲コロミーエッツ、四八ページ。
(53) コロミーエッツによると、ソ軍は装甲車八両を撃破（うち四両は遺棄）され、死傷者四五人を出した。日本軍の死傷は二〇人。
(54) 第二十三師団の伊藤参謀が師作命甲一〇九号を安岡支隊長に届けたさい「右岸の敵は逃げつつあり」と伝え、支隊出発後の一九四〇にも友軍機が通信筒で「敵は続々川又渡河点を経て退却中なり。速に追撃するを要す」と伝えた（『関東軍⟨1⟩』五〇三―五〇四ページ）。
(55) 前掲玉田、八三ページ。

(56)前掲コロミーエツ、八二ページ。
(57)前掲玉田、一一四ページ。
(58)半藤一利『ノモンハンの夏』(文春文庫、二〇〇一)二三三ページ。
(59)前掲玉田、八〇ページ。
(60)架橋と渡河の詳細は『工兵第二十三連隊記録〈総括篇〉』(工二十三会、一九七九)、斉藤勇「工兵第二十三連隊ハルハ河渡河資料」(一九六六、防衛研究所蔵)を参照。
(61)「ソ連側資料からみたノモンハン事件」(『防衛研究所資料78RO―8H』一九七八)に引用されたM・H・ノヴィコフ「ハルハ河における勝利」(一九七一)。
(62)前掲『昭和史の天皇27』八六―八九ページ。
(63)同右、五二―五三ページ。
(64)同右、五六―五七ページ、前掲扇、一二七ページ。
(65)前掲コロミーエツ、一三〇―一三二ページ。
(66)前掲ジューコフ最終報告書、六四八ページ。
(67)同右、六五〇ページ。
(68)前掲辻、一四三―一四四ページ。しかし辻は「故服部卓四郎君追想記」(一九六一)に寄せた論稿では、小松原が「命令とあれば明朝までに全力をコマツ台に集め私が先頭になって敵戦車に最後の突撃をやります」と述べたと記している。
(69)同右。
(70)前掲『関東軍〈1〉』五一八ページ。
(71)前掲ジューコフ最終報告書、六三〇ページ。

第四章　第二十三師団、壊滅す　ジューコフの「傑作」

昼は前進、夜は後退

第二次ノモンハン事件は小松原第二十三師団長の定義に従えば、日本軍がハルハ河両岸地区における同時攻勢を決意した一九三九年六月十九日から九月中旬の停戦に至る約三ヵ月を指し、その間に次のような四つのヤマ場をくぐり抜けている。

(1)七月三日〜五日のいわゆる「バインツァガン会戦」と安岡戦車団の戦闘
(2)七月六日から十三日前後に至るハルハ河東（右）岸地区の攻防戦
(3)七月二十三日〜二十五日の大砲兵戦
(4)八月二十日に始まり、月末の第二十三師団の壊滅に至るソ蒙軍の大攻勢（いわゆるジューコフ攻勢）と、失敗に終った日本軍の逆攻勢

両軍の間には多少の感度差があり、ソ軍戦史では(3)への言及はあまり見かけない。後述するように、ソ軍の砲撃ペースは前後の時期とさして変らず、日本軍の砲撃による損害がほとんどなかったためであろうか。八月二十四日から開始された日本軍の逆攻勢も、ソ蒙軍の猛進撃に隠れてしまったのか、ことさら意識した形跡はない。

さて既述の(1)にひきつづく(2)は、七月三日にハルハ河を渡河した第二十三師団がソ軍機甲部隊と遭遇戦を演じたあと一本だけの軍橋でかろうじて右岸（東岸）へ転進し、右岸の川又地区を固守するソ蒙軍との間で展開した攻防戦である。二日から四日にかけ攻勢をかけた安岡戦車団は戦車の半数を失い後退したが、転進してきた小林歩兵団は疲労してはいても健在だったので、残存戦車と野砲13の支援下に西から東へ歩26、歩64、歩72と並べ、ホルステン川の南岸には歩71（長野支隊）を迂回させ、川又地区のソ蒙軍陣地を挟撃しようとした。

しかし、左岸のハマルダバ高地（標高八〇四メートル）周辺に陣どるソ軍重砲隊は五〇メートル以上の比高差を利用して、眼下の日本軍に猛射を浴びせる。五月末に山県支隊、七月初頭に安岡支隊が置かれたのと同じパターンの再現になった。

対抗しうる砲兵力の乏しい状況に直面して小松原が編み出したのは、歩兵の夜襲で敵の縦深陣地をひとつずつ突破し、明け方には敵砲火を避けるため奪った拠点を捨て発進点まで後退する、しかもこのピストン的夜襲を数日にわたり強行しようというのだ。その間にハルハ河畔まで迫り敵の軍橋を破壊するか占領し、あわよくば対岸の台地にとりつけたら、補給を断たれる川又のソ軍は干上るはずだと期待した。

しかし夜襲は日本陸軍のお家芸とはいえ、昼間でも地点標定が狂いがちな波状の砂丘地帯を、隣接部隊との連係を保ちつつ暗夜に行動するのは容易ではない。七月九日にノロ（７４２）高地に進出した歩71が、標定ミスで実はその東南方７５８高地とわかり、改めてノロ高地を十四日に占拠したのは一例である。

そのうえ、夜明け前の後退を想定しての前進には、心理的なブレーキがかかるのは避けられない。実際に猛進する隊もあれば、途中から引き返す指揮官もいて、戦力の集中発揮は困難となった。守るソ連側から見れば、日本軍は「昼間に前進しても夜間に後退せざるを得ず」（ジューコフ最終報告書）である。

それを予見できなかったのか、師団や関東軍の上層は、最初から楽観的先入観にひたっていた。総攻撃は七月七日の夜襲で始まったが、この日関東軍は中央部へ「左岸にある敵砲兵の妨害あるも、右岸の敵を撃破するは時間の問題なり」(1)と伝え、九日には「今日、明日位の攻撃を以て、右岸を占領し終るべく」(2)と予想し、安岡戦車団の解組と原駐地への帰還命令を内示していた（実行は七月下旬まで延期されたが）。

現場でも八日朝には直協偵察機から右岸のソ軍に退却の兆があると通報された小林歩兵団長は追撃命令を発するが、すぐに誤報と判明し取り消した。皮肉にも関東軍司令官から「七日の夜襲及爾後に於ける追撃の成功を祝す」という電報まで届くが、当の小松原師団長は「八日の夜襲成功せず」と日記に記入している。敵退却の誤報にせよ、祝電の到来にせよ、似たような先例をくり返していたわけである。

それでも一部の部隊は猛進して暗夜の白兵戦に恐怖した敵を撃破、川又地区の敵拠点を次々に占領するが、ソ軍の砲撃が始まる夜明けには放棄して後退せざるをえなかった。たとえば歩64は八日の夜襲で河岸に近いミツボサ高地を占領したのち半時間後には後退、翌日夜に再び占領するが夜明け前に退去している。

さらに十一日夜、ソ軍の最重要拠点となっていたバル西（733）高地を占領、追撃をつづけたが十二日午後、山県連隊長へ後退命令が届く。同様の師団命令は、全部隊へ送られていた。山県はあと一日の攻撃続行を嘆願したが容れられず、翌日朝までに発進点へ戻る。
その間に師団は軍橋の爆破に執念を燃やし、ソ軍の間隙を縫いながら八チームの爆破班を潜行させたが橋を守る歩兵や戦車に阻まれ、成功したのは二チームにすぎなかった。
七月八日の深夜二時頃、敵中に潜入してハルハ河岸に到達した歩72の高山爆破班（高山正助少尉、工兵を含めて約六〇人）の成功例を見よう。高山班は河の中洲に露営していたソ連兵に誰何《すいか》されたのを、片言のロシア語で「偵察の帰りだ」とごまかし、軍橋に近づいた。高山は爆破のようすを次のように証言する（要旨）。

橋のたもとに歩哨が二人立っている。手榴弾を投げつけて倒し、橋にかけ上った。中央より少し先まで行き、厚さ七、八センチもある橋板に携行した五ガロンかんのガソリンを流し、一〇メートルおきぐらいに方形爆薬を撒き、マッチで火をつけ爆破した。中洲のソ兵が射ちまくってきたが、あとは逃げるだけ。司令部へ報告に行くと、火柱が見えたがあれがそうだったのか、と喜んで食べかけのヨウカンをくれたりしました(3)。

その頃、ソ軍工兵はすでに九本前後の軍橋を架け、事件終結時には二八本に達していたとされる(4)。なかには水面下四〇センチメートルに架けた「水中橋」もあり、爆破されてもすぐに修復したとジューコフ最終報告書は強調している。

　こうして七日に発起した第二十三師団の力攻めは十二日の後退命令で休止となり、やはり苦境に陥っていたソ連軍も一息つく形になった。ジューコフ最終報告書、コロミーエツ、シーシキン、ノヴィコフの記述を総合すると、七日の夜襲第一波は不意打ちだったらしく、狙撃149連隊と第9装甲旅団は大混乱に陥り、味方撃ちさえ起きた。

　翌朝、日本軍が前進を中止したので態勢を立て直すが八日午後、レミゾフ149連隊長は砲弾の直撃を受けて戦死した。レミゾフはソ連邦英雄の称号をもらい、バル西高地一帯はレミゾフ高地と名づけられた。

　急報を受けたジューコフ司令部は、直ちに狙撃24連隊、狙撃第5旅団、さらに第7装甲旅団と狙撃603連隊を西岸から増派する。603連隊が所属する狙撃第八十二師団は六月にウラル軍管区で編成されたばかり、ボルジアから数百キロメートルを徒歩でかけつけてきた。訓練不足で兵士の二割は小銃を実射した経験もなしに投入され、十日の戦闘では数発撃ちこまれるとパニックを起こし火器を捨てて逃げまどった。ジューコフ最終報告書によれば、上官への反抗や自傷行為も露見し、再訓練と軍法会議で取調べるため西岸へ戻され銃殺に処せられたが、「なぜこんな弱体師団を投入したのか」という非難の声もあがったという。

　十一日夜にもバル西高地の争奪戦で狙撃第5旅団の一部が潰走し、それを食いとめようと「戦車からはい出し、手榴弾を手にして突撃を下令した」ヤコフレフ戦車第11旅団長は「負傷後絶命するまで戦闘を指導[5]」（ノヴィコフ）し、賞讃されてソ連邦英雄の称号をもらう。

ヤコフレフ

この攻防戦で日本軍が蒙った人的損害は、小松原日記によると二一二二人（うち戦死五八五）で、投入兵力の二三％と概算されている。ソ軍の損害もそれを上まわったと推測される。折から現地査察に来たクーリク国防人民委員代理は、困難な戦況を見て七月十三日に東岸部隊を西岸へ撤退するよう指示したが、ジューコフは反対意見をウォロシロフ国防相に送り、クーリクは独断で戦闘指揮に介入したと叱責されたうえ、七月十五日付の命令でモスクワへ呼び戻された(6)。前後して、モスクワは来るべき決戦の日に備え、指揮系統の再編に踏みきる。

ブリュッヘルが失脚したあと、極東方面軍は第一特別赤旗軍（ウォロシロフ、シュテルン司令官）と第二特別赤旗軍（沿海州のハバロフスク、コーネフ司令官）に分割されていたが、七月五日付で国防人民委員に直属しチタに司令部を置く臨時編制の前線方面軍（フロントヴェーヤ・グループパ）を新設し、シュテルン将軍を方面軍司令官に任命する。前線方面軍は両赤旗軍、ザバイカル軍管区（チタ）、第五十七特別軍団ばかりか海軍の太平洋艦隊まで指揮下に入れたから、旧極東方面軍を上まわる大軍となった。

七月十九日には、中央軍事会議の決定に基づき国防人民委員指令第二九号により第五十七特別軍団を臨時編制の第一集団軍（アルメースカヤ・グループパ）に改編し、ジューコフ将軍が集団軍司令官に任命された。そしてシャポシニコフ赤軍参謀総長に対し、「第一集団軍の行動の特殊条件を考慮」しつつその定員・編制計画の作成を命じた。

「特殊条件」という表現は意味深長だが、七月十七日付でウォロシロフからザバイカル軍管区が軍事補給の責任を負うべし、との指令が出ているように、シュテルンの新司令部は主として後方支援の役割を期待されていた。

ワルターノフによれば、七月十九日の指令で、作戦についてジューコフが直接に中央と連絡する権限が与えられたというが、当時の往復電報を眺めると、ジューコフとウォロシロフ、シュテルンとウォロシロフ、ジューコフとシュテルン間のやりとりが混在している。全体としては二頭併立と言ってよく、両人の関係がしっくりいかなかったとしてもふしぎはない。

ジューコフは晩年にシーモノフとの対談で「上からの命令によれば、シュテルンの任務は、要するに私の集団の後方を確保することだった。もし戦闘行動が他の地区に広がり、戦争にまで拡大した場合にのみ、第一集団軍も前線方面軍に直属することになっていた。私たちは独立して行動し、モスクワに直属していた[7]」と回想している。

どうやらモスクワによる七月改編の狙いは、ソ満国境で起こるかもしれない日ソの戦闘はシュテルンに任せ、満蒙国境で現に進行中の戦闘は実質的にジューコフへ任せることにあったようだが、おそらくは暗黙の了解にとどまり、シュテルンの介入を阻むものではなかったと思われる。

実際には、シュテルン司令部は後方補給に追われ、司令官と側近参謀連だけが定期的に飛行機でハマルダバのジューコフ司令部を訪ねるだけ、しかも査閲任務に押しやられたらしい。その一人であるストゥチェンコの証言によると、「二人の司令官のどちらが先任か分からない状態になり、ジューコフに押しまくられてしまった」[8]という。

いずれにせよ、後述のように、ノモンハン戦のいくつかの重要局面で両司令官の主張が食い違い、停戦後にジューコフ批判を強めたシュテルン[9]は、スターリンの不興を買ったせいか、スムシュケビッチもろとも一九四一年秋に粛清されてしまった。

大砲兵戦（Ⅰ）

七月十二日小松原師団長が指揮下の全部隊へ発した後退命令は、従前のような戦術上の駆け引きとは性格を異にしていた。攻撃中止は大砲兵戦を決意した関東軍司令部からの圧力によるもので、小松原自身は「今一歩の処にて師団の現状維持、（砲兵の）攻撃準備の命令に接し……無念思うべし……大乗的見地より昨日の如く命令せり」と日記（十三日）に書きとめている。

砲兵団長として着任した内山英太郎少将や寺田参謀との十一日の協議でも、内山から、有力な重砲部隊が十九日までに展開するので、歩兵部隊はその援護下で進撃するため一時後退すべきだと主張した。これに対し小松原は攻勢が成功しつつあるので夜襲を継続し、砲兵は来着しだい逐次戦闘に加入させてはどうかと申し出た。だが寺田から砲兵主体の攻撃は植田軍司令官の強い意向であり、左岸台上の敵砲兵さえ撲滅できれば右岸の敵陣地は労せずに撃滅できるだろうと述べ、内山の主張を支持した。

軍司令官の名を持ち出されては、小松原も引き退るしかなかったのだろう。十二日に歩兵各隊の後退を指示する師団命令（前述）の発出となったのであるが、関東軍が歩砲共闘を望むなら七月七日の攻勢は延期して重砲の到着を待つのが常道だったろう。

そもそも野戦重砲兵二個連隊の満州派遣は、不拡大方針をとっていた大本営の発意だった。橋本第一（作戦）部長と稲田作戦課長はともに砲兵科の出身で、関東軍が連絡してきた攻勢計画に砲兵力が足りないことや、ハルハ西岸に布陣したソ軍重砲の脅威を気にかけたのだろう。野重7の一兵士は「大本営がここの地形を知ったら戦闘をやらせなかったかもしれない[10]」と臆測するが、両人にはおそらく現場の比高差は念頭になかったと思われる。

ともあれ六月二十二日に第一部長名で関東軍参謀長へ「貴軍の企図せらるる蘇蒙軍膺懲《ようちょう》に於ては敵兵力及第二十三師団の装備に鑑み十分なる兵力特に砲兵を使用するを要するものと考え[11]」た結果、内地から野戦重砲二個連隊を派遣すると通報した。早くも二十四日には上奏裁可、動員下令となり、二十六日には稲田作戦課長が畑侍従武官長へ「ノモンハンに使用せらるる公算が多い」と連絡している。ところが関東軍が中央の「親心」を歓迎した形跡はなく、七月初頭のハルハ渡河作戦に間に合わせようとする着意もなかったようだ。

本件ばかりでなく関東軍は八月末に至るまで自前の兵力だけで戦う意気込みで、同じ頃、第五師団の増派を打診されても辞退するくらいだった[12]。中央に借りを作りたくない心理からだが、さすがに重砲の増援を辞退する勇気はなかったらしい。このあたりの対応ぶりは、旅順の要塞攻めに二八サンチ砲を送りこんだときの大本営と乃木希典第三軍とのやりとりを連想させる。

ともあれ野重1連隊と同7連隊が駐屯地の千葉県国府台《こうのだい》を進発した七月六日、関東軍は若干の在満砲兵部隊を加えた砲兵団を編成し、団長に関東軍砲兵司令官の内山少将を補職した。それにしても、七日に発動を予定した第二十三師団の夜襲攻勢計画とすり合わせる発想がなかったのは、奇異としか思えない。

さて野戦重砲兵第3旅団（長は畑勇三郎少将）に編合された野重1と野重7は、鉄道―船―満鉄線と乗り継ぎ、ハイラルを経て十九日前後に前線へ展開した。畑旅団長は「当時の最新式自動車（牽引）砲兵として稀少価値の虎の子扱いを受け、温存された国軍最精鋭の砲兵」により「重大な使命感と内心の抱負を以て敵砲兵を完全殲滅(13)」しようと意気ごんでいた。

十八日に策定された砲兵団の戦闘計画には「攻撃第一日に全砲兵をもって一挙にソ軍の砲兵を撲滅し」とあるが、内山砲兵団長が直前の空地打合せ会議で「二時間くらいで目標はなくなるだろう(14)」と壮語するのを、空中観測担当の飛行士が聞いている。苦闘つづきの小松原ら師団将兵の期待感が高揚したのもむりはない。

しかし不安材料がないわけではなかった。畑司令部から先遣された岩田正孝砲兵大尉は、新京の関東軍司令部に立ち寄ったさい「予備をふくめて砲兵戦に用意している砲弾は七基数」と聞き、「へえ、それだけしかないのか(15)」とがっかりしている。

基数とは砲一門当りの弾数で、一基数は七五ミリ野砲が一〇〇発、一五センチ榴弾砲が五〇発、一五センチ加農《カノン》砲だと三〇発だが、連射すると一時間足らずで撃ちつくす量にすぎない。最終的に関東軍が供給したのは内地からの携行分をあわせ五基数（約三万発）で、砲兵団はそれを初日に二基数、第二、第三日に各一・五基数と割りふった。

第一次大戦後、先進国の砲兵は目標の面積当りにつぎこむ鉄量（トン表示）で必要量を算定するようになっていた。とくにソ連陸軍は「近代戦の主要構成要素は火力であり……その成否は物的準備の適否に左右される。指揮官および幕僚の最大の責務は、常に十分な兵器資材を整備前送することにある」[16]（一九三六年の赤軍野外教令）という火力万能主義を高唱し、一斉砲撃の標準弾量はドイツ軍やフランス軍を上まわっていた。

それに対し、歩兵を「軍の主兵」と位置づけ、白兵戦術を信奉した日本陸軍は支那事変の連勝でその確信を深めた。必ずしも砲兵を軽視したわけではなく、一九三九年三月の南昌攻略戦ではノモンハンを上まわる九〇門の重砲で中国軍を圧倒している[17]。

しかし拡充の重点は連隊の新設（砲数の増加）に向けられ、砲弾量は日露戦争時の節約規準（基数）を適用しつづけ、欧米流へ発想を切りかえる気はなかったらしい。不安材料は他にもあった。後知恵ではあるが、虎の子の重砲二個連隊は「実戦の体験者が皆無に近く、訓練も精到と称するには程遠い実情[18]」ではあったと畑は洩らしている。

そのせいか、土地勘の乏しい砲兵団には、それまで日本側を苦しめてきた不利な地形条件はさして念頭になかったようだ。図４－１は砲兵団の配置状況を示すが、最前方の砲兵陣地からハルハ左岸の至近目標まで六〜一〇キロメートル、最奥部までは一七〜一八キロメートルと推測された。砲撃の基準点はハマルダバ高地に立つスンブル・オボの石柱（ソ軍は砲撃戦が始まると撤去）としたが、五〇メートルの比高を持つ左岸台上の砲分布はわが観測所からの見通しがきかない。

それに対しソ連側は五月いらいの戦歴から、東岸のわが歩砲兵陣地周辺のデータは知悉《ちしつ》していて、「ノモンハン（ブルド・オボ）以西の地区は左岸から丸みえ」[19]も同然だった。こうして「建軍いらい」と誇称する大砲兵戦は、予定より二日遅れた七月二十三日朝に発動される。約二時間の「猛射」のあと歩兵三個連隊（歩26、64、71）の前進が始まった。

大砲兵戦（Ⅱ）

野戦重砲による左岸砲撃の初動状況を、畑第一砲兵群長の手記から引用したい。

六時三十分、敵砲火を誘致してその位置を確認する目的で、まず我が野砲兵隊の射撃を開始するや、敵砲兵は挙げて盛んに応戦発火した。

いヽいヽ敵砲兵の発火により、予定目標の現状を十分に確認掌握して、同七時三十分から全砲兵一斉に対砲兵戦を開始し、砲声殷々《いんいん》としてハルハ河畔の天地にとどろき、蒙北の砂原を震動し、我が第一線歩兵隊は、待望の威力重砲兵の連続猛射による大爆音と敵陣地内に上がる大砂塵を望見して歓喜の声を上げ雀躍《じゃくやく》の拍手を呈した……敵砲兵を圧倒し、沈黙するを

図4-1　7月23日の日満ソ蒙軍配置

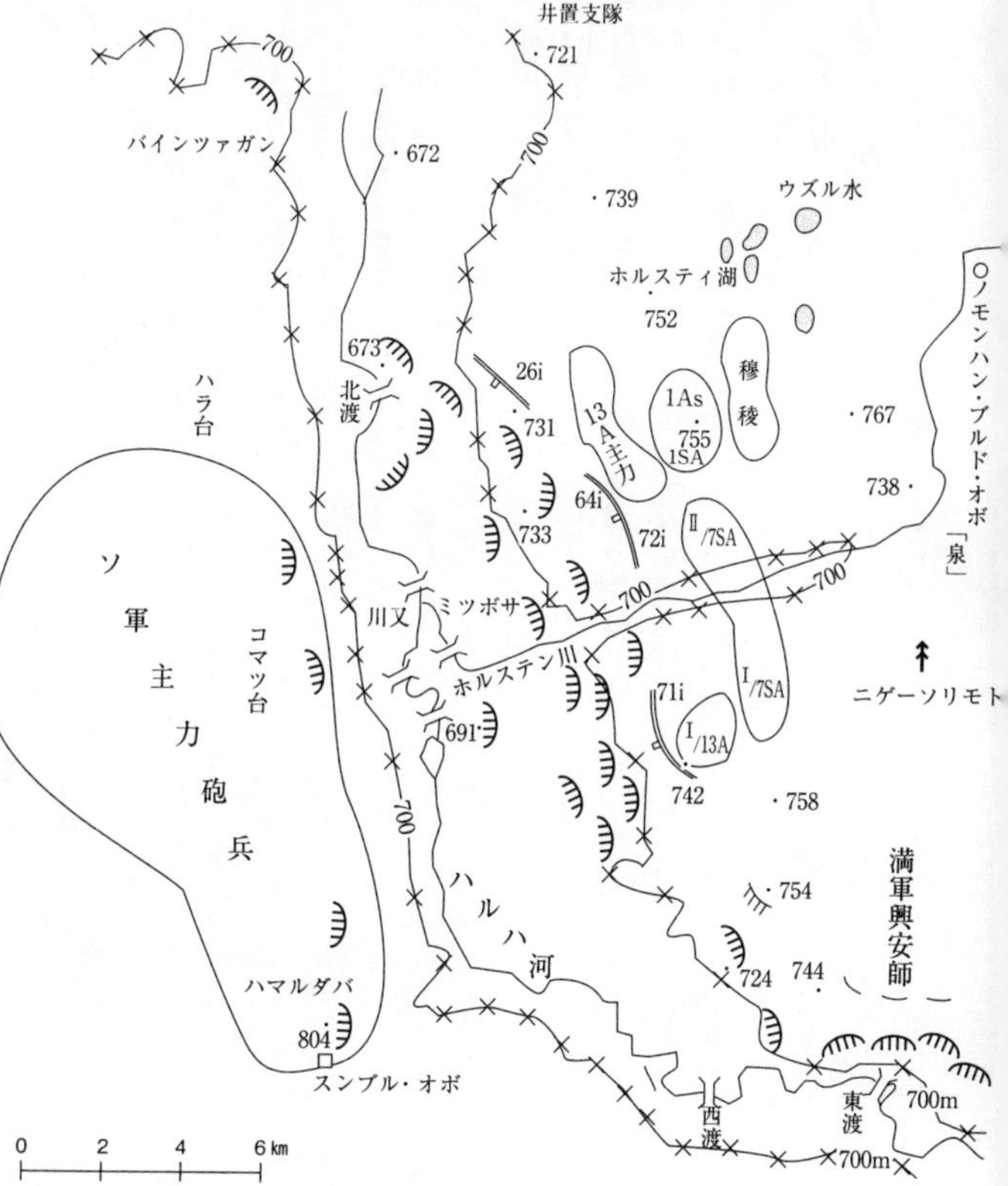

出所：『関東軍〈1〉』付図を補正

I /13A：野砲13連隊 I 大隊　1SA：野重1連隊

1As：独立野砲1連隊　7SA：野重7連隊

71i：歩兵71連隊　：ソ蒙軍

標高700mの等高線

散見し、十一時から我が歩兵は勇躍して攻撃前進を開始し……。(20)

右のうち傍点部分を説明すると、「発火」は、地形的に敵砲兵の位置を視認できないため、我が砲撃に応射する時の閃光で測定する手法を指す。それでも奥行きまでは計測できない弱点は残った。「敵砲兵の沈黙」とは我が砲弾による命中破砕のためだろうと喜んだが、それは目視可能な左岸台上の河岸陣地に限られ、その間に後背地へ陣地変換したらしいソ軍の砲兵がまもなく砲撃を再開したことを指す。

わが重砲陣は稜線に遮られた低地に放列していたため、直撃弾で破壊された砲は少なかったが、川又に向け昼間の前進行動に移った歩兵部隊はソ軍の集中砲火を浴びて動きがとれず、死傷者が続出した。

歩64Ⅲ大隊の一小隊長は、「壕を出て攻撃前進を開始すると、ものの四、五十メートルも行ったところで、ものすごい機関銃弾と戦車砲弾です。友軍の重砲が三、四時間も撃ったんだからもう撃滅したと思った敵の砲兵が全然衰えていない。後続部隊は壕を出るに出られず……われわれも射すくめられたような形で、頭も上げられない」(21)と回想している。

他の連隊も似たりよったりの苦境に立ち、夜襲に切りかえて川又をめざしたが、守るソ軍も一段と防備を固めていたため攻めあぐね、死傷約三〇〇〇人の犠牲を払って七月十二日の進出線を回復するのがやっとであった。その間も予定どおり三日間の砲撃はつづけられたが、ソ軍砲兵の応射は「依然猛威を奮い、火力さらに衰えず」(二十四日の小松原日記)だ

表4-1　砲兵戦時の日本軍の編組（1939年7月23日〜25日）

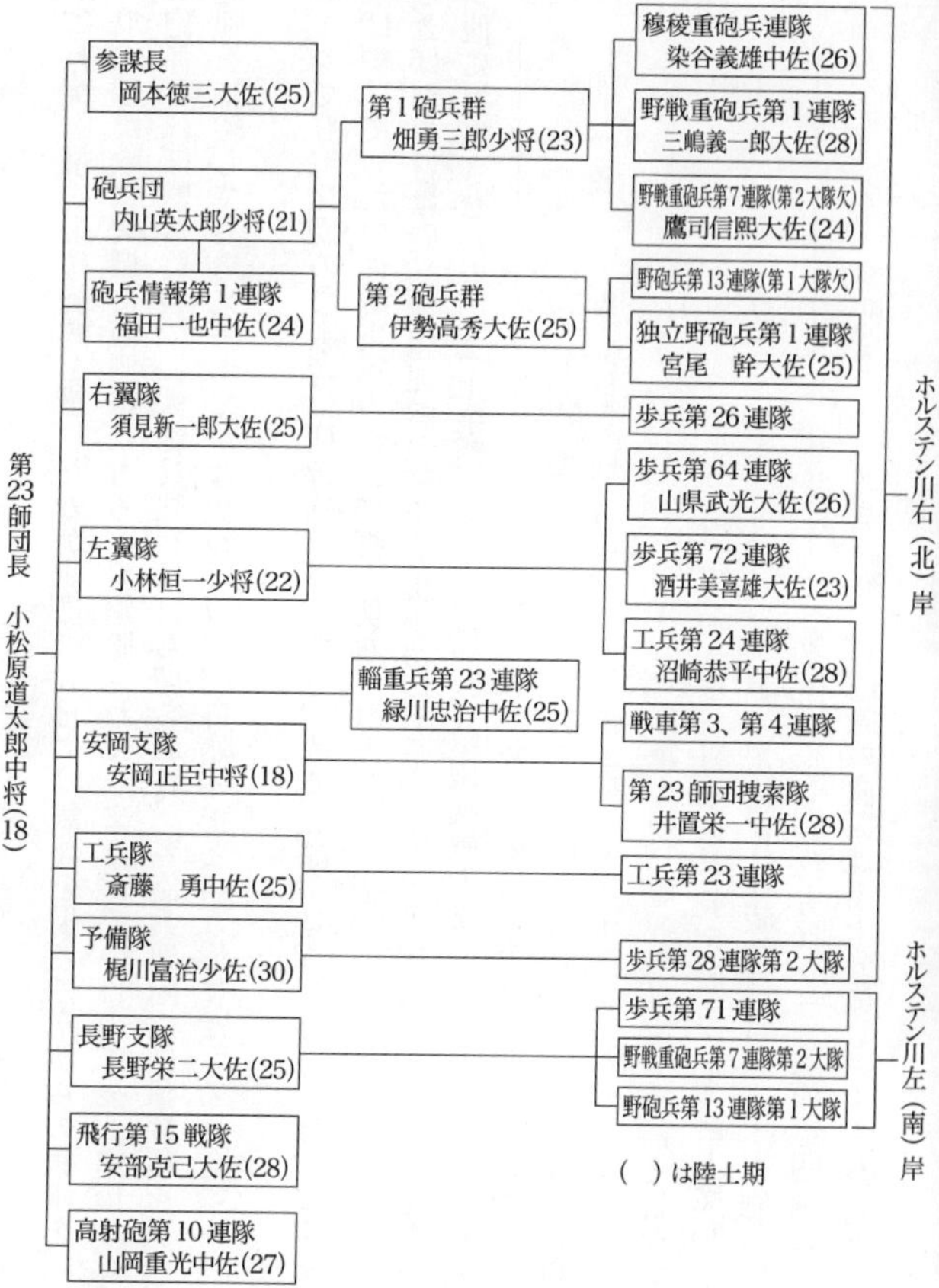

った。
さすがにわが砲撃効果に疑問を感じたのか、二十五日には気球を揚げて空からの観測を試みたが、飛来した敵戦闘機に観測将校もろとも撃墜されてしまう。その日の午後、準備した五基数の砲弾をほぼ撃ち終って「大砲兵戦」は打ち切られた。各砲兵連隊は砲撃続行を願ったが、砲弾を補給してもらえるあてがなかったので、自然休止という形にせざるをえなかった。

戦後になっても砲兵団の参戦者に挫折感はあっても、敗北意識が見られないのは、まずまずの成果は挙げていたのに関東軍の都合で打ち切らされたという思いが残るせいかもしれない。たとえば畑少将は砲兵情報連隊の測定分析を援用して、「完全破壊を確認した敵砲数は二四門、他に損傷させたもの二十余門で……三日間で敵砲兵戦力を半減せしめた[22]」のに対し、わが重砲の損失は二門のみだったと強調する。明言はしないが、一種の勝利宣言とみなせよう。

発射速度（発／分）	最大射程（m）	牽引
0.8	11,900	牽引車
	18,200	〃
1～2	18,100	〃
10	10,700	挽馬
6～7	13,890	牽引車
2	5,650	曳馬
10	6,300	馬か人
〃	2,800	駄載
15～30	6,700	〃

野重1の三嶋連隊長はやや控え目ながら、日本の「判定勝ち[23]」と評しているが、「我砲兵の装備は貧弱……火砲の射程に於ても我劣れり」「敵の遮閉砲兵の位置の捕捉は不十分にして……与えたる

表4-2　日本軍の主要火砲一覧

	制式年	口径（ミリ）	砲車重量（kg）	砲弾重量（kg）	初速（m／秒
1. 重砲					
96式15榴	1936	149	4,140	31.1	540
92式10加	1932	105	3,730	15.8	765
89式15加	1929	149	10,422	40.2	735
2. 軽砲					
改38式野砲	1931	75	1,135	6.3	520
機動90式野砲	1935	〃	1,600	6.4	683
38式12榴	1910	120	1,257	20.0	276
41式山砲（連隊砲）	1908	75	540	5.7	360
92式歩兵砲（大隊砲）	1932	70	204	3.8	197
94式速射砲	1934	37	327	0.7	700

損害は恐らく僅少」[24]（砲兵団高級部員の正井義人大佐）という辛口の反省もある。

ここでソ連側から見た砲兵戦の実情と比較したいが、前述のように問題意識が薄かったせいか、情報は乏しい。表4－3は日ソ両軍の参加部隊名と部隊別の砲力を示したものである。比較すると重砲（一〇センチ以上）では日本の三八門に対しソは七六門だから二倍である。射耗弾量はソ連側のデータを得られないが、わが一発に対し三発（須見歩26連隊長）あるいは五発（岩田大尉）の割合で撃ち返されたとの印象からおよその規模を察しうる[25]。

しかも弾量の過半を日本軍の歩兵部隊へ集中させることで、失地回復を狙う日本軍の攻勢を阻むと同時に、味方の右岸

表4-3　日ソ両軍の砲兵力

日本軍

(1939年7月23日時点)

a. 部隊名	b. 砲種×砲数(損耗)	c. 準備弾数	d. 7/23〜7/25の射耗	e. 最大射程(m)	f. 目標
野重第1連隊	96式15榴×16(2)	4,000	3,116	11,900	西岸
野重第7連隊	92式10加×16(3)	4,800	4,562	18,200	〃
穆棱重砲連隊	89式15加×6	900	1,172	18,100	〃
独立野砲第1連隊	90式野砲×8(1)	4,000	4,674	14,000	〃
野砲第13連隊	38式75ミリ野砲×24(4)	12,000	5,654	8,350	東岸
〃	38式12榴×12	3,600	1,310	5,650	〃
計		29,300	20,488		

5榴＝15センチ榴弾砲（曲射）　10加＝10センチ加農砲（平射）
出所：b、cは『関東軍〈1〉』、dは昭和14年7月28日付関東軍参謀長発参謀次長、陸軍次官宛関参三電481号（陸満受大日記13号）。
注(1)cは各5基数。
(2)他に歩兵の連隊砲（41式75ミリ山砲、射程6,300m）16門（定数）、大隊砲（92式70ミリ歩兵砲、射程2,800m）24門（定数）があった。
(3)1発当りの重量は15榴が31kg、cの全弾量は296トン。
(4)日露戦争の第一次旅順総攻撃では3日間に3.68万トンを射耗した。

ソ連軍

a. 部隊名	76ミリ野砲(9,300m)	122ミリ榴(11,800m)	152ミリ榴(17,000m)	152ミリ加(30,000m)	計
1. 第82砲兵連隊	20	16	—	—	
2.　〃	—	12	12	—	
3. 第175砲兵連隊	8	16	—	—	
4. 第185砲兵連隊III大隊	—	—	—	12	
5. 第5狙撃機関銃旅団砲兵大隊	4	8	—	—	
計	32	52	12	12	108

出所：ジューコフ最終報告書p.640。
注(1)他に60〜70門の連隊砲があった。(2)カッコ内の数字は最大射程。

橋頭堡《きょうとうほ》を援護するという二重の目的を果している。ジューコフ最終報告書は、砲兵戦の実態を次のように淡々と記す。

敵砲兵は優秀な測量隊を持ち、航空写真も活用して精度の高い地図（二万五〇〇〇分の一）を準備した。わが方をしのぐ長射程の重砲は、有利な観測地点と射撃陣地に恵まれていたのに、訓練は不十分で、とりわけ歩兵との連係は拙劣だった。

七月二十三日には敵砲兵はわが重砲弾の破砕を狙って約一万発と推定される大量の砲弾を撃ちこんだが、ハルハ河西岸に沿った一五～二〇キロメートルに広くばらまかれ、多くは空き地に落下した。われわれの砲兵陣地を標定できなかったためか、一日かかっても敵は一個砲兵中隊も制圧できず、歩兵（東岸の）にも損害はほとんどなかった。(26)

どうやら日本軍砲兵は高レベルの砲と観測器材を持っていたのにソ軍砲兵の位置がつかめず、弾着修正もできぬまま散漫な探り撃ちに終始したと言えそうである。地形上の弱点を補う弾着観測の決め手は飛行機しかなかったが、事前の共同訓練もせず、空地の通信連絡は不調だったようだ。

それでも飛行第15戦隊の九八式直協機が敵地上空に飛び、ある重砲中隊の砲撃に対し上から弾着修正を試みた。だが射弾がそろわずバラバラなので、観測将校が「そんなヘタな射撃やめてしまえ」(27)と無線でどなりつけ帰ってきたというエピソードもある。

日本軍は空き地に砲弾をバラまいたというジューコフ最終報告書の観察を裏書きするものだが、敵戦闘機や高射砲火をかいくぐって飛ぶ少数の直協機に頼って弾着修正をやろうとする手法に、むりがあったとしか言いようがない。半年後に大本営研究班の主任として戦訓調査に当った小沼治夫中佐はそのメモで、砲兵団の弱点を、

1. 距離遠し（一万以上）。
2. 我低敵高観測困難、飛行機偵察、気球おとさる。
3. 砲兵将校能力劣る。射向1キロひろがり、（砲弾が）集まらぬ中隊あり。
4. 敵砲兵、予備陣地や掩砲所にかくれる。牽引車にて後へさがる。

と「小沼メモ」で総括している。

おそらく砲兵戦の結末にもっとも落胆の思いを味わったのは、小松原師団長であったろう。彼は七月二十六日の日記に悲痛の思いをこめて「砲兵の効果予想に反せり……何等砲兵の助力を予期せずして（歩兵の）攻撃続行せざりしやを悔む　我過《あやま》てり」と書き入れた。

すでに二十五日午後に小松原は、島貫関東軍参謀が持参した築城実施の前日付軍命令を受け、「膺懲《ようちょう》の目的を達した」（第一項）として「師団は軍命令により、ハルハ河右岸残敵掃滅の完成を待つことなく、速やかに爾後の築城を準備せん」（第二項）とする二三師作命甲第一四八号を下達していた。[28] 主旨はややつかみにくいが、小林歩兵団長は「軍の方針一変して、力攻めせず現地を確保したるまま陣地構築を開始する」[29] という守勢持久への転換と受けとったようだ。

では砲兵戦の終了と成果を確認してからでもおそくないのに、なぜ関東軍は砲兵戦の第二日目という早い段階で新方針を打ち出したのか。島貫はのちに「関東軍としては砲兵戦を開始する前から、一段落したあとどうするかを考え、成否に関わりなく越冬のための築城を検討していたのだ[30]」と弁明する。

たしかにホロンバイルの夏は四〇度前後の酷熱だが、典型的な大陸性気候のため八月末になると深夜は零度以下まで冷えこむのも珍しくない。夏服で鉄条網も張られていない粗末な壕内に身を置き、戦っている兵士たちの越冬対策をそろそろ考慮せねばならぬ季節になっていた。

その場合、ハイラル地区か少なくとも将軍廟付近まで退いて、耐寒設備のある兵舎に収容するのが常識的だったろう。駐ソ大使館付の土居駐在武官が「ハルハ河より適宜離隔せる位置に、至短時間に最も堅固なる陣地を構築[31]」すべきだと進言したのも、それを示唆したものと考えられる。防勢に立つのなら、敵の砲撃圏内に築城するのは非常識にすぎるからである。

だが係争中の「右岸地区を確保すること絶対必要なり[32]」と決意していた関東軍には、その種の選択はありえなかった。島貫が伝達した築城命令も、「砲兵戦によって敵砲兵が撃滅されること[33]」を前提にしていたと考えれば、その後の築城が中途半端のまま、ソ軍の八月攻勢を迎えたのも不可避だったと言えようか。

いずれにせよ、現進出線から引き退ることなしに「諸隊は依然前任務を続行すべし」（前出の作命甲一四八号）と命じられ、疲れはてた第二十三師団の兵士たちは、左岸重砲の砲火をしのぎつつ右岸に張りついているソ蒙軍と戦い、合間を縫って冬営用の築城工事を進めるほかなかった。その工事も三分の一程度しか完成しないところへ、ソ蒙軍の大攻勢を迎えることになる。

第六軍の新設

予定量の砲弾を撃ちつくして攻勢を休止したノモンハンの日本軍には、しばし閑散の日々が訪れたかに思えた。

小松原日記には「噂されし八月攻勢の企図も見えず。戦線概して平穏なり」（八月五日）、「戦線平穏」（同十二日）のような記事が散見する。小林少将も「砲撃閑散なり。本日より砲兵爆薬の使用、野砲は一門十五発、九〇式野砲は五発、その他重砲は十五発内外に制限さる」（七月二十九日）と書いている。

実はソ蒙側にとってこの三週間余は休息どころか、八月二十日の大攻勢発動に向けた諸準備の仕上げ過程であったが、そうと悟られぬための配慮は忘れていない。たとえば築城工事を妨害するかのように第一線陣地への砲撃は続行するが、重点なしに万遍なくばらまいていた。

八月四日からノロ高地の守備についていた長谷部支隊のある中隊長は、「小丘の斜面に各個掩体を構築、来る日も来る日も、敵の砲弾下……但しこの砲弾は数知れずでしたが、中隊は一名の損害も出さなかった。なんでこんな無駄弾を撃つのか(34)」と、敵の意図をはかりかねていた。また主としてノロ高地を焦点にホルステン南岸へ、戦車を伴なう歩兵が局地攻勢を二度（八月一～二日と七～八日）にわたり仕掛け、陣地を固守する日本軍と激戦を交えている。

長谷部支隊の戦記は「五日から八日まで猛攻撃を加えてきたが、その都度こっぴどく撃退され……以後十九日までは陣地奪取までの積極的攻撃はみせず……十七日頃にはピアノ鋼線の鉄条網をはりめぐらせた数線の陣地を作りあげた(35)」と記すが、ソ軍は威力偵察を兼ね、後日の足がかりを作ったのであろう。

シュテルンが「ハンニバルによるカンネー包囲戦の再現(36)」と揚言した大規模な両翼包囲作戦を成功させるには、日本軍を現在位置にひきとめ、「生かさず殺さず」の状態であやしておく必要があった。情報工作の分野でソ連が仕掛けた布石は他にもある。ひとつは八月攻勢の切迫を、ハルビン特務機関に潜入させていた工作員を通じ、日本側の情報機関にキャッチさせる手法だ。

「関東軍機密作戦日誌」には「七月中旬軍参謀部第二課は敵が八月中旬を期し攻勢を執るの企図あり、此の情報に関連し⑴八月十四日を期して行われるべし、⑵敵の現地指揮官は準備未完了を理由とし之が延期を申し出であり、⑶補給困難の為敵は悲鳴を挙げつつあり」という記事がある。

このうち⑴についてはその後、八月上旬、五～十日、中旬などまちまちの情報が流れたが、(2)(3)は大した規模にはなるまいと緊張感をゆるめる作用を果した。不可解なのは関東軍司令部が攻勢はノモンハン正面ではなく他正面、とくに東部満州に向けられるのではないかと疑心を深めたことである。

引き金になったのはチチハルに近いフラルキ鉄橋が七月十六日の未明に爆撃された事件で、わずか一機が数発を投じただけで鉄橋に被害はなかったが、関東軍は過敏に反応する(37)。東部国境の動きから「蘇極東全軍は動員せられたり(38)」と判断した関東軍司令部は全満に戦時防空令を発動したばかりでなく、東満の第二、第四師団等を応急派兵により国境地区へ推進した。

植田関東軍司令官は在チチハルの第七師団主力をハイラルまで前進させたらどうかと提言したり、秦ハルビン特務機関長や大本営第一部からも同様の提言が届いていたが、他正面の危機感に駆られたのか、関東軍作戦課はことごとく握りつぶしてしまう。

そして既設陣地を守りつづける第二十三師団に対しては、死傷者の穴埋めに全満の各部隊から抜いた四〇〇〇人余の補充兵を送り、ハイラル要塞の守備についていた第八国境守備隊（八国）から歩兵二個大隊基幹の長谷部支隊（約一五〇〇人）を派遣する程度ですませた。一個師団の担任正面は七～八キロメートルというのが兵術常識だったのに、北はフイ高地からバル西高地を経て南はノロ高地に至る三七キロメートルの薄い一線を守らせ、拠点間は「象も通り抜ける」ほど隙間だらけのまま、八月二十日を迎えることになる。

関東軍作戦課がノモンハン地区の防御固めに不熱心だったのは、砲兵戦が期待外れに終っても懲《こ》りることなく、今一度攻勢をとってハルハ右岸の敵を一掃したいという意欲を捨てなかったからでもある。

なかでも服部参謀は九月上旬にハルハ左岸へ渡って、ジューコフ司令部のあるハマルダバを占領したまま越冬しようとする奇策を提案している。さすがに厳冬期のきびしさを知る辻参謀の反対で、代りに攻勢を右岸にとどめ敵を一掃したのち一部で右岸を守り、主力は後方で越冬させることを骨子とする「ノモンハン事件処理要綱」(八月十二日付)を定め、第二十三師団長にも下達した(39)。予兆めいた情報が空振りに終ったせいもあるが、八月攻勢の有無はいつしか彼らの念頭から消えかけていたのかもしれない。

折から、関東軍の注意力をそらせるもうひとつの事態が起きた。中間指揮機構としての第六軍の新設である。

既設の中間司令部としては、東満州担当の第三軍と第五軍、北満州担当の第四軍があり、大本営はかねてからハイラル、ノモンハンなどの北西方面を受け持つ第六軍の新設を予定していた。それを早めて八月四日付の大陸命で編成した理由について稲田作戦課長は、戦場の作戦指揮を新設軍に委せ、関東軍には大局的視野に立った事件の早期収拾を望んだからだと説明しているが、それは期待外れに終った。理由はいくつかある。

第一は、新設軍の幹部に適材をそろえなかったことであろう。軍司令官に任命された荻洲《おぎす》立兵《りゅうへい》中将は前職が徐州会戦で勇名をはせた第十三師団長で、「精力的、積極的で一部の人々には名誉欲の強い人物」(40)（クックス）と評されていた。

歩兵から航空へ転科し朝鮮の飛行団長から転じてきた参謀長の藤本鉄熊少将や新任の参謀（五人）のうち、関東軍に勤務して満州に土地勘を持つ者は、高級参謀の浜田寿栄雄《すえお》大佐だけであった。新京の関東軍司令部には二十数人の参謀が勤務していたのに一人として横すべりした者がいなかったのは、戦闘継続中の人事としては理解しにくい。

第二は、第六軍に編入された部隊が、戦力が半減している第二十三師団と第八国境守備隊、ハイラル第一、同第二陸軍病院だけ、別に満軍（約八〇〇〇）が加わるという貧弱な陣容だったことである。しかも八国から抽出した長谷部支隊は、すでに第二十三師団へ配属され、八月四日からノロ高地の守備についていた。つまり追加兵力はゼロも同然だったのである。

荻洲軍司令官らは八月十二日、初度巡視に赴き小松原師団長や小林歩兵団長らと会談したさい、将軍廟へ戦闘司令所を出そうかと検討した。しかし司令部直属の通信班や護衛兵さえいないので、指揮連絡に不便すぎると判断して、翌日には司令部の位置と決めたハイラルへ戻ってしまう。その後も新設早々の繁忙さにまぎれ、参謀さえ派遣しないまま一週間後にソ軍の大攻勢を迎えることになり、ジューコフから日本軍の幹部は休暇をとって二〇〇キロメートル後方のハイラルで遊んでいた、とからかわれる。

増援兵力や装備などの「お土産」を持参しない上級司令部が、下級部隊からとかく冷眼視される現象は珍しくない。荻洲の初度巡視に立ち会った小林歩兵団長が、日記に「休憩所にて酒を催促され、ちょっと面くらえり」[41]とさりげなく書いたエピソードからも、第一線指揮官たちが新軍司令官に抱いた微妙な違和感が見てとれる。第六軍も、せめて在チチハルの第七師団主力を投入してくれと関東軍へ要請するが、それが実現するのは八月下旬になってからだった。

第三に、関東軍参謀たちは「破れそうな茅屋を、雨漏りのままで譲る」[42]ことに後めたい思いを抱きながらも、口出しは遠慮するという建前論で、満足な引き継ぎもせず厄介な仕事は新設軍に丸投げしてしまう。うるさいほど現地を往来していた辻参謀も、ぱったり姿を見せなくなった。似たような断絶は第二十三師団や第一線部隊との間にも起き、結果的に五万余の大兵力、九〇〇両に近い戦車・装甲車を結集した敵の大攻勢を当日朝まで気づかぬ失態を招くが、予兆が皆無だったわけではない。

直前の数日、戦場一帯は「嵐の前の静けさ」を思わせた。長谷部支隊の「今日の戦線は久しぶりに静か」（十八日）、「今日も戦場は静かだ」（十九日）、九〇野砲部隊の「出動以来、連日乾燥野菜と缶詰だけの生活でうんざりしていた矢先、初めて牛の生肉を四〇ｋｇほど配給を受けた……その夜は肉の大盤振舞〝美味しかった〟の連発で将兵の喜ぶこと」（十七日）、「銃声もなく実に平穏な日」（十九日）式ののんびりした記録が目につく。第二十三師団司令部の「情報記録」（59号）も、「特に変化なし」「平静なり」「コマツ台上羊群の放牧するを散見せり」（十八日二一〇〇）と記入している。

そのなかでノロ高地東南方を守っていた歩71は、ハルハ河南方を北進する敵機甲部隊の動きに気づき「わが左翼を包囲する企図確実[43]」（十八日）と見破っている。また北翼のフイ高地を守備していた捜索隊（井置支隊）の戦闘詳報は「八月十七日から十八日にかけ、ハルハ対岸の敵は活気を呈し、渡河しつつある車両の音を聞く。十九日その動きは尋常ならず……私も一大決戦を覚悟し準備す。同夜将兵一同不眠不休で部署につく」と記録していたが、師団司令部が反応した気配は見当らない。

航空偵察も悪天候のため不活発で八月十日以後はほとんど飛んだ記録がないが、天候が回復した十九日に、飛行11戦隊の滝山中尉編隊がタムスク—川又間の道路沿いに約七〇〇両の車両部隊を発見した。飛行15戦隊の軍偵も十九日午後、ハルハ河南渡付近とフイ高地周辺に敵大部隊を発見、大泉大尉はハサミ状の包囲隊形が作られつつあると報告したが、やはり飛行集団からの警報を、第六軍や第二十三師団が深刻に受けとめたようすはなさそうだ[44]。ついでに八月二十日の大攻勢に対する日本側の最初の代表的な反応を、いくつか列挙しておきたい。

(1)歩71戦闘詳報「本早朝以来敵は全線にわたり攻勢に転移せり」（二十日）
(2)独立野砲1連隊「本日は敵の総攻撃ならん[45]」（二十日）
(3)小松原日記「敵軍全線攻勢開始……工事を中止し……爾後の攻勢を準備す」（二十日）
(4)浜田第六軍参謀「いよいよソの反攻と判断したが、第七師団の派遣を要請するのに三日ぐらいかかった[46]」
(5)関東軍機密作戦日誌「遺憾ながら（事前に）何等の情報を得ることなく……我の最も好期

に敵が攻勢に転じたるものにして、此の機会に於て敵を捕捉し得るものと信じたり」

(6)西浦進中佐（陸軍省軍事課）「ソの大攻勢を知り第二課へ飛んでいくと、これは却って我方からの逆包囲の好機を与えるものだと楽観していた……翌日の朝、敵の大攻勢で総崩れと[47]」

傍点部分を見ていくと、小松原師団長は七月末から八月上旬にかけて、関東軍から命じられた攻勢移転構想が棚上げされたあとも、まだ未練を残していたこと、関東軍と大本営の作戦参謀たちはいずれもソ蒙軍の戦力を軽視し、反撃して逆包囲する好機だと楽観していたようすがわかる。その夢は数日もしないうちに打ち砕かれるのだが、ここで目を転じてソ連側から見た大攻勢のお膳立てぶりを眺めてみたい。

八月攻勢の発動

八月攻勢を「ジューコフの傑作」（Zhukov's Masterpiece）と形容したクックス博士は、著書『ノモンハン――草原の日ソ戦１９３９』で、感慨をこめて「日本とソ連の資料は、次の二点では珍らしくも一致している。ひとつは、一九三九年八月二十日（日曜）が快晴であったこと、もうひとつは、ソ連軍が破竹の勢いで、戦端を開いたことであった[48]」と書きだしたあと、「ジューコフの作戦運用は……周到な準備、詳細にわたる偵察、指令系統の明確化、優秀な通信連絡、そして兵站上の困難な問題を事前に片づけておいたことだった[49]」と、最大級の讃辞を呈している。

勝敗は戦端を開く前から定まっていたとの結論に著者も共感するが、日ソ両軍の比較できわだつのは兵站問題の格差だろう。日本側の利点は鉄道端末から戦場までの距離が短いのに対し、弱点は国力差ばかりでなく大本営との不和が影響して、関東軍が手持ちの兵力、資材の範囲内で賄おうとこだわったことであった。

それに対し、ソ連軍は中央の積極的支持を受け、三ヵ月近くにわたり一貫して兵力の集中と補給物資の蓄積を進めることができたが、弱点もあった。骨幹となる補給ルートは、シベリア鉄道の端末であるボルジア＝ソロヴィヨフスク（ソ蒙国境）からバイントゥメン、タムスクを経てハルハ河に至る約七〇〇キロメートルの未舗装道路で、別にキャフタから首都ウランバートルを経てタムスクに至るルートも補助的に利用された。

補給業務の過半はチタに司令部を置くザバイカル軍管区が引き受けたが、責任者のシュテルンは「はかりしれぬほどの困難な仕事だった[50]」と強調し、その理由を東部モンゴルの荒涼地には羊肉を除き、現地補給のできる物資が皆無だったからだと説明している。

攻勢のため必要な砲弾、爆弾、燃料、薪など約四万トンを輸送するためトラック約五〇〇〇両（コンテナー車、タンク車をふくむ）が必要なのに当初は二六〇〇両の手持ちしかなく、途中から一五〇〇両を追加してもらったが、なお不足で狙撃師団の一部は数百キロを徒歩行軍させざるをえなかった[51]。

これを日本側の補給力と比べてみよう。自動車第1連隊の戦闘詳報などによると、トラックの動員数は六月段階で六〇〇〇両だったが、七月には一〇〇〇〇両（可動七五〇）にふえた。八月に入ると、満鉄から三〇〇〇両などが加わって二〇〇〇〇両となり、日量一五〇〇トンの輸送力を確保したという[52]。八月一日頃のソ軍の補給日量一九五〇トンと比べて大差はない。

日本側はハイラル―将軍廟間を二日で往復したのに対し、ソ連側のドライバーは無灯火のトラックで七〇〇キロメートルを五日かけて往復したので、条件ははるかにハードで、補給にからむ苦情や催促は日本側にも傍受されている。ともあれソ軍は少なからぬ障害を克服して攻勢開始までに、必要とする兵力と物資を何とか確保したと言えそうだ。

こうして総兵力は七月末いらい第6戦車旅団、第五十七狙撃師団、第212空挺旅団など新鋭の約一万八〇〇〇人を加えて三個狙撃師団を基幹に五万二〇〇〇人、火砲四八七門、戦車・装甲車八二三両に達したが、日本軍にない戦車・装甲車では圧倒的に優勢とはいえ、攻者三倍原則を考慮すると、約五万と推定（実際は二万前後）した日本の歩兵戦力に対して十分とは思えなかった[53]。それを意識したジューコフとシュテルンは、急襲と両翼包囲の達成をめざし慎重な準備計画を練る[54]。

すべての事前準備、とくに発動日は厳秘とされた。ソ軍は受身で防御陣地の強化に忙しいと思わせる、さまざまな偽装工作を考案した。最終的な作戦計画書は八月十日にシュテルンからモスクワへ提出され、十七日ジューコフの名で各級指揮官へ、「八月二十日の朝、第一集団軍部隊は、ハルハ河と国境線との間のモンゴル領土にて日満軍を包囲し、完全に殲滅させる目的で決戦に移る[55]」と下達される。

ここで言う国境線とはソ蒙が主張してきたノモンハン・ブルド・オボ西側を南北に走る線を指す。ウォロシロフ国防相は、それを進出の限界線とするよう厳命してきたため、最終段階で作戦計画を修正したとされる(56)。

二日前には無線封止、前日は砲撃休止が命じられ、ハルハ河を渡り発進点に向けて各部隊が最終移動したのは前日夜、兵士たちが発動時刻を知らされたのは三時間前という念の入れ方だった。攻勢に備え十二個の橋を新設したが、そのうち半分は直前の十八日夜に架設された(ノヴィコフ)。天候も幸運を運んだ。二十日朝はかなり濃い朝霧で部隊の初動段階を隠し、まもなく快晴となったからである。

南北五五キロメートルに及ぶ進攻正面は、北部、中部(ホルステン川を挟む両側)、南部の三集団に分割された。主要部隊名と兵力・装備は表4－4に示した。概数で一万、二万、二万という配分だが、中部が砲撃主体の引きつけ役を果し、最左翼と最右翼のモンゴル騎兵師団が対する満州国軍を拘束している間に、北翼と南翼に配した機甲部隊を最外側から迂回させ、ノモンハン付近で連接して包囲環を形成するのが第一段階と予定された。モンゴル軍の騎兵第六師団は最左翼の満軍を撃破して北翼を確保し、同第八師団は最右翼のエルス山、フラト山を占拠する任務が与えられた。

ついで大包囲環の中に封じこめた日本軍主力を、拠点ごとに包囲し歩戦砲のチームで徹底的に潰していくのが第二段階となる。計画どおりに進展すれば「カンネーの再現」も夢ではない。

表4-4　ソ蒙軍兵力の一覧（1939年8月20日時点）

	部隊名	兵員	火砲	戦車	装甲車	対戦車砲
北部集団（シェフニコフ大佐）	モンゴル6KD（15,17）		8		18	6
	(212空挺旅)					
	(9装甲旅)					
	(6戦車旅第4大隊)					
	狙601連隊（82D）					
	7装甲旅	1,624	10	—	83	—
	11戦車旅（2大隊）	3,776	11	200（122）	22	—
	87ATK大隊	273				18
	支援重砲		60			
中部集団（ペトロフ大佐）	36D（24,149）	6,103	48	—	36	20
	82D（602,603）	10,724	65	17	—	33
	5狙撃旅	2,534	8	—	43	22
	支援重砲		96			
南部集団（ポタポフ大佐）	57D（293,127,80）	11,816	44	14	15	33
	11戦車旅（狙撃大隊）					
	6戦車旅（1大隊欠）	2,622	4	202（78）	26	6
	8装甲旅	1,531		5	78	
	(狙1連隊)					
	37ATK大隊	300				18
	モンゴル8KD（22,23）		8		18	6
	支援重砲		72			
予備	212空挺旅	899	—	—	—	17
	6戦車旅第4大隊					6
	9装甲旅	1,809	8	—	82（12）	4
	185砲連隊	1,731	36(重砲)	—	—	—
	狙1連隊（152D）	2,838	12	—	—	6
	計（その他共）	51,950	220	438	385	180

出所：コロミーエツ『ノモンハン戦車戦』p.101、ジューコフ最終報告書p.641。

　　D＝師団（カッコは狙撃連隊名）、KD＝騎兵師団、ATK＝対戦車砲。

注(1)モンゴル6KDと8KDの兵員は計2,260人。
(2)戦車、装甲車のカッコ内は損失数。
(3)シュテルン報告書によれば、総兵力は騎兵20中隊、歩兵37大隊、砲兵127中隊。
(4)部隊名をカッコで示したものは8月21日以後の参戦を示す。

さて攻勢発動（八月二十日）の情景は、シュテルンやスムシュケビッチ、ウォロノフ（砲兵指揮官）らとともにハマルダバの司令部展望台から、戦場を見守っていたジューコフ自身の次のような回想から借用しよう。

五時四五分、わが軍砲兵は敵軍の高射砲陣地に対し不意打ちの砲撃を開始し、空軍の爆撃目標に対し発煙弾を射ちこみ、待機する爆撃機一五〇、戦闘機約一〇〇機が襲いかかった。

八時一五分、すべての火砲が一斉に砲門を開く。八時四五分、所定の暗号通信により一五分後の総攻撃開始を伝え、赤色の信号弾の合図とともに九時きっかりに全地上部隊の前進が開始された……敵は心身ともに圧倒され、はじめの一時間半、砲兵は応射すらできなかった。総攻撃は的確に作戦・戦闘計画に従って遂行された。

ジューコフが誇るように各部隊の初動は予定どおり整然と進んだかに見えるが、多少の手違いが生じるのは避けられない。もっとも進撃が速かったのは南部集団だった。増水で第6戦車旅団はハルハ渡河が一日遅れるが、迂回任務を負った第8装甲旅団はその日の夜にはノモンハン地区まで到達した。またモンゴル第八騎兵師団は満軍を撃破したが、そのさい石蘭支隊は反乱を起こし、指導役の日系軍官を殺害して二五〇人が蒙軍に投降した(57)。

拘束役の中部集団は、バルシャガル高地とノロ高地の日本軍陣地に迫り力攻めは控えたが、北部集団では手順に狂いが生じた。モンゴル第六騎兵師団はフイ高地北方のホンジンガンガと南側のシリントロゴイに布陣していた満軍（騎兵第八団と第二団）を一撃で潰走させたが、迂回役の第7装甲旅団は後述のようにフイ高地攻めで日本軍の猛抵抗に遭い動けなくなってしまう。

シーシキンは八月攻勢の経過を、

第一段階……八月二十日〜二十三日、包囲環の形成
第二段階……八月二十四日〜二十七日、包囲環の圧縮とノロ高地周辺の掃討
第三段階……八月二十八日〜三十一日、バルシャガル高地一帯の掃討

の三段階に分けている[58]。さしたる波乱もなく順調に進行したかに見えるが、第一と第二段階の境界あたりで、シュテルンとジューコフの間に戦局の帰結を左右しかねない対立が生れた事実は公式戦史に登場しない。

きっかけはノモンハン周辺で南部集団から北上する第8装甲旅団と握手して包囲網を形成する予定になっていた北部集団の第7装甲旅団が、フイ高地攻めに手こずって大きな損害を出し、予定を狂わせてしまったことにあった。

ジューコフは手許に控置しておいた予備の全兵力を投入しようとしたが、シュテルンは異議を唱えたらしい。それは攻勢二日目か三日目のことで、ジューコフ自身がシーモノフとの対談で次のように語っている[59]。

シュテルンがやってきて、無理をせず一息入れて次の攻撃のため二、三日かけて兵力を増強し、作戦再興を勧告したいと言った。私は戦争に犠牲はつきもの、とくに頑強な日本軍相手では当然のことだ。ここで作戦を二、三日延期すると、計画を断念するか、途方もない遅延と損害を出してしまう。

貴官の勧告を受け入れたら、わが軍の損害は一〇倍にもなるだろう、と答えたあと「貴官の勧告が命令なら書面にしてください。もっともそんな命令書はモスクワが反対するはずです」と言い切った。するとシュテルンは「命令ではなく勧告だ」と逃げたので、「では貴官の勧告は拒否します。あなたの任務である後方支援のワクを守ってください」と答えた。

ジューコフはこの会話を「いらだたしい後味の悪いものだった」と振り返り、数日後に戻ってきたシュテルンはその間に誰か（ウォロシロフ国防相か）に助言されたらしく、「やはり君が正しかったようだ。私は勧告を撤回する」と伝えたらしい。

公開されているシュテルン最終報告書は、このやりとりには触れておらず、わずかに「予備部隊については、これは理解できない作戦である（以下、資料朗読）」という謎めいたくだりしか見つからない。(60)

失敗した攻勢移転

ここで不意を打たれた日本軍の対応ぶりを見ておきたいが、最初は敵攻勢の重点がどこに向けられているか見きわめがつかなかったようである。最後までと言い換えてよいのかもしれない。二十一日の段階で第二十三師団は北翼のフイ高地かと判断しているが、同じ日に第六軍は関東軍へ「重点はホルステン南方地区か」と報告した。二十二日には「ソ軍の攻勢は各正面に兵力をバラまき一見重点なし」、二十三日には「敵は重点なく両翼包囲を企図せるも迫力微弱なり。其の砲撃は……峠を越えたり」「明二十四日、予定の如く一撃を加う」と連絡している。

本来なら重点を見定めないことには、敵の攻勢をいかに食いとめるか策の立てようもないはずだが、そのころ軍と師団幹部の関心は以前から念頭にあった攻勢計画の発動に集中していたようだ。それでもソ側に先手をとられた以上は見合わせるのが常道だろうが、なぜか敵の南部集団をさらに外側から包囲する逆攻勢の幻想にとりつかれてしまう。

しかも発案した第六軍の押さえ役になるはずの関東軍司令部が「その戦場感覚は楽観的であった」（辻参謀）と認識しながら、「今回の会戦指導は第六軍をして思う存分活動せしむべしとの期待」（関東軍機密作戦日誌）を捨てていない。

あえて「非常識」と評するほかないこの反応は、日本軍特有の攻勢主義思想と無関係ではあるまい。しかもソ軍の先制大攻勢という局面にはぴったりの「敵のため一時機先を制せられたる場合といえども……主導権を奪回……適時攻勢を断行」（「統帥綱領」）のくだりが想起されたのかもしれない。

小松原は早くも八月二十日夕方に「攻勢移転準備」の命令を発しているが、攻勢方向について第六軍との調整に手間取る。そして、移動距離の短い内廻りを主張する小松原の意見は容れられず、二十三日になって752高地東西の線から発進して780高地東西の線へ進出したあと、大きく迂回してハルハ河まで追撃する第六軍案におちつく。さすがに藤本第六軍参謀長は「第二十三師団長は其の実行を痛く渋りあり。かくの如きを駆りて攻勢に出づるも其の成功を期待すること殆ど困難なり」として、攻勢の中止意見を軍司令官に具申したが採用されなかった(61)。

シーシキンが「紙上計画」と酷評するこの攻勢計画は「ソ軍を深くわが左翼に誘致するとともに、攻勢部隊はあらかじめ十分準備を整え、歩砲の火力を発揮しつつ一挙敵の側背に向かって攻撃前進し捕捉殲滅する」と意気込みだけは壮だが、準備も兵力も不足のままに踏み切ってしまったのである。

さすがに不安を覚えたのか、植田関東軍司令官は、第六軍は戦場に不慣れだから手伝うようにと、矢野参謀副長と辻参謀を前線に派遣した。二十三日にハイラルへ着いた辻は、さっそく果敢な行動ぶりを見せる。スーパー機に便乗して将軍廟の第六軍戦闘司令所へ向かう途中で敵戦闘機に追われ草原に不時着すると、トラックに乗り移ったが、飛行機の銃撃と戦車の砲撃で進めない。

しかたなく徒歩に切りかえると、路傍に横たわる負傷した老兵が、かぼそい声で「参謀殿、戦車に負けない戦をして下さい」と訴え、衝撃を受ける。この攻勢移転に、日本軍の戦車は一台も参加しないのを知っていたからだ。

やっとたどりついた戦闘司令所のテントに入ると、荻洲軍司令官はウイスキーを傾けているところで、辻を認めると「やあ御苦労、君一杯どうかね、前祝に」と声をかけた。「参謀長以下も自信満々」のようすだったと辻は回想している[62]。

ところが翌朝、辻が小松原師団長と攻勢発起点へ向おうとしているとき、一人の中尉がかけこんできて大声で「師団長閣下へ報告、フイ高地全滅」と叫んだ。「何たる幸先の悪さ[63]」と辻はぼやくが、戦況はその通りにちがいなかった。悪かったのは、幸先だけではない。

第六軍が投入した手つかずの新鋭兵力は第七師団の歩28、四ツ谷大隊（第一独立守備隊歩兵第六大隊）などの三個大隊にすぎず、すでに防御戦闘で忙しい守備陣地からむりに引き抜いてきた諸部隊を合し、予定した歩兵九個大隊のうち実際に二十四日朝の総攻撃に間に合ったのは歩72と歩28の五個大隊にすぎず、砲兵団（一部）の展開も遅れてしまう。そして敵情を把握せず砲兵の援護も欠いたままに発動した昼間の白兵突撃は、その二日前に進出して制高点の780高地に堅固な防御陣地を急造し待ちかまえていたソ軍の狙撃80連隊と機甲・砲兵の猛反撃に阻まれ、あっけなく敗退してしまう。

突撃直前に歩72の平塚少尉が小倉第二大隊長へ「このままやったら全滅ですよ」と話しかけるや、小倉は「おれもそう思う[64]」と答えている。前方の松林らしき目標に向け前進していくと、それが偽装したソ軍戦車で、乱射乱撃を浴びて壊滅したと伝わっているが、大隊長は負傷し、動けなくなった平塚は正午頃から七時間、手と足の爪で浅いタコツボを掘って身を隠したまま夕暮を待つはめとなった。

クックスは「白昼四〜五キロメートルも走って攻撃をかけるなど、一八五四年のクリミア戦争ならいざ知らず、到底一九三九年の近代戦では考えられない[65]」と評するが、守るソ連軍には、シュテルンが言うように「大喜びでおびき寄せたがった場所」に日本軍がはまりこんできた大幸運であったろう。

突撃に同行していた辻参謀は、小林歩兵団長、酒井歩72連隊長が重傷を負う状況を見て独断で師団命令を発し、残兵を後退させ小松原から感謝されている。翌日も歩26を軸に攻撃を再興したが、結果は同様で二日間で歩72、歩28は五割以上の死傷者を出す。とくに将校の損害が多く歩72は二人の大隊長、四人の中隊長が倒れ、健全な中隊長は一人だけという惨状を呈した[66]。

扇《おうぎ》広《ひろし》参謀が「ノモンハンで最も拙劣な作戦[67]」と酷評したこの攻勢移転の失敗は、苦戦しながら頑強な抵抗をつづけていた防御拠点の急速崩壊をもたらす誘因となる。とくに砲兵団をふくむ師団主力が布陣していたホルステン北側のバルシャガル地区から歩26と歩72が攻勢移転に抜かれたあと、守備兵力は歩64だけとなり、攻防のバランスが崩れた。

たとえば西正面は歩64が狙撃第三十六師団と対峙していたのだが、二十四日にフイ高地が落ちると北部集団が南下し、二十七日にノロ高地の長谷部支隊が敗退すると、狙撃第八十二師団がホルステン川を渡って北進し、東方からも第9装甲旅団が迫り、四周は完全に包囲される。逃げ道のない日本軍は、拠点ごとに全滅するしかなかった。自衛力を持たぬ砲兵団は、「砲兵は必ず是（火砲）と死生栄辱を共にし」（砲兵操典第11項）を守り、大多数が砲側で砲と運命を共にしている。

ここでは数多い戦例のうちフイ高地、ノロ高地、バル西高地の攻防戦を日ソ双方の記録で対照してみる。

フイ高地の攻防

フイ高地（ロシア名はパーレッツ）の呼び名は、標高の７２１《フィ》に由来する。高地といっても周辺は波状の砂丘地帯で比高は二〇メートル強なので、遠望してもさして目立たぬ砂丘のひとつにすぎず、須見歩26連隊長は「ふくれあがった餅くらい」と形容した。

七月三日のハルハ左岸への渡河攻撃部隊はフイ高地から出撃したが、その後、主戦場がホルステン川を挟む川又地区へ移ったため、第二十三師団の最北翼に孤立した拠点となっていた。五月の戦闘で壊滅した師団捜索隊は、戦死した東中佐の後任に井置栄一騎兵中佐を迎え、再建を進めていたが、七月十日に井置支隊としてフイ高地の守備についた。

当初は固有の乗馬中隊と装甲車中隊各一個中隊（約二五〇名）に歩26の歩兵一個中隊（九〇名）だけであったが、その後、歩25、26、27、砲13、工23などから各一個中隊が配属された。八月二十日時点の兵力と装備は兵員八〇九人（七五九人説も）、野砲四門、山砲四門、速射砲四門、装甲車四両（可動一両?）、機関銃二九丁、重擲弾筒二一基、それに馬一一〇頭を加え、合計しても集成一個大隊の規模にすぎなかった。

しかし一ヵ月余の平穏期を利用して工兵の手で半地下式の築城工事が加えられ、幅一五〇メートルの円形陣地が完成していた。比較すれば日本軍の陣地ではもっとも頑丈に作られていたと言えよう。散兵壕や対戦車壕と各隊の壕は連絡壕で結ばれ、中央部に捜索隊の本部を置いていた。のちに自決する井置がその直前に子息へあてた手紙で「深い穴ぐらで屋根のテントを草で偽装。乗用車を入れて夜は中で眠る」と伝えている。隊長車のボンネットには識別用のヤリが立ててあったという。

北部集団の猛攻が始まると、不安を覚え有力な歩兵部隊との交替を思案していた小松原師団長は八月二十一日、752高地にいた須見歩26連隊長へ739高地を占領してフイ救援の態勢を取るよう命じた。ところが攻勢移転に参加するため歩26はせっかく確保した739も捨て、ノモンハン方面へ転進させられた。フイ高地は「現陣地を固守すべし」と二十日夜に師団命令を受けたまま放置され、二十三日にはすべての砲と無線機まで破壊されてしまった。

戦闘詳報や生存者の記録から、五日間にわたる攻防戦の一端を抜きだしてみよう(68)。

「約百門の敵砲弾は百雷の一時に落ちるが如く測定に依れば一秒間に三発、一平方米に一発の割合、夜になって陣地へ突入してきた敵戦車群を野砲の直接照準射撃と火炎びんで擱座《かくざ》炎上させ、失った陣地を回復したが、十本の井戸がすべて埋まってしまう」(二十日)

「両側面の満軍が退却し、フイ高地は四周を包囲され孤立。敵の十字砲火は前日に倍し、一分間百数十発をかぞえた。突入してきた敵戦車と歩兵を撃退……夜に歩26が弾薬を補給して

くれ、重傷者を還送した」（二十一日）

「敵砲撃は一分間に二百数十発、壕は次々に埋没、そのなかで抜刀突撃を敢行、敵戦車を撃破、夜おそく副官が傷兵をつれ脱出して師団へ連絡、司令部周辺で戦闘に狩り出され帰来せず」（二十二日）

「兵は不眠不休、水、糧食のないため顔色は土色に。狙撃兵と戦車が侵入、赤旗林立す……支隊長は二三〇〇に夜襲を命じ第二中隊はほぼ全滅。配属の工兵中隊は帰来せず（そのまま脱出）」（二十三日）

「随所で白兵戦、ソ軍は砲撃中止、傷者収容の壕は手榴弾を投げこまれ全滅、最後の砲一門も戦車群の集中火で破壊され、残る武器は手榴弾と銃剣のみ、小銃も砂のために焼きつき使用不能に」（二十四日）

すでに陣地の東半分を失った井置支隊長は二十四日の一一〇〇頃、「明日の砲撃を待ちて無為に全滅せんよりはノモンハンに至り、再起したいと中隊長たちの意見が一致」したのを察し「小官一人で責任を負う」(69)決心を固め、同日深夜の戦線離脱を命令する。二列縦隊で奇跡的に包囲網を抜け出た井置隊の二六〇〇人余は二十五日朝、満軍に収容され軍司令部からオボネー山の守備につくよう命じられた。その間に無断撤退のかどで取調べが始まり、自決勧告を受けた井置中佐は停戦直後の九月十七日にピストルで自決した。

井置支隊がソ連軍を手こずらせ、ジューコフに全予備兵力の投入を決意させたほど健闘したとはいえ、日本軍上級司令部の印象は悪かった。関東軍機密作戦日誌は辻参謀の報告を引用する形で「フイ高地は八百の兵力中三百の死傷を生ぜしのみにして陣地を撤し、而も井置中佐の師団長宛の報告には其の守地を棄てたるに対して謝罪の字句無きを知り[70]」とある。どうやら差数の五〇〇はまだ戦う余力があるのに、陣地を放棄してしまったとのニュアンスだが、果してそうか。

戦訓委員会の小沼中佐は苦心して作成した支隊の損耗表で、守兵の総数は七五九人、戦死一八二、行方不明二一、負傷一八三、脱出者は二六九人（うち負傷五六）と推算している。この数字には工兵隊など一日前に離脱した九〇人は含まれていないと思われる。脱出者の数には三〇〇人余、一二九人などの異説もあり判然としないが、全火砲が破壊され、弾薬、食糧、水も尽き、兵器は銃剣しかなく、通信も杜絶してしまった状況から、支隊の戦闘力はほぼ失われていたと判定するのが適切だろう。

次に同じ戦闘をソ蒙側の視点から観察する。

最左翼を担任したモンゴル騎兵第六師団は、ホンジンガンガ周辺とシリントロゴイを守っていた満州国軍の興安騎兵部隊を奇襲し「国境線」まで退散させた。陣地に突入すると「武器が散乱し、鍋の中ではまだ料理が煮たっていた[71]」と、ダンダル師団長は回想する。

フイ高地の正面に向かったのはソ軍の第7装甲旅と狙撃601連隊だったが、日本の兵力を二個中隊程度と下算して安易に攻めかかり、手ひどい反撃を受け、連隊長のスダーク少佐が戦死した。「見こみ違い」を重視したジューコフは早くも二十日夜に、手許の予備兵力か

図4-2　八月攻勢時の部隊配置（8月20日～28日）

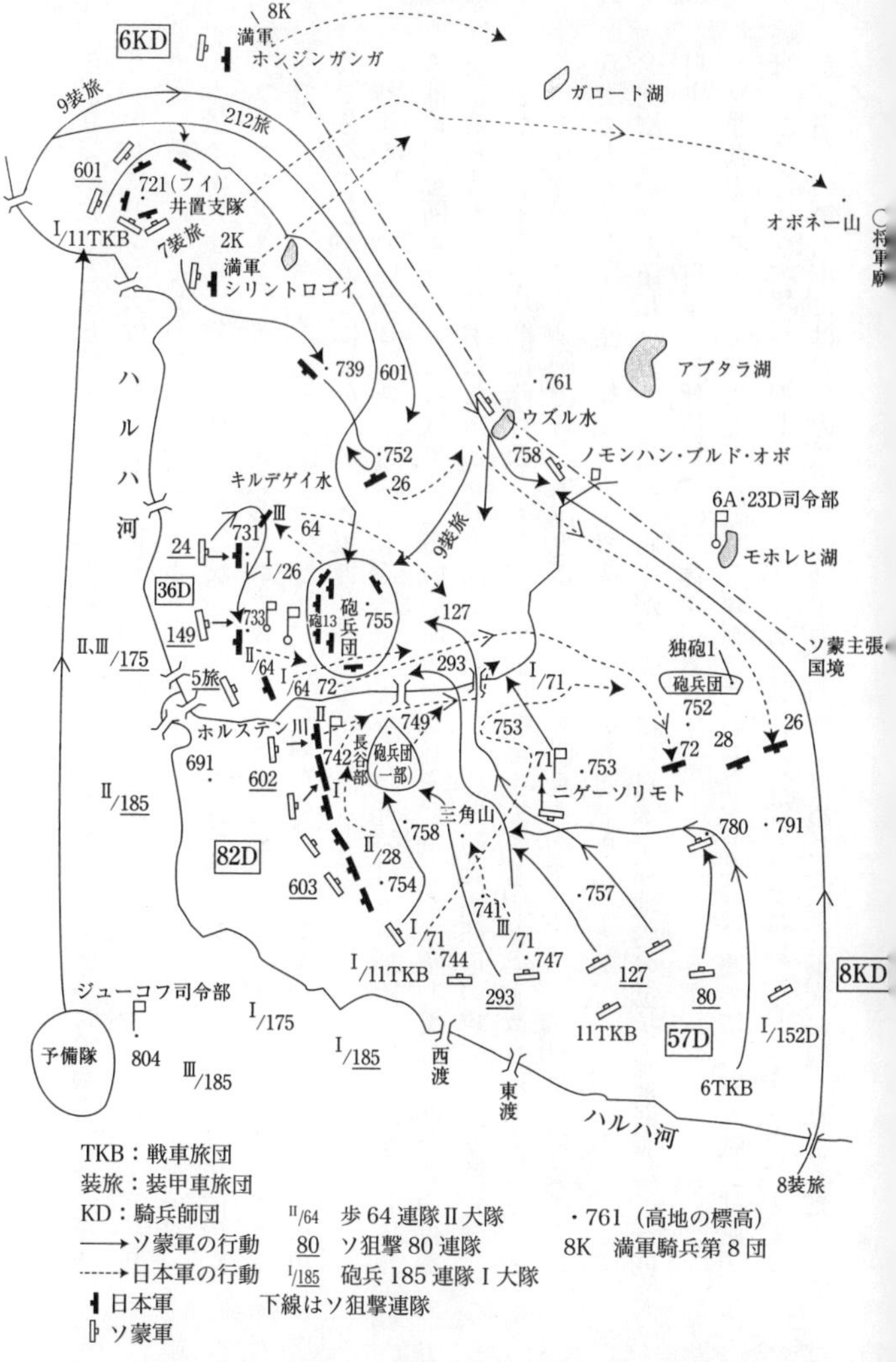

ら第9装甲旅団と第6戦車旅団の第四大隊、第11戦車旅と第7装甲旅から狙撃大隊各一を抜き、アレクセンコ大佐（第11戦車旅団長）が指揮する特別兵団を編成、フイを迂回して「国境線」沿いにノモンハン・ブルド・オボへ向け突進させた[72]。

ノヴィコフはそれを「非常に大胆な決心であった」と評すが、ジューコフが北部集団のシェフニコフ大佐を更迭し、アレクセンコ大佐に交代させたことにシュテルンは不満だったようで、「シェフニコフについてよくない見方が残らぬために言うが、この指揮官は非常に勇敢であることがのちにわかった[73]」と報告している。

ともあれ、アレクセンコ兵団は二十二日、ウズル水付近の日本軍補給基地を襲撃、日本軍の補給源を断ち、ついでに守備隊と野戦病院の負傷兵を蹂躙《じゅうりん》した。そして二十四日に南部集団の第8装甲旅と握手したあと、バル高地で孤立していた砲兵団陣地の攻撃に向かう。

しかしフイ高地攻囲部隊はなおも日本軍の猛抵抗に手こずり、ジューコフは七六ミリ、一二二ミリ、一五二ミリ砲の各一大隊とボグダノフ参謀長を増派し、二十二日には最後の予備兵力である第212空挺旅団を追加投入した。その日は試射にとどめ二十三日一八〇〇から総攻撃をかけ占領したという報告が届くが、実際には日本軍陣地内の抵抗と掃討戦は二十四日までつづき、日本兵の死体約六〇〇体を引きだす[74]。

ソ連戦史はそろって井置支隊の健闘を評価している。たとえばソ連の第二次大戦公式戦史は「(フイを）一気に攻略しようとする試みはついに成功するにいたらなかった」と記すが、当時の第六軍には過早の撤退で師団主力の崩壊を早めたという不満が残ったようだ。

ノロ高地の攻防

　ホルステン川南側の日本軍は西北から東南へ長谷部支隊主力、歩28の梶川大隊、歩71主力の順に布陣し、後背部に位置する砲兵団（一部）が支援していた（図4－2参照）。中心的拠点は長谷部支隊が守るノロ（742）高地だが、兵力は配属の歩28梶川大隊を加えても一五〇〇人前後にすぎない。

　それに対し攻めかかったソ軍は狙撃第八十二師団、同第五十七師団など圧倒的な大兵力で、支隊と歩71はじりじりと押されて次々に拠点を失っていく。とくに反転攻勢に兵力を抜かれたこともあって、梶川大隊と歩71の境界地域は手薄となり、八月二十二日には747、744高地を放棄、二十三日には三角山が全滅、二十五日には全滅寸前の梶川大隊は754高地を捨てノロ高地へ後退して長谷部支隊と合流した。

　シーシキンはソ軍の攻撃ぶりについて「あらゆる口径の砲が至近距離から直接照準によって敵の火点を射撃した。火炎放射戦車は掩体や地下退避壕から現われた兵士を焼きつくし、歩兵は手榴弾と銃剣によって殲滅を完成した[75]」と書いている。

　日本軍も果敢に戦った。次は第一師団歩49連隊から配属され、ノロ高地の北翼を守った岡崎速射砲中隊の八月二十二日における奮戦ぶりである[76]。

　ガーッと、ほえるようなひびきをたてて敵の戦車は、わが速射砲陣地にのしかかった。

砲身はアメのように曲り、弾薬手は下敷になった。ただちに火炎びんによる肉薄攻撃に移る……陣地後方に侵入してきた18台のうち、わが中隊の砲と火炎びんで13台は行動不能に……それでも中の戦車兵は砲塔を開け手榴弾やピストルで応戦、神田准尉と三浦軍曹は走って戦車に飛び乗り、ツルハシを打ちつけて砲塔をこじあけ手榴弾三発を投げこんだ。火柱が十数メートルも昇った。そのあと大隊長が感激してプレゼントした二本のサイダーと一升の酒で乾杯。

二十六日には長谷部支隊は死傷率が七割を超えた。弾薬、食糧が尽き、無電機も破壊されて鳩通信に頼るしかなくなったが、師団長からは死守せよとの命令が届く。

しかし長谷部支隊長は玉砕の道を取らず同日夜、北東三〜四キロメートルの７４９高地付近へ向かう後退命令を出した。ジューコフは第八十二師団へ二十七日午後の総攻撃を下令したので、半日違いでかわしたことになるが、撤退は難渋をきわめる。すでに先まわりしたソ軍の歩兵・戦車の間隙を縫う形で各隊がバラバラになってモホレヒ湖をめざす脱出行となる。名目は「自主撤退」だったが、実態は「早い者勝ち」（扇広）になってしまう。

ソ連戦史はホルステン川の周辺で、脱出中の日本軍を二十七日の夜明、一一〇〇頃、一七〇〇の三度にわたり撃滅し、「敵一個大隊のうち無事に残ったのはわずか数人[77]」と記録している。長谷部支隊と師団から撤退命令を受けた歩71（森田徹連隊長は二十六日戦死）の一部と見てよい。のちに長谷部大佐は「独断守地撤退」の責任を追及され、自決に追いこまれた。こうしてホルステン南岸の日本軍はすべて姿を消し、残る拠点は北岸のバルシャガル高地だけとなる。

レミゾフ高地の最後

レミゾフ高地は七月八日この地の戦闘で戦死したレミゾフ少佐を記念して命名されたもので、バルシャガル高地帯の西端に近く、日本軍は７３３高地またはバル西高地と呼んでいた。歩72が転用されたあとは歩64のⅠ（赤井）大隊が南端部を、Ⅱ（津久井）大隊が７３３を、Ⅲ（金井塚）大隊がキルデゲイ水陣地を守り、Ⅱ大とⅢ大の中間にある７３１に歩26のⅠ（生田）大隊が入っていた。

後背には砲13、野重1、野重7、穆稜《ムーリン》重砲連隊など砲兵団の主力が歩64を支援する形に位置していたが、７５２高地の歩26が転進したあと、砲兵団の北側はガラ空きになってしまい、二十四日以降はフイ方面から南下してきた狙６０１と第7、第9装甲旅、東側と南側は、ホルステン川を渡って浸透してきた南部集団の狙１２７、第6戦車旅によって、四方から包囲されてしまう。

砲兵には至近まで迫った敵歩兵・戦車と戦う手段はない。各砲兵連隊は二十八日までにほぼ全滅した。勝ち誇ったソ連軍の宣伝放送を、野重7の丸山正巳は前年に亡

レミゾフ

命した新劇女優の岡田嘉子の声らしく次のような文言だったと回想している[78]。

「日本の兵隊さん、毎日お暑いところほんとうに御苦労さまですね。もう幾日も幾日も何も召し上っていらっしゃらないので、さぞかしお腹も空いたことでしょう。皆さんが投降してきませんので、止むなく完全に包囲いたしましたが、今からでもおそくありません……」

もちろん投降する兵は一人もなく、三人の連隊長は戦死したが、脱出生還した野重7連隊長の男爵鷹司《たかつかさ》大佐は停職・華族の礼遇停止処分を受けたのち、予備役へ編入された。

それでも各砲兵連隊には少数の生還者があり、最後の戦闘状況もほぼ判明しているが、二十六日に全滅した穆稜《ムーリン》の場合は染谷連隊長ら幹部の死を見届けた者もなく、詳細は不明である[79]。ソ連戦史でも情報は乏しいが、装備していた一五センチ加農《カノン》砲六門のうち捕獲した五門を並べた写真が公表されており、シュテルン報告書は、うち一門が旅順重砲兵連隊所属の砲だったことに触れ、「日露戦争の屈辱を晴らしたという声もあった」と注記している。

ここでは全軍を通じただ一人、個人感状をもらった野重1連隊第2中隊長山崎昌来大尉の最期（八月二十七日）を目撃した分隊長榊原軍曹の陣中日記から引用したい[80]。

天皇陛下万歳を唱え終った大尉は、口の血をぬぐって静かに正座し、腰の拳銃を抜いて飯田少尉に「たのむ」といって渡した。少尉は「ではごめんください」とコメカミに向けたが「故障です」「よし、息のあるかぎりもう一度射撃の指揮をするぞ」。残る砲手で無傷は一人もいない（中略）。

全弾を射ちつくした。「これで終りです」。万感こめて火砲に敬礼ののち照準器を叩きつぶした。「図々しい奴（ソ戦車）はもう一〇〇メートルだ。つっこむぞ」。中隊長は再びのぞき窓をのぞいたその瞬間、「ウオッ」鋭い叫びに似た声でハッと振り向けば、狙撃兵の銃弾が前額部を貫き、上衣を真赤に染めて伏すところだった。

一方、歩64の戦線では二十五日に生田大隊が壊滅したあと、攻防の焦点はレミゾフ高地に移った。山県連隊長は小松原師団長が一〇〇〇人余の手兵をひきいて「救出」に向かうと連絡を受け、待っていたが見込みなしと判断して二十九日〇二〇〇に、大隊ごとにノモンハンへ向け撤退するよう命令を下達する。[81] I大隊とIII大隊は何とか脱出に成功するが、ホルステン川沿いのルートをとった山県連隊長と砲13の伊勢連隊長は夜明頃にソ軍の重囲下で自決した。生還すれば二人は無断撤退の責任を問われたかもしれない。

フェディニンスキー

レミゾフ高地は日本軍最後の拠点だっただけに、ジューコフ将軍は特別な配慮を示し、二十八日夕方に歴戦の名指揮官とされていた狙撃24連隊長のフェディニンスキー少佐（のち大将）へ二四〇〇までに高地頂上を奪取するよう命じ、狙24は火炎放射戦車に支援されつつ突進した。

ノヴィコフはその光景を「高地ではまるで噴火が始ま

ったようだ。戦車の吐き出す長い炎の舌は、敵をあらゆる壕から焼払い、日本軍に恐怖とパニックをひきおこした」「フェディニンスキー少佐は途中で負傷してブルジャク少佐が代り、若い指揮官のB・キーリンと偵察兵B・スミルノフが頂上に赤旗を立てた[82]」と記述している。

対応する日本側の記録は見つかっていない。高地の稜線を守っていたのは歩64のⅡ大隊（長は津久井明雄少佐）だが、その最期を伝えるのは、南に隣りあっていたⅠ大隊戦闘詳報の「Ⅱ大隊は本日の戦闘に於て殆ど全滅、（東側の山県）支隊本部も包囲せられ[83]」（二十八日）という記事だけである。

７３３の占領を確認したジューコフは、モスクワへ向け「当地時間の二二三〇、敵の最後の拠点レミゾフ高地が一掃された。国境はここに完全に回復した[84]」と報告する。

日本軍の最後をしめくくるかのように登場したのは、かの辻政信参謀である。八月三十日第六軍司令部へかけつけた辻は、荻洲軍司令官に「辻君！僕は小松原が死んでくれることを希望しているがどうかねえ君ッ」と声をかけられる。憤然とした辻は「小松原閣下としては数千の部下を失った罪を死を以て償おうとしておられる……それだけに軍司令官としては何とでもして、この師団長を救い出すべきではないですかッ[85]」とどなりあげた。すでに前日朝、第六軍はようやく「ノモンハン付近に兵力を集結し爾後の攻勢を準備する」（作命甲三六号）という、まわりくどい表現で前線部隊の退却を容認したが、それはあまりにも遅すぎる決断だった。

前線の各部隊は二十六日夜に発せられた「第二十三師団長はホルステン河西岸地区に於ける現陣地を確保すべし」（作命甲二九号）に縛られて身動きできず、小松原師団長は運命を共にしようと二十七日夜、手兵一〇〇〇人余をひきい、バル高地を包囲しているソ連軍へ突入するほかなかった[86]。

辻に突きあげられた第六軍は「貴官は万難を排し突破帰還すべし」と、無線、通信筒、徒歩伝令を使って敵中の小松原へ伝えたが、合流をめざした歩64、砲13などの山県部隊は二十九日未明、独断撤退に踏み切り、その途中、ホルステン川畔で潰乱状態に陥り、山県、伊勢の両連隊長は自決する。

北寄りに進路をとった小松原の「救援部隊」は、山県らと数時間の差で行きちがいとなり、７３３高地近傍の凹地でソ連軍に包囲された東《ひがし》宗治中佐（歩71連隊長代理）は三十日夕方、軍旗を奉焼したあと最後の突撃で戦死した。軍命令により半数以下に減った残兵をひきつれ、暗夜の敵中を突破した小松原がノモンハンへ帰着したのは三十一日朝である[87]。

ソ蒙軍側の戦史を検分したかぎり、彼らは小松原自身が直率した部隊の潜入と脱出行に気づかず、残敵掃討の一部としか認識していなかったようである。レミゾフ高地の占領（二十八日深夜）をもって作戦は終了したとの思いこみもあったろう。もし気づいていれば小松原を倒し、有終の美を飾ろうとしたにちがいない。

ともあれ八月末をもって、ノモンハンの地上戦闘は実質的に終ったと言ってよさそうだ。

注

(1) 前掲『関東軍〈1〉』三四四ページ。
(2) 前掲「関東軍機密作戦日誌」七八ページ。
(3) 前掲『昭和史の天皇27』の高山談（二六二―二六四ページ）。
(4) ボリス・スラヴィンスキー『日ソ戦争への道』（共同通信社、一九九九）一七三ページ。
(5) 前掲ノヴィコフ「ハルハ河における勝利」（「ソ連側資料からみたノモンハン事件」六四ページ）。なお牛島康允は、ヤコフレフを倒したのは、ホルステン南岸のクイ（691）高地から北岸へ潜入した歩71第二大隊の西村中隊かと推測する（牛島康允『ノモンハン全戦史』二一九ページ）。
(6) N・ルミャンツェフ『ハルヒンゴルの英雄たち』（モスクワ、一九八九）の平井友義訳稿。平井によれば、モスクワでは七月三日の戦闘におけるジューコフの戦車用法に疑問の声があがり、クーリクは実状調査のために派遣されたらしいという。
(7) K・シーモノフ『同世代の人の眼を通して』（モスクワ、一九八八）三一九―三二〇ページ（平井友義の訳稿）。
(8) A・T・ストゥチェンコ『羨むべき我等が運命』（一九九八）の平井友義訳稿。
(9) シュテルン司令部の後方参謀だったワシリー・ノボプラネツによると、ジューコフの作戦指導に不満だったシュテルンは、参戦者へのヒアリングを含む詳細な報告書を準備したが、一九四一年一月参謀総長に就任したばかりのジューコフの怒りに触れ、陽の目を見なかったとされる（一九八〇年刊の手記による。産経新聞、二〇〇四年九月二日付が報道）。
(10) 丸山正巳『ノモンハン事件回顧録』（非売品、一九九九）六九ページ。
(11) 前掲「関東軍機密作戦日誌」別紙七四。なお、関東軍の返電は記載されていない。
(12) 六月下旬、大本営作戦課の有末中佐が新京へ来て、在中国第五師団を「関東軍に増加し得る情況なるが如何との質問ありしが寺田参謀以下其の必要なき旨答えたり」と「関東軍機密作戦日誌」は記している（九二ページ）。
(13) 畑勇三郎「ノモンハン事件の砲兵戦」（一九六五年版）五三ページ。
(14) 飛行第15戦隊の大泉製正中尉談（前掲『昭和史の天皇28』一五四ページ）。
(15) 岩田正孝大尉（野重第3旅団司令部）談（前掲『昭和史の天皇28』二二ページ）。
(16) 前掲牛島康允、二四五ページ。
(17) 戦史叢書『支那事変陸軍作戦〈2〉』（一九七六）三五五ページ。
(18) 前掲畑勇三郎、五三ページ。
(19) 前掲扇『私評ノモンハン』一九〇ページ。
(20) 畑勇三郎「ノモンハン事件の砲兵戦」（一九六〇年版、防衛研究所蔵）四七ページ。
(21) 町田三千男少尉の証言（前掲『昭和史の天皇28』一八八ページ）。
(22) 前掲畑勇三郎（一九六五年版）八二ページ。
(23) 三嶋義一郎談（前掲『昭和史の天皇28』一六三ページ）。
(24) 正井義人「ノモンハン事件に於ける砲兵」（一九五六、防衛研究所蔵）。
(25) 前掲ジューコフ最終報告書、六四三ページに砲種別の月間射耗数が掲記されている。七月の重砲（一〇七ミリ以上）射耗は三万一七〇五発で七月二十三〜二十五日は不明だが、約半分とみなせば約一万五〇〇〇発になる。
(26) 同右、六四四ページ。
(27) 大泉製正大尉（飛行第15戦隊中隊長）の証言（前掲『昭和史の天皇28』一五五ページ）。
(28) 七月二十四日発の関作命の原文は見当らないが、それを受けて発令された第二十三師団の作命甲は『昭和史の天皇28』二六三—二六四ページに掲記されている。なお前掲『関東軍〈1〉』五八六ページを参照。
(29) 小林恒一「ノモンハン出征記」（防衛研究所蔵）。

(30) 前掲『昭和史の天皇28』の島貫武治回想（二六六ページ）。なお関作命は、二十四日の関東軍作戦会議で決定したとも島貫は述べている。
(31) 八月十二日付在モスクワ土居武官発関東軍参謀長宛電（前掲「大本営研究班抜粋」）。
(32) 七月二十日、大本営の会議における磯谷関東軍参謀長の陳述（前掲「関東軍機密作戦日誌」八〇ページ）。
(33) 前掲牛島、二六七ページ。
(34) 鈴木平五郎手記（『ノモンハン』第5号）。
(35) 谷口勝久『ノロ高地独断撤退』（旺史社、一九八六）三一ページ。
(36) ボロジェイキン『ノモンハン空戦記』（弘文堂、一九六四）九四ページ。著者は八月二十日頃、ハマルダバの軍事会議でシュテルンが揚言した場に居合わせた。
(37) 関東軍司令部は四五〇キロメートル離れたタムスクから来襲し爆弾八発（一発説も）投下して、家屋二が破壊され七人が負傷したと大々的に発表。ノモンハンの大敗北を糊塗《こと》するためかとコメントしたが、七月二十三日のプラウダ紙はフラルキ爆撃の風説は虚構だと否定した。日本側にも、タムスク再攻撃を狙った辻の大本営向け謀略ではないかと疑う声がある（たとえば前掲牛島、二三三―二三七ページを参照）。
(38) 前掲「関東軍機密作戦日誌」七八ページと別紙25、26。
(39) 前掲『関東軍〈1〉』五九一―五九二ページ。
(40) 前掲クックス上、四〇九ページ。
(41) 前掲小林「ノモンハン出征記」。
(42) 前掲辻、一八〇ページ。
(43) 「歩兵第七十一連隊戦闘詳報」（防衛研究所蔵）。
(44) 『満洲方面陸軍航空作戦』二七八ページ、『飛行第十五戦（連）隊史』（一九八七）一四〇ページ。
(45) 『ノモンハン九〇野砲兵士の記録』（非売品、一九八〇）。

(46) 浜田寿栄雄「ノモンハン事件回想録」(一九六〇、防衛研究所蔵)。
(47) 西浦進『昭和戦争史の証言』(原書房、一九八〇) 八八ページ。
(48) 前掲クックス下、七―八ページ。
(49) 同右、三三〇ページ。
(50) 前掲シュテルン最終報告書、六〇三ページ。
(51) ソ軍の補給状況については、前掲ジューコフ最終報告書、六七八ページ、前掲『ジューコフ元帥回想録』一二四ページ、前掲プレブ、七八ページ、前掲シーシキン、五一ページを参照。
(52)「自動車第一連隊戦闘詳報」、前掲島貫武治回想。
(53) 八・二〇攻勢時の日本軍兵力数については、信頼性の高い公式データを見かけない。推計としては二万数千(中山隆志)、二万二〇〇〇(小沼治夫)、一万四〇〇〇(秦＝森田勉、ただし後方部隊を含まず)、八〇〇〇(牛島康允、後方部隊を含まず)などがある。
(54) 前掲鎌倉、一九七ページにロシア軍事史公文書館に所蔵される指令書の全文が収録されている。ロバーツによると、シュテルンが七月二十七日作戦計画を三十一日までに提出するよう指示、八月十日シュテルンからモスクワへ提出されたという(前掲ロバーツ『スターリンの将軍　ジューコフ』六六ページ)。
(55) 前掲シュテルン最終報告書、六一二ページ。
(56) 前掲『ジューコフ元帥回想録』一二八ページ。
(57) 石蘭支隊の反乱については前掲『満洲国軍』、蘭星興安会『私達の興安回想』(一九九九)、前掲プレブ、八六ページ。
(58) 前掲シーシキン、六四ページ。
(59) 前掲シーモノフ(平井友義訳稿)、三一九―三二〇ページ。なお前掲ルミャンツェフにも同様の記述がある。
(60) 前掲シュテルン最終報告書、六一七ページ。

(61) 攻勢移転をめぐる軍と師団の論争過程は前掲『関東軍〈1〉』六四〇―六四三ページ参照。なお藤本参謀長の意見具申(日付は不明だが、二十二日か二十三日と推定)は「小沼メモ」に収録されている。
(62) 前掲辻、一八七ページ。
(63) 同右。
(64) 前掲『昭和史の天皇29』一二七ページ。
(65) 前掲クックス下、一八九ページ。
(66) 八月二十四日の損害をソ連戦史は死傷二八五人、戦車四両と記録している。対応する日本軍の損害は歩72(参戦者一二九五人)が戦死三二四、戦傷三七七人、四ツ谷大隊が戦死五二、戦傷五一人、歩26と歩28の計が戦死一八六、戦傷二五五人、死傷合計は一二四五人以上で、二十五日は戦死二六九、戦傷一八九人を出している。
(67) 前掲扇、二〇九ページ。
(68) フイ高地の戦闘状況については、捜索隊の「戦闘業務詳報」(玉渕軍医中尉作成、防衛研究所蔵)、捜索隊第一中隊戦闘詳報(防衛研究所蔵)、戦闘詳報に準じる鬼塚智応(初義)『ノモンハンの夕映え』(一九八八)等、工兵中隊の離脱事情は『軍人早瀬多喜男――その美しき決断を偲んで』(非売品、一九八八)を参照。
(69) 井置が九月十四日付で第六軍参謀長へ提出した「フイ高地放棄顛末書」(前掲鬼塚の二五七―二五八ページが全文を収録)。
(70) 前掲「関東軍機密作戦日誌」九二ページ。
(71) 前掲プレブ、七二ページ。
(72) 前掲シュテルン最終報告書、六一六ページ。
(73) 同右、六一二ページ。なお攻勢発起時の北部集団長シェフニコフ大佐は直後に解任され、アレクセンコ大佐に交代したが、その日付は明確ではない。
(74) 前掲ノヴィコフ。

(75) 前掲シーシキン、七〇ページ。
(76) 樋貝義治『戦記甲府連隊』(サンケイ新聞社、一九七八)四四〇―四四一ページ。
(77) 前掲「ソ連側資料からみたノモンハン事件」一〇九ページ。
(78) 前掲丸山正巳、一二一ページ。
(79) 一九八九年、関係者によって『穆稜重砲兵連隊史』(非売品)が刊行され、戦況の一部が復元されている。
(80) 榊原重男「ノモンハン桜」(防衛研究所蔵)。
(81) 前掲『関東軍〈1〉』六九一ページ。
(82) 前掲「ソ連側資料からみたノモンハン事件」一一二ページ。
(83) 「歩兵第64連隊第I大隊ノモンハン戦闘詳報」(防衛研究所蔵)、なお陸上自衛隊普通科43連隊『歩兵第六十四連隊史』(一九七四)には第II大隊第五中隊の戦闘記録がふくまれている。
(84) 前掲鎌倉、二〇四ページ。
(85) 前掲辻、二〇八―二一〇ページ。
(86) 小松原直率の「救援部隊」の兵力は、八月二十七日夜の出発時は約一五〇〇人(うち実働は九〇〇か)とされ、三十一日に脱出生還した数は不明だが、四〇〇人とする説がある(前掲クックス下、一七九ページ)。
(87) 小松原部隊の八月末の戦闘については『昭和史の天皇29』の諸証言を参照。

第五章　ノモンハン事件の終結

「欧州の天地は複雑怪奇」

四ヵ月にわたってホロンバイルの草原を舞台に、日満軍とソ蒙軍の間で戦われたノモンハン事件は、一九三九年（昭和十四年）九月十五日に成立した日ソ停戦協定によって終結した。

八月末に第二十三師団が壊滅するという軍事的敗北に焦慮した関東軍は、なおも新鋭兵力を注ぎこむ弔い合戦的な決戦の準備を進めていた。しかし勝算は乏しいと判断した陸軍中央は、関東軍の主戦派幹部を入れ替え、あえてソ蒙側の主張をほぼ全面的に受け入れる覚悟で、事態の収拾を外務省の手に委ねる。独ソ不可侵条約から第二次世界大戦の勃発という国際環境の激動に、対応する自信を失ったからでもある。

ここで事件終結前後における内外の関連指標を、年表風に並べておこう（いずれも一九三九年）。

七月二十二日―日英間の有田・クレーギー協定
八月二十日―ソ連軍、ノモンハンで大攻勢開始（三十一日作戦終了）

八月二十三日―独ソ不可侵条約の締結
八月二十八日―平沼内閣総辞職（三十日阿部内閣成立）
九月一日―ドイツのポーランド侵攻（二十七日ワルシャワ占領）
九月三日―英・仏、ドイツに宣戦布告（第二次世界大戦の開始）
九月九日―東郷駐ソ大使、停戦を正式提議
九月十五日―モスクワでノモンハン事件の停戦協定成立
九月十七日―ソ連軍、東部ポーランドへ進駐
九月～十月―ソ連、バルト三国と相互援助条約調印
十一月三十日―ソ連軍、フィンランドに侵入（ソ・フィン冬期戦争）

一連の指標を通観すると、ヒトラーのドイツが華々しい主役を演じているかのようだが、冷徹なリアリズム感覚で主導権を発揮して、一時的とはいえ最大の利得を得たのはソ連だったと見るのが適切だろう。

スターリンは実現寸前だったドイツを標的とする英仏ソ同盟の路線を一夜で独ソ提携に切りかえ、労せずしてポーランド、バルト三国、フィンランドなど東欧地域を支配圏に収めたばかりでなく、日独伊三国同盟を阻止して東西から挟撃される軍事的脅威を除去することができた。一石三鳥とも四鳥ともいえる外交的成功と評してよい。

スターリンの大戦略におけるノモンハン事件の位置づけについては、当時からさまざまな

推論はあるが定説は必ずしも固まっていない。いずれにせよ、ソ連が独ソ接近を見定めたうえで八月攻勢を発動し、しかもソ蒙が主張してきた国境線を越えての追撃をきびしく禁じたこと、ノモンハンの停戦を仕あげてから東部ポーランドへ進入するなど後顧の憂いを残さないタイミングで行動していたことははっきりしている。

こうした国際政治ゲームに不慣れな日本が割りこむ余地は乏しかった。年初から五相会議は、日独伊三国同盟をめぐる七十数回の「小田原評定」に明け暮れていた。最大の争点は対象をソ連だけに絞るか、英仏米にも広げるかであったが、しびれを切らしたドイツは四月頃から同盟がぐずつくならソ連に乗りかえると示唆するようになる。ところがドイツ一辺倒で押しまくる陸軍の熱狂は冷める気配はなく、八月に入っても秩父宮大佐（大本営作戦課）が平沼首相の訪独案を持ちまわったり、板垣陸相が辞任して倒閣をはかるという風説が流れるほどだった(1)。

寝耳に水の独ソ不可侵条約の衝撃で陸軍は「驚天狼狽し憤慨し怨恨するなど、とりどりの形相」（宇垣一成日記）を見せ、茫然自失の平沼内閣は、「欧州の天地は複雑怪奇」の名言を残し総辞職してしまう。もっとも同盟反対の昭和天皇は「これで陸軍が目ざめることとなれば却《かえっ》て仕合せなるべし(2)」と歓迎し、陸軍省のなかにも、一年以上もめてきた国内の激烈な対立を解消する「きまり悪い話ではあるが……救いの手(3)」だと受けとめる者もいた。

一方、ヒトラーの聖典「マインカンプ」が高唱した東方への膨張を阻まれたばかりか、対英仏戦の重荷を背負いこみ、三国同盟も一時流産という決算を招いたドイツも赤字収支と評せざるをえない。その埋め合わせとして登場したのが、独ソ不可侵条約と三国同盟を結びつけ四国同盟に昇格させるリッベントロップ構想だった。

この構想はリッベントロップ外相が独ソ不可侵条約締結のためモスクワへ飛ぶ前日に、リ外相から大島駐独大使へ伝えられる。断わりなしの不可侵条約で面目を失い怒っていた大島を宥《なだ》めるつもりか、外相は謝罪のついでに同盟を三国から四国へ発展させたいと説き、さらにノモンハン事件の仲介に立ちたいとも語った(4)。

ドイツが起源か否かは不明だが、前後して日本国内でも類似の着想が生まれ、夏の終り頃までにかなり広い範囲で支持者を集めていたようだ(5)。たとえば九月三日に有田八郎前外相が原田熊雄（西園寺元老の秘書）へ、三国同盟に失敗した陸軍の連中が「今度は独ソの不可侵条約に日本も加わって日独ソの軍事同盟をやってイギリスを叩こうという運動があり……それに陸軍の一部が共鳴してしきりにやっている(6)」と伝えている。

三宅正樹は海軍や外務省にも支持意見があり、阿部首相も同調していたようだと記し、翌年秋(7)に松岡外相の手で四国同盟への発展を前提とする三国同盟の締結に至る流れをたどっているが、他ならぬ関東軍もいち早く便乗しようとした形跡がある。

それは「欧州情勢の変転に伴う時局処理対策」（八月二十七日）と題し参謀総長にあてた「関東軍上下一致」の意見書で、主旨説明のためわざわざ情報課長の磯村武亮《たけすけ》大佐を上京させた。核心は「独逸《ドイツ》、伊太利《イタリア》を利用」して「国境をハルハ河の線」とする条件で「ソ連よりいいいい休戦を提議せしむると共に、速に日ソ不可侵条約を締結し、更に進んで日独伊ソの対英同盟を結成」の部分にあった。

もっとも次段で「軍は既定方針に基きノモンハン方面に於けるソ軍に痛撃を与う。之がため2D（第二師団）、7D、23Dを戦場に使用し……」(8)と一撃論を高唱したあと、「右根本方針を採用せられざる時は来春迄に在満兵力を動員増強し、独力ソ連の極東政策を早期に於て破摧す」と開き直っていた。

単なる思いつきか、外交交渉による停戦へ傾きはじめていた中央部への嫌がらせか、意見書の真意は判じかねるが、これ以上放任すれば制御不能になりかねないと危惧した参謀本部は、「勅命」という伝家の宝刀を抜いてでも関東軍を押さえこもうと決意する。だが決着までには、なお少なからぬ曲折を経ねばならなかった。

せめぎあう関東軍と大本営

時期による変動はあるが、ノモンハン事件の処理をめぐる陸軍中央部と関東軍との対立点は、ほぼ次の二点に絞られよう。

1．国境の線引きと停戦条件
2．軍事的勝利の見通し

まず1について観察すると、当初から支那事変の解決を優先した陸軍中央部はホロンバイル草原の一角で国境線を争うことに意義を認めていなかった。そして六月二十九日の大陸命第三二〇号は「隣国と主張を異にする地域……の兵力を以てする防衛は情況に依り行わざることを得」と婉曲な言いまわしながら、紛争地域（ハルハ河東岸）の放棄を示唆した。それに対し、血気にはやる関東軍が「北辺の些事《さじ》は当軍に依頼し安心せられ度《たし》」と一蹴した経過は、すでに記述したので省略する。

その後、七月二十日に上京した磯谷関東軍参謀長は参謀本部会議の席で、橋本作戦部長がハルハ河の線を国境とする従来の主張を変更したいと言い出したことに食ってかかり、中島参謀次長と山脇陸軍次官から撤回させる言質《げんち》を取っている。

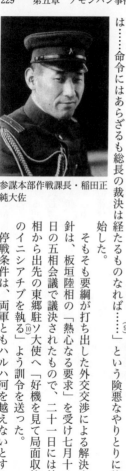

それでも冬期到来前に係争地から撤退し、好機をとらえ外交交渉による解決方針を示した「ノモンハン事件処理要綱」（七月二十日付）を交付するが、一読した磯谷は「受付けず〈案〉としてなら之を参考として研究すべしと言いて鉛筆にて表紙に案の字を記入す。次長は……命令にはあらざるも総長の裁決は経たるものなれば……」(9)という険悪なやりとりに終始した。

参謀本部作戦課長・稲田正純大佐

そもそも要綱が打ち出した外交交渉による解決方針は、板垣陸相の「熱心なる要求」を受け七月十八日の五相会議で議決されたもので、二十一日には外相から出先の東郷駐ソ大使へ「好機を見て局面収拾のイニシアチブを執る」(10)よう訓令を送った。

停戦条件は、両軍ともハルハ河を越えないとする第一案と、特定時刻における第一線の位置とする第二案があるとしている。最終的には第二の譲歩案で停戦を実現することになるのだが、陸軍の両トップ、外務省、五相会議が合意した、いわば国家意思を平然と無視する関東軍の「乱心」ぶりは変らない。

七月三十日には磯谷から参謀次長あてに、ソ連からの提議ならともかく我方より停戦を働きかけるのは「断じて採らざる所」で、情報によれば「ソ連中央部の態度は極めて強硬にして我方より停戦を提議するも受諾する模様なし。むしろ之を宣伝に逆用せらる恐れ大」と追い打ちをかけている。(11) この関東軍情報は、結果的に的中していた。停戦交渉を命じられた東郷大使は土居武官の進言もあり、戦勝の裏づけがなければ見込み薄と判断して、モロトフ外相とは他の外交案件にからめる打診程度にとどめていた。(12)

独ソ不可侵条約の成立で日本の立場はさらに弱化したが、八月二十三日にリッベントロップがノモンハン事件に関しドイツの仲介を申し出たところ「スターリンはこの申し出を拒絶はしなかったが、彼特有の無愛想な言い方で……時には彼らをきびしく取り扱わなければ(13)」と答えている。二ヵ月も準備を重ねたあとに発動した八月攻勢が快調に進行していた時点だから、当然の反応だろう。

しばらく停滞していた日ソ外交交渉にソ連側が応じたのは、八月攻勢が終り、関東軍幹部が総入れ替えになった直後の九月九日であった。前日に外務省が東郷駐ソ大使へ送った停戦交渉についての訓令は、国境の最終画定は国境画定委員会で決めるのを前提に次のような三案から成っていた。

第一案……とりあえずノモンハン付近の係争地域を非武装地帯とする。
第二案……両軍とも係争地域では停戦時の第一線を連ねる線を越えない。
第三案……両軍とも外蒙側の主張する国境線（日本軍が捕獲したソ軍の軍用地図に従う）を越えない。ただし日本軍はハンダガヤ～アルシャン方面に限っては現在位置より撤退しない。

その後の交渉は、第一案（日本）と第三案（ソ連）の押し問答となるが、「すべて一任」をとりつけ、タフ・ネゴシエーターとして定評のあった東郷でも、敗戦の後始末では粘りようもなく、第二案と第三案を折衷した条件で停戦協定にこぎつけるのがやっとだった⑭。

九月十五日、モロトフとの交渉を終えて大使館へ戻ってきた東郷は土居武官へ「やっと妥結した。五分五分と言いたいが、向う六、こっち四で妥結した」と語り、シャンペンで祝盃をあげた。

しかし二日後のソ連軍によるポーランド進駐を予期していなかった土居は「しまった。罪万死に値する。あと二、三日粘っていたら、焦りから、（ソ連は）もっと譲ったかもしれない⑮」と悔んでいる。

次に軍事的勝利の見通しをめぐる対立だが、東捜索隊が全滅した第一次ノモンハン事件（五月）、ハルハ河渡河作戦、安岡戦車団の東岸作戦、ひきつづく東岸の攻防、大砲兵戦（七月）、ソ軍の八月攻勢による第二十三師団の壊滅と、関東軍は連戦連敗は言いすぎとしても勝った戦闘は一度もなかったのに、負けてはいないと強弁し、次は勝つという強気の楽観的攻勢を最後まで変えていない。

陸軍中央部は関東軍を通じ濾過《ろか》された情報しか届かないせいもあって、戦況の実情をつかみかねていた。それでも七月三日のハルハ渡河戦に立ち会った大本営の橋本作戦部長は「失敗するに違いない⑯」と予想し、帰京すると部下の井本少佐へ「ハルハ河左岸の戦況は結局退却なり⑰」との認識を語っていた。

しかし新京へ出張する作戦課の参謀たちは、出先で関東軍の楽観論に同化されてしまい、橋本のような認識は定着しなかった。板垣陸相や稲田作戦課長などの幹部には、全面戦争の危険はないという前提で、「第二十三師団一つふいにすることも覚悟⑱」せねば関東軍の目は覚めないだろうと達観する気分も流れていたようだ。

ソ蒙軍の八月攻勢が開始されたあとも軍中央部は意外なほど楽観的で八月二十三日、慎重な情勢判断で定評のあった第二部第五課（ロシア課）も「八月攻勢は我現兵力を以て之を破摧し得るならん⑲」と観察している。こうした勝利への幻想は八月末までつづく。

実際には二十四日から二十八日にかけ第二十三師団の戦線は崩壊状況にあり、係争地外へ追い出されてしまった第六軍は余勢を駆ったソ蒙軍が、後詰として配置についたばかりの第七師団主力の防御陣を突破するのではないかと危ぶんでいた。

二十七日夜からモホレヒ湖畔の戦闘司令所で戦況を注視していた浜田寿栄雄第六軍高級参

謀は、第二十三師団の全面撤退を進言しようかと迷い、並んで立っていた矢野関東軍参謀副長の顔色を窺っていたが、矢野は終始無言なので断念したと回想する。[20]

結局、第六軍が「ノモンハン付近に兵力を集結し爾後の攻勢を準備せんとす」[21]（第六軍作命甲三六号）という、まわりくどい表現で撤退を命令したのは、最後まで抵抗をつづけていたバル西高地が落ち、その敗残兵たちが続々と到着しつつある二十九日朝であった。

これに対し関東軍のほうは一貫して強気の姿勢を変えず、「軍はノモンハン方面の敵盲進の機を捉え……一大鉄槌を加うる」[22]（八月二十六日）とか「冬季前速かに敵に徹底的打撃を与うること絶対に必要」[23]（同二十九日）だとして、第六軍に第二、第四師団、第一師団の半分、第八師団の一部や全満の速射砲を増加しての攻勢をもくろんでいた。

満州以外からの増援も欲しいところだったが、以前からの経緯もあり、「要求をなすことが如何にも不快」[24]でも、黙って我慢していれば中央のほうからよこすだろうと予想する。その読みは当った。

少し前から増援を検討していた大本営は、第六軍への兵力集中で手薄になる他正面の防衛を補完する意図もあって、中国や内地から二個師団（第五、第十四）と野戦重砲二個連隊、速射砲九個中隊（五四門）、兵站自動車二十二個中隊（約一一〇〇台）を増派したいと二十八日に上奏した翌日、関東軍へ内報したからである。

そのさい、関東軍の一撃論には「判断を一《いつ》にする次第」だが、作戦の推移を見て（外交）交渉を開始したい、もし成立しなくても冬期前に作戦を終結させ、全兵力を撤去するためにも兵力の増派は必要だというまわりくどい論旨で説明している。昭和天皇が納得したかは疑わしいが、ほぼ同時に大本営作戦部でも方針を転換して、はやりたつ関東軍を大陸命で押さえこもうと決意する。

攻勢中止は「大命です」

方針転換の引き金になったのは何だったのか。天皇の意向は別として、第一は現地の戦況が極度に悪化しているという決定的情報が入ったことであろう。情報源と日付は特定できないが、顔色を変えて飛んできたロシア班の甲谷悦雄少佐が軍務局の西浦中佐へ「ノモンハンは総崩れ[25]」と伝えたのは、おそらくこのときの情景と思われる。

前後して稲田作戦課長は関東軍の寺田参謀から、攻勢作戦が冬までに終らねば「来春は全軍動員、対ソ決戦を覚悟してくれ[26]」という私信をもらう。しかもソ連軍が自ら主張する国境線内にとどまって防御に転じ、線外へ進攻する気配のないことも知り、稲田は自主的に事件を終結させようと決意した。

稲田は橋本部長と協議してすぐにその主旨による大陸命を起案したが、温厚な中島参謀次長は「もうちょっとやわらかい表現はできんか。そのかわりにこの〈大陸命〉は自分が直接持っていって、その事情をよく話してこよう」と注文し修正したのは、次のような大陸命第三四三号（傍点は秦）だった。

命令
一、大本営の企図は……北辺の平静を維持するにあり　之が為「ノモンハン」方面に於ては勉めて作戦を拡大することなく速かに之が終結を策す。
二、関東軍司令官は「ノモンハン」方面に於て勉めて小なる兵力を以て持久を策すべし。
三、細項に関しては参謀総長をして指示せしむ。
昭和十四年八月三十日
奉勅伝宣　参謀総長　載仁親王
関東軍司令官植田謙吉殿

短い命令文なのに二ヵ所も「勉《つと》めて」が入っていて、作戦をやめろというのか、小規模の戦闘は認めるのか、どっちつかずの悪文と言えよう。しかも持参した中島と随行の高月保中佐は、関東軍の荒武者参謀たちを説得するどころか逆に丸めこまれ、「ミイラ取りがミイラ[27]」になってしまう。少し長くなるが、三十日夕方から息づまる空気の中で始まった関東軍の幹部会議で交わされた質疑の要点を、関東軍機密作戦日誌と中島参謀次長の回想から復元してみよう[28]。

植田軍司令官　大命は拝受しました。命令の第三項にある参謀総長の指示事項はありませんか。

中島参謀次長　ありません。

加藤情報参謀（敵情を説明）

寺田作戦課長（攻撃計画を説明）

中島　成功する確信はあるか。

寺田　確信がございます。三個師団で連続夜襲をかけます。

高月中佐　第四師団を加えずにやることはできませんか。

寺田　絶対に必要。できれば大本営が約束した第五師団も加え、至短期間に目的を達し引きあげたい。ハルハ河を越えるつもりはない。

磯谷参謀長　第四師団を加えてよろしいのですね。

中島　よろしゅうございます。

磯谷　はっきりわかりました。

植田　大命に、勉めて小なる兵力を以て持久を策すべしとあるが、関東軍の攻撃計画を容認するのか。

中島　持久とは戦略的持久の意味で、その範囲内で戦術的攻勢をとることは勿論妨げません。ハルハ河を一時越境する作戦もありましょう（図上で渡河方面を指す）。相協力して大にやりましょう。追加要求があったら、遠慮なく言ってくれ。

寺田　重砲、戦車の肉薄攻撃用資材を――。

少し補足すると、冒頭で軍司令官が聞いた参謀総長指示（大陸指）を、実は中島次長は携行していたのである。大陸命三四三号と「第四師団の戦場使用は中止するものとす」という大陸指五三〇号は、天皇の允裁《いんさい》手続きが出発までに間に合わず新京到着時に大本営から届いたものだが、中島が「ありません」と否定した理由は不明だ。

出先との融和を重視していた中島が、あえて握りつぶしたのかもしれないが、質疑応答を見ると、参謀たちは幕僚連絡でか大陸指の内容をすでに承知していたとしか思えず、食いさがって中島に撤回させている。

しかも関東軍側がハルハ河を越えぬと述べているのに、渡河の地点まで助言しているのだから、中島は携行した大陸命の主旨を否定するために出かけたと思われてもしかたがあるまい。こうして次長の「説得」に成功した関東軍側が喜んだのは当然だろう。辻参謀は「三十日夜官邸の招宴に一同大いに打解けて」語りあい、「これなら今度の攻勢は必ず成功するぞ。必勝を信ずる空気に満ちた[29]」と書いている。

関東軍司令官・植田謙吉大将

一方、中島次長の軟化を心配していた稲田作戦課長は新京での応答ぶりを知り、急いで次の手段を講じた。大本営研究班の文書は、九月二日の項に「次長、第一部長、第二部長、第二課長及（秩父宮）殿下居残り……本件の自主的終結を決意せり」[30]と記録している。

第二課の稲田課長によれば、「大陸命第三四九号」を用意しておいて「帰着されたばかりの次長にさっと出した……すでに橋本部長までのハンコが押してある。目を通した中島さんはいかにも困ったなという表情……『それでよろしいですか』とこういいました。中島さんは、うん結構だとおっしゃいました」[31]という一方的に近い強要だったらしい。

「次長は勿論ロボットに等し」[32]（今岡豊）だったにせよ、中島にもそれなりの言い分がないではなかった。新京へ行くまで、第二十三師団はまだ健在で苦戦中らしいと思いこんでいたとか、攻勢計画は装備、補給の裏付けがあるのか不安をぬぐえなかったとか、帰路に立ち寄った福岡会議（兵力転用の打合せ）で、支那派遣軍の参謀たちから攻勢中止を進言され、認識を改めたというのである。[33]

問題の大陸命第三四九号（九月三日）の要点は次の通り。

一、情勢に鑑《かんが》み大本営は自今「ノモンハン」方面国境事件の自主的終結を企図す
二、関東軍司令官は「ノモンハン」方面に於ける攻勢作戦を中止すべし

次にはこの大命を誰が携行するかだったが、橋本は「電報だけで十分」と言い、稲田は

「わたしが行けば辻君あたりは斬りつけるかも」と譲りあっているようすを見た中島が、「おれがもう一度行ってこよう」(34)と言いだす。九月四日、再び新京へ飛来した中島は大陸命を伝達したあと、わざわざ携行した「大陸命第三四九号に基き隠忍自重、他日の雪辱を期し克《よ》く上下を抑制して、時局の収拾に善処せんことを切望す」という「参謀総長の御言葉」を渡している(35)。

大陸命を突きつけられて逆上し、面従腹背の暴発的行動に走りかねない関東軍を慰撫するつもりだったのか。その心配は的中した。植田軍司令官は「大命は絶対にして攻勢企図は中止せざるを得ないが、戦場掃除による屍体、兵器の奪還まで中止せよとの大御心ではないはずだ」と抗弁した。大本営から攻勢を承認されたと思いこみ「今次会戦は……実に日蘇の一大決戦……以て蘇蒙軍を撃滅し皇軍の威武を中外に宣揚せん」（九月二日）との軍司令官訓示を全部隊へ発出したばかりの関東軍幹部たちはいきりたつ。

戦場掃除の名目であくまで攻勢発動に固執したが、前回に懲りてか中島は何を言われても「大命です」と拒みつづけた。そして軍司令官以下の全幕僚を解任せよとの威迫にも「上司へ伝えます」と答えるのみ、半日の滞在で東京へ引きあげた。一連のやりとりを、半藤一利は「大命は尊重するも、無視することもまた大御心にそうことになるという詭弁」だと評す。

その後も両者の間では、売り言葉に買い言葉風の激しい応酬が電報で交わされる。なかでも、

「一、貴官意見具申を採用せざる件に関しては本六日朝謹んで上奏せり
二、直に大陸命三四九号の実行に移らるべきものと確信す
三、右、実行に関し貴官の処置を速に報告するを要す
参謀総長」（参電三三〇号電）

の第三項を読んだ辻は、「之が同じ軍服を着たものの道かと憤泣した」(36)と大げさに書いている。

同日、畑陸軍大臣からも「此の際大命を奉公の上責任を取らるるが即ち臣節を全《まっと》うせらるる所以《ゆえん》と信ず。本日勅裁を経たり」(37)という電文が送られた。全体に流れる冷厳なトーンは、一週間前まで侍従武官長として関東軍の横暴ぶりに手を焼いた体験の影響かもしれない。

ノモンハン事件の責任を問う関東軍の人事異動は七日、正式に発令された。

軍司令官　植田大将↓梅津美治郎《よしじろう》中将
参謀長　磯谷廉介中将↓飯村穣中将
参謀副長　矢野少将↓遠藤三郎少将
高級参謀　寺田大佐↓有末次大佐

服部、辻、島貫各参謀は転補、植田、磯谷は予備役へ、荻洲第六軍司令官、小松原第二十三師団長、畑砲兵団長も少しおくれて予備役に編入された。

大本営側も無傷ではすまなかった。中島参謀次長、橋本第一部長は予備役編入、稲田第二課長は転補となった。ケンカ両成敗に近い人事処置とも評せよう。

陣取りの小競り合い――宮崎連隊と深野大隊

ノモンハン戦史の諸著作を見ると、ロシア側は八月攻勢が一段落した八月末、日本側は九月三日の大陸命をめぐる騒動までで観察と記述を打ち切っている例が多い。戦史叢書やジューコフ、シュテルン両報告書も例外ではない。たしかに九月十五日の停戦に至る十数日、対《たい》峙《じ》する両軍の間に大規模な戦闘は起きておらず、概して戦線は平穏だったと言えるが、伏流の次元で観察すると日ソ間にはかなりの落差があった。

ソ蒙軍はモスクワのきびしい指令で、彼らが国境と認定してきた線を守り防御陣地の強化に専念していたのに対し、日満軍は九月中旬の発動をめざす大規模な攻勢準備を進めていた。その過程で不慣れだが戦意の高い増援部隊が、攻勢のために便利な要点を確保する「陣取り」的行動が散発する。双方の斥候《せっこう》や偵察隊が衝突して小競り合いをひきおこす事例もあった。

九月六日、関東軍司令部は第六軍司令官に対し、三日の大命を伝達する形式で攻勢作戦の中止を命じたが、同時に「第六軍は概ね既定計画集中末期の態勢に在りて敵を監視すべし。爾後の行動に関しては別命す」（関作命甲一七八号）とか「本職亦断腸の思……自重せらると共に別命ある迄万一に応ずる作戦準備は依然継続[38]」（九月七日発電）せられたいと、思わせぶりな指示を与えていた。傍点部分は、攻勢をあきらめきれぬ参謀たちの執念を反映したものだろう。

その頃、第六軍に増加された諸部隊の多くは、全満の各地から指定されたノモンハン周辺の展開地へ向いつつあった。そして大命発令後も引き返すことなく前進をつづけた。別命（攻勢発起）を予期しての処置だろうが、一時は意気消沈しかけていた第六軍も、こうした関東軍のテコ入れで戦意を盛り返しつつあった。何しろ増援を約束された兵力はいずれも精鋭の第二、第四師団、第一師団の半分、第八師団の一部等のほか重砲、山砲、速射砲、兵站自動車隊など約四万、手持ちを加えると六万人に近い大軍にふくれあがったからである。

しかも頼まれてもいないのに、大本営は主として中国戦線から第五師団、第十四師団、野重二個連隊などの追加投入を指令していたから(39)、これらが到着すれば総兵力は一〇万に近い規模に達したろう。弱点とされた砲兵力も、七月の二倍に当る一〇基数、五万八六〇〇発の弾薬を集積する。

とくに大本営を説得したと信じこんだ島貫武治参謀が九月三日に攻勢確定を報じると、大兵をもらった荻洲軍司令官の気分は高揚した。

「（荻洲）中将の得意や知るべく、其喜悦は例うるに物なく大気焔なり(40)」と畑砲兵団長は観察している。そして荻洲は五日に部下の指揮官たちを集めて「速に敵に鉄槌的一撃を加え……国境鼠賊掃滅の蠢動を一挙に封殺し……皇軍の威武を宣揚し以て大元帥陛下の信綺《しんき》に応え——(41)」と檄を飛ばし、「会戦指導の腹案」を示達した。

荻洲にとってソ連軍はネズミに過ぎなかったようだが、兎にたとえた「豪傑」もいた。八月三十日に小林の後任として第二十三師団の歩兵団長として着任した佐藤幸徳少将は、部下たちへ「ソ連の戦車なんか怖るるに足らん。それは兎を狩るようなものだ……我らは外蒙はおろかウラル山脈を越えてモスコーを衝《つ》くんだ」(42)と壮語している。

攻勢作戦の中止を命じる六日の関作命を受けた当直の本郷参謀は、一読した藤本参謀長が「何だこんなもの」とポケットにねじこみ、「当分のうちこの電報は絶対に他に洩らしてはならぬ」(43)と厳命した情景を回想しているが、実際にもこの関作命が指揮下部隊に伝わることはなかった。

それどころか第六軍司令官名で、「軍は既定計画に基き作戦準備の完成」を進め「断じて敵をしてハルハ河右岸地区に停止せしむべからず」(44)と返電している。この電報は第六軍司令部に派遣されていた島貫参謀の起案だから、大陸命を守る気のない関東軍強硬派が第六軍を利用した「蠢動《しゅんどう》」と見てよいだろう。

彼らの挑発的策動で証跡が残っているのは九月七日と八日、片山支隊の歩16連隊（長は宮崎繁三郎大佐）による997高地（エルス山地区）の争奪戦、もうひとつは九月十一日の第三独立守備隊深野大隊等によるハルハ山（モンゴル側の呼称はマナ山）周辺の戦闘である。

第二師団主力が八月二十六日の動員でハイラルを経て将軍廟へ向かったのに対し、片山支隊（第二師団の歩16、30連隊と砲兵一大隊を基幹とし、歩兵第15旅団長片山省太郎少将が指揮）は、南まわりで白温線の終点であるハロン・アルシャンから徒歩でハンダガヤを経て、その北西方ドロト湖地区へ八月末に進出した。

到着時は第六軍から積極行動を禁じられていたが、その後のあわただしい朝令暮改ぶりを関東軍の動向（既出）と並べて眺めよう。

（九月二日）―関東軍司令官の訓示

九月三日―島貫参謀、片山支隊へ来て積極行動への転換を伝達

九月四日―片山支隊長↓宮崎連隊長、六日夜に997高地への攻撃、歩30連隊へ885高地の攻撃を指示

（九月六日）―関東軍（辻起案）↓第六軍、大命による攻勢作戦の中止を命令

九月六日―午後、第六軍↓片山支隊長、夜襲の中止を指示

（九月七日）―関東軍司令官（辻起案）↓第六軍司令官、万一に応ずる作戦準備の継続と軽挙を戒め、士気の維持を強調

九月七日―午前、第六軍参謀（島貫か？）が片山支隊へ来て、歩30は中止し、歩16だけが七日夜に夜襲を決行せよと連絡

宮崎連隊長が「軍の無方針なることに痛嘆を感じた」(45)のはむりもないが、それなりの理由はあったわけだ。

ところで夜襲の目標となった997高地を守備していたのは狙撃603連隊、モ騎兵23連隊の二〇〇～三〇〇人だったが、夜襲戦術を得意としていた宮崎連隊の第一大隊は暗夜の白兵戦で難なく奪取した。

そして翌八日朝から西方へ追撃に移ったが戦車、装甲車を伴なうソ蒙軍に反撃され、激烈

な攻防戦となる。戦車を持たぬ宮崎連隊は苦戦に陥ったが、支隊から歩30連隊や砲兵などの増援部隊が到着したこともあり、日没を迎えてソ蒙軍は後退した。

ソ蒙側の言い分は少しちがう。参戦したのは第6戦車旅団の戦車大隊（コブツェフ大尉、五〇両）、狙撃603連隊（ザイユリエフ少佐）の一部、狙撃80連隊、砲兵隊、モンゴル第八騎兵師団の装甲車隊、騎兵二個中隊と第六国境警備隊で、「日本軍を国境外に追い払った」[46]と言い分はちがうが、実態は引き分け、物別れに近かったのではあるまいか。

第6戦車旅団のBT-7戦車群

宮崎連隊は戦果を戦車八両、遺棄死体七〇人と報告したが、戦死一九〇人、戦傷九八人という犠牲を払い、とくに大隊長をふくむ一一人の将校を失ったことは、第六軍司令部に衝撃を与えた。それでも宮崎が石工出身の兵に進出線を示す十数個の道標を埋めこませておいたため、のちに国境画定交渉で日本側の主張が通る一因となり、「ノモンハン戦で唯一不敗の連隊長」という宮崎の名声は確立した感がある。

次に取り上げる深野大隊の戦闘も、やはり関東軍と第六軍が大命騒動のドサクサにまぎれて仕掛けたものだが、宮崎連隊の攻勢に比べると胸を張れる言い訳の材料がないでもなかった。攻勢作戦の中止を命じた九月三日の大陸命三四九号の第二項後半に「兵力をハルハ河右岸地区係争地域（「ハンダガヤ」付近以東を除く）外に適宜離隔位置せしむべし」というカッコ内の例外規定が入っており、その例外を援用できたからである。

その頃、ハルハ河上流に近いハロン・アルシャンからハンダガヤを経てハイラル（または将軍廟）に至る鉄道の延長工事が計画され、測量工事が始まっていた。それを護衛する名目で索倫にいた第3独立守備隊（宮沢斉四郎少将）の深野大隊（独守歩第十六大隊）へ出動命令が出たのは八月十八日である。

八月下旬からは南まわりの増援部隊が次々に到着、アルシャンから将軍廟に至る補給線を確保する任務をもらった後藤支隊（歩兵第1連隊等、支隊長は後藤光蔵大佐）、独立守備歩兵第十五（坂本弥平中佐）、十六大隊（深野時之助中佐）等が、アルシャン西北方のハルハ河三角地帯へ展開した。

ソ蒙軍との小競り合いは九月三日頃から断続していたが、七日頃に辻参謀が後藤支隊を訪れたのが目撃されている。それ以上は確認できないが、九月十一日、深野大隊（兵力四〇〇）と独守歩十五大隊の黒崎中隊はハルハ山に進攻、吹雪のなかの白兵戦ののち奪取に成功する。

前日から守備についたばかりのモンゴル第八騎兵師団22連隊（兵力六〇〇）は潰乱状態となり、兵員二二名、砲四門、数十頭の軍馬を捨てネメルゲン河の対岸へ逃げ帰り、責任を問われたバダルチ連隊長は処刑された。日本軍の戦死者は九名にすぎず、ノモンハン戦全体を通じ珍しい快勝と言えよう。ジューコフ司令部は、モンゴル軍の要望を容れ奪還計画の準備を進めたが十五日に停戦となり、その機会を失った。

国境画定にさいし、満州国とモンゴルの国境は停戦時における両軍の停止位置で決まったため、モンゴルは南部のエルス山とマナ山の周辺で北部の係争地（ホルステン川周辺）とほぼ同じ面積（約五〇〇平方キロメートル）を失う。

モンゴルは現在でも「固有の領土がわが国の外側（注：中国）に取り残された(47)」不満をかこっているという。ほかにも、いずれが仕掛けたか判然としない小競り合いが起きている(48)が省略して、幻に終ったため判然としていない第六軍の攻勢構想を見直しておきたい。

第六軍の新攻勢構想

第六軍による攻勢計画の基本構想を練ったのは辻参謀を中心とする関東軍作戦課で、具体案を作成し、指揮下の各兵団へ伝達したのは第六軍司令部であった。「従来のような原則的戦法では、到底勝つ見込みはない(49)」と痛感した辻は「歴戦の体験から編み出された戦法」なるものを次のように記述している。

第一日の夕方から攻撃を開始し……夜は攻撃前進し、昼は防御する戦法を四日に亘り連続し、第五、第六日は準備を整え第六日夜、夜襲によって敵主陣地を突破しようとする考案であった。

一晩の攻撃前進する距離が五百米から千米までであり……旧式装備の軍で、戦車と飛行機と重砲の優勢な敵に対して、採るべきはただ夜間の攻撃だけである。この案を第六軍に示し、各師団に訓練と準備を命じた。

数個師団による連続一週間の夜襲という、日本はもとより世界戦史にも未聞の新戦法だが、辻に「名案ではなく、これ以外に勝味はない」と断言されて、異議を唱える声は聞かれなかった。

既述のように八月三十日、中島参謀次長を迎えて寺田参謀はこの辻構想を紹介し、九月十日に発動、下旬に終了、十月中旬までに撤収、主攻はハンダガヤ方面と説明している。中島はすっかり引きこまれ、ハルハ河渡河も必要だろうと地図上に渡河方面を指したほどであった。この「助言」もあってか第六軍の攻撃計画は手直しされ、第二師団によるハルハ渡河作戦が入り、主攻は北方の将軍廟―ノモンハン正面へ変更された。

主攻正面をなぜ変えたのか理由は明確でない。原駐地のチャムスからハンダガヤへ向かう途中で、展開地を将軍廟東南方へ変更された沢田第四師団長は、九月三日に主攻はハンダガヤ正面にすべきだとの意見書を第六軍へ届けている。だが五日の兵団長会議で荻洲軍司令官から飲料水の補給に難があるので北方（右翼）主攻へ変えたと釈明され、「これを諒とした」[50]と日記に書きとめている。

たしかに六月から八月にかけて将軍廟を本拠に石井四郎軍医大佐がひきいる防疫給水部隊は、五〇台の浄水車、一〇〇〇個以上のドラム缶を使い、ボイル湖とホルステン川を水源として一五万～二〇万石の浄水を供給した実績があった。

給水ばかりではない。新たな主攻正面は、ソ蒙軍がすでに「交通壕を有する二～三線の壕、ピアノ線をふくむ二～三線の鉄条網を張った[51]」強固な防御陣地を構築していた。捕虜の尋問によると、ソ軍守兵は「昼間は全員壕内にあるも夜間は全員鉄条網の前方に進出し坐しあり。その前方一〇キロメートルに複哨あり……夜間探照灯を以て陣地前を照明[52]し」という厳戒ぶりである。

その突破は容易ではないとはいえ、第二十三師団が四ヵ月にわたり苦闘したなじみ深い戦域でもあったし、第七師団も滞陣二週間を超えていた。一個師団で支えた狭い戦場に三個師団を並べれば、突破可能と読んでの転換だったのかもしれない。

左翼のハンダガヤ―アルシャン方面は片山支隊（攻撃発動時には第二師団主力へ合流予定）と後藤支隊、第3、第5独立守備隊、満軍の石蘭、鈴木支隊で牽制と補給ルートの確保に当ることとなったが、戦況によっては最左翼に第五師団を投入し、ハルハ河上流を渡河してジューコフ司令部を南北から挟撃する案も検討されたようだ。

ここで九月五日に第六軍が各兵団長へ伝達した「次期攻勢作戦指導計画[53]」の要点を掲げておく（図5－1参照）。

方針

軍は一部を以てホルステン川左岸（南岸）の敵を第七師団正面及東方地区に拘束し、主力をホルステン川右岸に転用し敵の左翼を破摧し之を包囲席巻してハルハ河畔に捕捉撃滅す。

攻撃開始の時期は十日前後とす。

指導要領

一、片山支隊を第二師団に戻し（著者注―実行せず）、後藤支隊、伊東支隊（四ツ谷支隊、長谷部支隊をふくむ）は、正面の敵を陽動により抑留牽制。

二、23Ｄ（第二十三師団）はホルステン川に沿って川又に向い攻撃。

三、７Ｄは23Ｄの右に連係し、ウズル水付近よりイリン台の敵を川又北方地区に向い攻撃。

四、２Ｄは７Ｄの右に連係し、フイ高地方向に進撃し敵の左側背を包囲攻撃す。

五、４Ｄ主力は２Ｄの右翼に連係し敵の左側背に楔入突進し敵の退路を遮断す。

六、右の構想成立の基礎は我が企図の秘匿と攻勢準備の周到に存す。

右のうち23Ｄは戦力が激減していたため当初は除外されていたが、復仇の念に燃える小松原師団長の熱望で道案内役を兼ね攻勢に参加することとなった。

九月五日の指導計画にその後加えられた修正点は、原文が見つかっていないのでやや明確さを欠くが、第二師団の機密作戦日誌に添付されている「第二師団攻撃計画案」（九月十

図5-1　停戦直前の第6軍配置

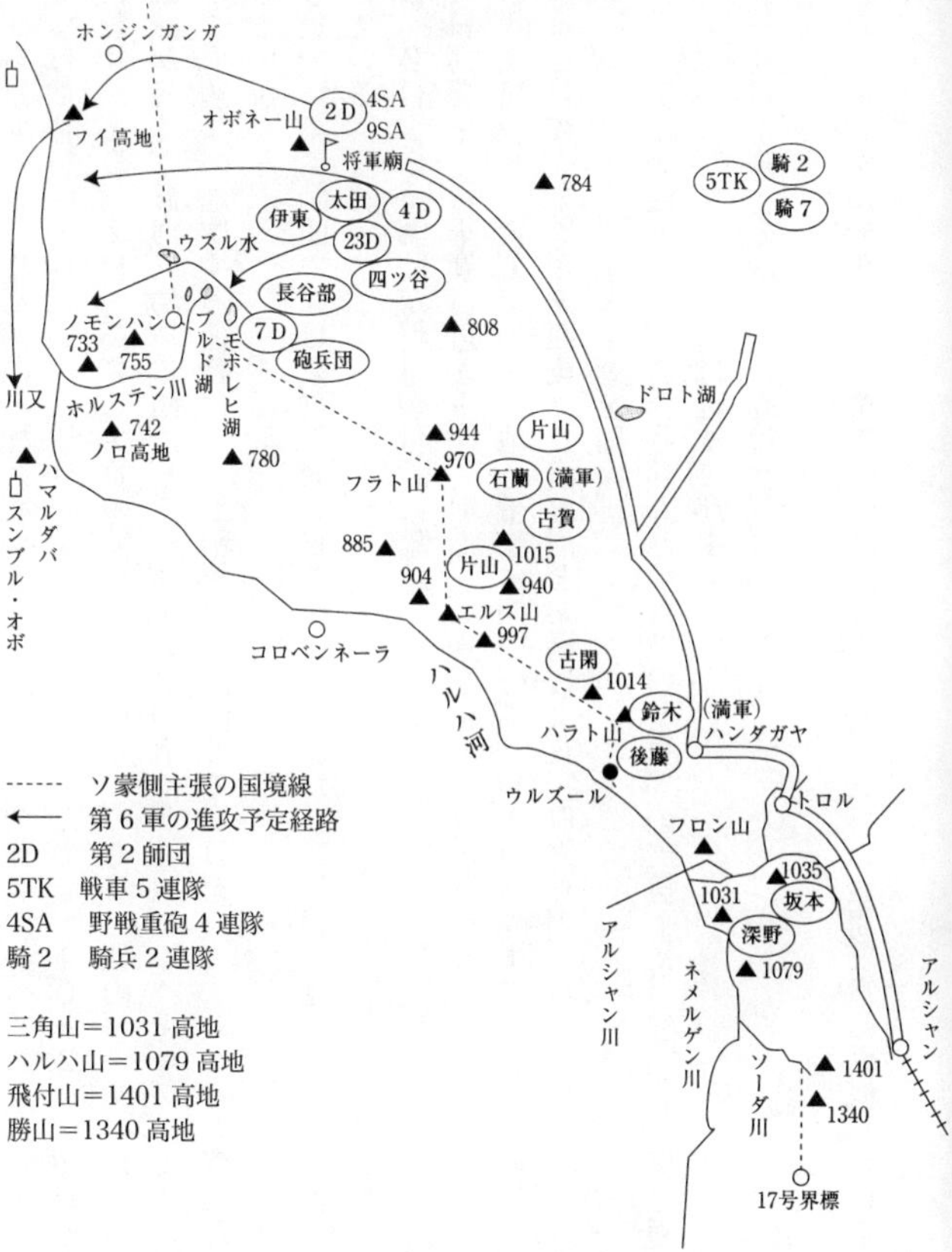

〔注〕国境画定議定書による満蒙国境線は、ウルズール（第13号界標）よりハルハ河、ネメルゲン河、ソーダ川を経て第17号界標で終る（河の部分は……を省略）。

日）から察すると、攻勢師団の配列順が変り、ハルハ渡河作戦が加わったようだ。

すなわち北から4D、2D、7D、23Dの配列順だったのを、4Dと2D、7Dと23Dが入れ替り、2D、4D、23D、7Dの順に変っているのである。理由は不明だが、前者は迂回距離が長く、渡河成功後に南下してジューコフ司令部が位置するハマルダバ（スンブル・オボ）周辺まで進撃する任務には、最精鋭の定評がある2Dをあてたいと考え直したのではあるまいか。


ついでに第二師団のX日（攻勢発動日）から起算した進撃日程を見ると、次のように設定されている。


X－2日……全師団が将軍廟付近に集結。

X日薄暮……将軍廟付近から出動前進。

X＋1日夜……夜襲でフイ高地一帯を占領、一部はハルハ河畔まで行き渡河準備。

X＋2日夜……タギ湖西側より漕渡河と架橋により、白銀査干（バインツァガン）高地、ベイスン廟を確保。

X＋3日……渡河した有力な砲兵（砲弾は一〇基数）の支援下に、昼間または夜襲でスンブル・オボ付近まで進出。

X＋4日以降……爾後の行動は状況により決す。


右の日程表を検分すると、第二十三師団による七月三日の渡河攻撃に酷似していることがわかる。主攻正面が途中で南方から北方へ変ったのもそうだが、着想が同じ辻参謀だから当然と言えるのかもしれない。それでは前回の教訓が生かされているかとなると、いささか心細い。

敵中を潜行して九月十三日にハルハ河に到達した歩4の石井正少尉ら八人の偵察班は、「最良と判定した渡河点は水深一〜二メートル、二条の水流はそれぞれ幅五〇メートル、敵の警戒希薄」[54]との報告書を十五日に師団司令部へ提出しているから、前回と同様の奇襲渡河は可能かもしれない。しかし渡河部隊が携行する糧食は各自が甲（コメ）一日分、乙（乾パン）二日分にすぎず、あとは将軍廟から握り飯を運ぶという予定だったから、爆撃で橋を破壊されたら立往生になりかねない。

より深刻な懸念はホルステン川北側のソ軍縦深陣地帯を、4Dと7Dが突破して川又まで到達しうるかであった。第六軍が「秘策」の触れこみで考案したのは、夜暗にまぎれ敵中深く潜行して戦車、火砲を破壊する特別挺身隊（潜入破壊班）の編成であった。

三〜五人が一組で一〇〇組を作り、手榴弾、吸着爆薬、戦車地雷を結束して戦車のキャタピラや砲門に押しこむのが狙いだが、部隊によっては「一人一門必勝必死」（砲兵団）のスローガンを与えたり、「雷管を釘で刺して自爆せよ」（工兵第2連隊）のような指示も見かける。第六軍の「戦闘教令」（九月六日）は夜襲の技法を解説したあと、「接近は絶対静粛、敵の哨兵に誰何《すいか》されたら〝ダヴァリシチ〟（同志だ）と答えよ」という微笑ましい知恵も授けていた。

停戦協定の成立

それでは次期攻勢作戦指導計画を実行していたら、どんな様相を呈しただろうか。計画の難点はいくつもあるが、書きだせば十数ページにもなろうかという種々雑多な増援の諸隊は固有編制を崩して全満各地から抜き集めたものが多く、その運用は至難の課題だった。

八〇〇キロメートル離れた北満の孫呉からかけつけた第一師団の例を見ると、まず七月十七日に各連隊（歩1、3、49、57連隊）から抽出した速射砲四個中隊が、第二十三師団へ増援される。ついで八月二十六日と二十八日、二次に分けた応急派兵が発令された。第一次は太田少将がひきいる混成第2旅団（歩3の二個大隊と歩57の一個大隊、野砲一個大隊、輜重兵連隊等）、第二次は後藤歩1連隊長が指揮する後藤支隊（歩1の二個大隊と歩49の一個大隊、野砲混成大隊、工兵連隊主力等）である。

太田旅団はハイラルから将軍廟までの二二〇キロメートルを一週間かけて徒歩で行軍したが、九月十日に着いた時は半数近くが落伍し「疲労の極に達して果してこれからの戦闘に耐えられるかと懸念[55]」された。後藤支隊は南廻りの鉄道輸送で九月五日アルシャン着、直ちに戦闘中のハルハ山地区へ布陣し、十一日の激戦（前述）に参加したのち、ハンダガヤへ移動中に停戦の日を迎えている。

動員された兵数は師団定員の半ばに達しない五〇〇〇人で、うち死傷者は一七九人、その九割以上が速射砲隊だから、参戦部隊のなかでは軽微と言えよう。それでも孫呉に残留した岡部直三郎師団長は速射砲隊の消息が気にかかり、参謀を第六軍に派遣して調べさせたが、停戦の日までに何の情報も得られなかったと書いている(56)。

指揮下の部隊でも所在の確認がやっとで、トラックや食糧の手配まではつきかね、大兵站部となった将軍廟はごったがえす。しかし「依然として重火器、機械化部隊は無く、人と銃弾の寄せ集め(57)」(島田英常)というのが実情だった。

集中末期の第六軍増加部隊は表5－1の通りだが、兵員数はソ連軍を上まわり砲兵力もほぼ均等なのに、最大の弱点は六八〇両と推定されたソ軍の戦車・装甲車に対し、日本軍の戦車は六〇両にすぎないという圧倒的格差であったろう。さすがに弱音を公言する指揮官はいなかったが、本音は「士気なんとなく上らず」(沢田第四師団長)、「攻勢の意気尚十分ならず」(畑砲兵団長)どころか「実行していたならば、またたく間に潰滅する悲運に逢着《ほうちゃく》する公算が極めて大きかった(58)」(大本営作戦課の井本少佐)と言えそうだ。

こうした空気が影響したのか、攻勢発動の予定日は九月十日、十二日、十四日と順延され、訓練中の兵士の間では二十日、二十三日説も流れた。天候も不順で、九月七日から十四日まで雨がつづき、十一日の九〇野砲部隊日誌は「蒙古平原に降る秋雨粛々として冷寒を覚ゆ」と記入している。

その間の九月十一日、矢野に代った関東軍の新参謀副長遠藤三郎少将が寺田の後任になった有末次《やどる》大佐とともに第六軍司令部へ現われ、「1．ノモンハン付近第六軍主力は逐次現態勢を撤し原駐地に帰還せしむ。撤退開始の時期は九月二十日と予定す。2．ハンダガヤ付近

表5-1　第6軍に増派された主要部隊（1939年9月15日時点）

部隊名	主要構成（連隊）	指揮官	兵力	原駐地	配備状況
第1師団主力	歩1、3、49、57等	岡部直三郎中将		孫呉	
後藤支隊	歩2大、砲1個大等	後藤　光蔵大佐	2,232		8/28動員、9/7アルシャン、9/13ハンダガヤ
太田支隊	歩3大、砲1個大等	太田　米雄少将	2,326		8/26動員、9/10将軍廟
第2師団主力	歩4、29、野砲第2連隊	安井　藤治中将	6,181	東満	8/26動員、8/31-9/7将軍廟
片山支隊	歩16、30、砲1個大	片山省太郎少将	4,518		8/26動員、9/3ドロト湖畔
第4師団	歩8、61、70、野砲第4連隊	沢田　茂中将	9,841	チャムス	8/28動員、9/8将軍廟東南
古閑支隊	歩8、砲1個大	古閑　健少将			9/13編成・フロン山
第5師団	歩11、21、41、42	今村　均中将		華北	8/29動員、9/10～9/18満州展開
第7師団主力	歩25、26、27、28	国﨑　登中将	10,613	チチハル	8/26ノモンハン展開
第8師団（一部）	歩32、砲1個大等	堤　不夾貴少将		東満	9/3動員、ハイラルへ
第14師団	歩2、15、50、59	井関　隆昌中将		華北	9/5動員、満州へ移動せず
国伊東支隊	歩1個大、砲1個大	伊東　武夫大佐	1,926	ハイラル	8/24動員
独守歩15大隊		坂本　弥平中佐			9/6アルシャンへ
独守歩16大隊		深野時之助中佐	433	索倫	8/18動員、8/26アルシャンへ
独守歩29大隊		古賀　竜一中佐			8/23動員、8/31ハンダガヤ
騎兵3旅団	騎4、23	木下　勇少将		チャムス	9/3動員、9/8ジャライノールへ
戦車5連隊		田畑与三郎大佐	43両	東満	9/1動員、9/10将軍廟へ
野重4連隊		白石　久康大佐	804	〃	8/26動員、9/4将軍廟へ
野重9連隊		井原潤次郎大佐	1,070	〃	8/26動員、9/4将軍廟へ
野重10連隊		長屋　朝生大佐	16門	華中	9/5動員、満州へ移動せず、10/19内地帰還
独立山砲4連隊		竹田　豊吉大佐	631	綏陽	待機のみ
独立山砲12連隊		村上　巌男大佐	24門	東満	9/1動員、9/4将軍廟へ
独立工兵22連隊		森木　明義中佐	136	フラルキ	9/3動員、ハイラルへ
速射砲（計）			230門		
高射砲（計）			36門		

注(1)8月20日以前に参戦し、9月15日にも第6軍に属していた主要部隊としては、第23師団、森田支隊（第7師団）、長谷部支隊（第8国境守備隊）、四ツ谷支隊（第1独立守備隊の歩第6大隊）、歩26連隊（第7師団）、野戦重砲3旅団があり、いずれも損耗大。他に独立野砲1連隊、迫撃2連隊、工兵第24連隊等があった。

(2)後方部隊、満州国軍は省略した。

(3)集中末期の第6軍兵力として、「ノモンハン事件研究報告」（昭15.1.10）に、歩兵53大隊、戦車60両、速射砲230門、重砲49門、軽砲238門という数字が掲記されている。

には所要の兵力を残置し該地付近を確保且、予定の鉄道建設を遂行するに努む。冬期残置兵力は温泉（アルシャン）以西混成約一旅団とす[59]」との関東軍命令を伝達した。

モスクワで進行しつつあった停戦交渉の如何《いかん》にかかわらず、攻勢を中止するという梅津関東軍司令官の決断であったが、荻洲軍司令官は「〝残念である〟と声涙共に下る姿」ながら「心の中ではホッとされたことは十分察知し得ました[60]」と遠藤は観察している。そのモスクワ交渉は九月十四日、東郷大使の申入れでモロトフ外相との間で再開され、東郷は国境線の問題には触れず五月一日以前への原状復帰で停戦するよう提議したが、モロトフはモンゴルの主張する国境線から日本軍は退去すべきだと譲らない。

東郷が「日本軍は満州国領域なるを信じて行動せるものなれば、国境画定前に退去し得ざるは当然なり」とつっぱね、「一時は破裂とさえ思わるる程であった[61]」と回想するのは、このシーンであったろう。しかし彼は最終譲歩案として、双方とも現在占拠している線で停戦してはと申し出る。

モロトフは考慮したいと返事を保留したが、翌十五日の第四回会議で前日の日本提案を受け入れ、係争地域における満蒙国境線を「再画定」するため日満およびソ蒙代表から成る混合委員会の設置を取りきめた。双方の占拠線は、ほぼそのまま新国境線として固定される可能性は予見されていた。だがノモンハン周辺の係争地は不利でも、ハンダガヤ―アルシャン方面では日本軍のかけこみ占領地域で埋め合わせがつくので、ソ連側もかなり譲歩したといえよう。それなりの理由はあった。

ソ連側は第六軍が準備していた攻勢が発動されれば、かなり長期の消耗戦となるのを危ぶんでいた。流動的な東欧情勢、とくにポーランド進駐（九月十七日）、フィンランド侵攻（十一月）に向けての準備が差し迫っていたし、この機をとらえて停戦するメリットを意識していたと思われる。

有力な判断材料となったのは、九月十三日夜にシュテルンからウォロシロフ国防人民委員へあてた次の電報（要旨）だったろう。(62)

多くの情報を総合すると、日本軍は最近の壊滅的敗北への報復を、いかなる代償を払っても遂行すると決め、近く大攻勢の発動を準備している。すでに2D、4D、23D、7Dなど四～五を下らない師団が集結し、9D、朝鮮からの兵団、特殊部隊、新手の満州国軍も急派されるという情報がある。ハルビンからの情報だと一〇〇〇門近い砲、一五〇台の戦車、五〇〇機近い飛行機も投入されよう。

ハルハ河東岸のわが防御線は堅固で、ジューコフ集団軍の損耗はほとんど補充ずみだが、さらに第94師団、第37戦車旅団等をザバイカル軍管区から増派（九月十六日着予定）。現有三五〇機の戦闘機に加え四八機を増派するが、なお不足なので配慮されたい。

砲と戦車がやや誇大なのを例外として、日本軍の動静をほぼ正確につかんでいたことがわかる。それを背景に、前記の東郷・モロトフ会談で双方が合意したのは、

1. 日満軍及ソ蒙軍は九月十六日午前二時（モスクワ時間、満州時間では午前八時）を期し一切の軍事行動を停止す。
2. 日満軍及ソ蒙軍は九月十五日午後一時其占め居る線に止まるものとす。
3. （略）
4. 双方の捕虜及屍体は交換せらるべく、右に付現地に於ける双方軍代表者は直に相互に協定し実行に着手す。
5. 最近紛争のありたる地方の蒙古人民共和国及満州国国境を明確ならしむる目的を以て、ソ蒙側代表二名及満州代表二名より成る国境画定委員会を成るべく速かに組織する。

のような内容であった(63)。

それを受けた大本営は、大陸命第三五七号（九月十六日十三時十分）によって、関東軍司令官へ「自今ノモンハン方面（ハンダガヤ付近を含む）に於けるソ蒙軍との戦闘行動を停止すべし」と命令し、四ヵ月にわたったノモンハン事件は名実ともに終結した。

このタイミングとなったことについてクックスは、ポーランド進駐を二日後に控えたソ連は「九月十五日を対日交渉の最終日と決めていたに違いない(64)」と断じ、政戦両略をぴったり整合させた手法に感嘆の辞を惜しまない。

二年かけた国境画定

その後の経過をざっと展望しておくと、停戦協定成立の翌九月十六日から一週間、ノモンハンの現地で細部の現地交渉が実施され、二十四日から三十日まで日本兵約一〇〇〇名を動員した作業で、四三八六体の屍体（日本側から引き渡したのは二三体）が収容された。捕虜交換は九月下旬と翌年四月の二次にわたり実施され、日満軍二〇四名（うち満軍四四）、ソ蒙軍八九名の捕虜が交換された。

次に全長二五六キロメートルに及ぶ国境画定交渉は、昭和十四年十二月からチタとハルビンで始まるが、難航した。[65]「公の権威ある地図及び文献」を基礎に論議する建前になっていたが、提出された地図が日満側十八種、ソ蒙側二十三種とあっては、おたがいに地図や文献の欠陥をあげつらう水掛論にならざるをえない。しかも本音の部分では、ソ蒙側はノモンハン地区における既得の占領地は原則として譲る気はなく、日満側はそれを是認するわけにはいかぬ意地があった。

ハルビン会議最終日の前夜、日満側の打合せ会議でのやりとりを随員の北川四郎（満州国外交部）は、次のように記している。[66]

三品隆以少佐（関東軍参謀）「軍は会議が決裂しても、やむをえないと思う。ソ連軍の占領を認めるわけにはいかない」

北川「清朝の行政区界を継承した境界は、ほぼ確保せられており、けっして敗けたことにはならぬ、不名誉にはならぬはずだ。だから何としても会議を決裂させてはならない」

三品「北川君の言うことは、まことに理路整然としている。しかし、軍人の立場として先輩、後輩、部下が多数倒れた戦場をソ連軍が占領していることを、認めることはできぬ」

亀山代表「君は補佐官ではないか。僕は全権代表として会議を妥結させたい」

亀山一二《かずじ》は満州国外交部政務処長へ出向していた日本人外交官で、外務省―梅津兼駐満州国大使を通じ、妥結の方向でまとめるよう訓令を受け、ボグダノフ少将（ジューコフ将軍の参謀長）との会談で南部のアルシャン地区で日満側の主張を通すかわりに、ノモンハン地区ではソ蒙側に譲歩する妥協案をまとめ、調印にこぎつけようとしていた。

ところが、ボグダノフは予定日に妥協案を撤回すると通告し、代表団はそのまま引き揚げてしまう。本国から打ち切りの指示が来たからとも、関東軍が工作員を使って暗殺を企てたからともいわれるが真相は不明(67)だ。

ここで交渉の舞台はモスクワへ移る。東郷大使とモロトフ外相、ロゾフスキー次官の間で、赤軍参謀本部が発行した二〇万分の一地図を使った応酬がつづき、昭和十五年六月九日に大筋についての協定が成立し、九月から現地で測量による細部の画定作業に移った。

代表は亀山が下村信貞政務処長へ、ボグダノフがスミルノフ大佐へ交代し、現場の専門家たちは対象地域を二分して、フラト山を基点にボイル湖までの西方を第一小委員会（日満側委員会は坂東通邦少佐）、フラト山からアルシャン西方地区までは第二小委員会（島義少佐）が担当した。

表5-2　国境画定交渉の経過

場所	日付（年・月・日）	代表	記事
モスクワ	昭14.9.15	東郷大使—モロトフ外相	停戦協定成立
同上	14.11.19	同上	満蒙国境画定混合委員会設置の取極
チタ	14.12.7～12.25（8回）	亀山一二（満）、久保田総領事（日）、ボグダノフ（ソ）、ジャムサロン（蒙）	
ハルビン	15.1.7～1.30（8回）	同上	
モスクワ	15.3.5～7.18	東郷大使—モロトフ外相	6月9日仮合意
チタ	15.8.3～8.24（6回）	下村信貞（満）、スミルノフ（ソ）、ドルジ（蒙）	現地国境画定委員会を設立
現地測量	15.9.2～11.30	同上	
（日ソ中立条約）	16.4.13	松岡外相—モロトフ	
モスクワ	16.4.15～5.9	建川大使—モロトフ	
チタ	16.5.28～6.14	下村、スミルノフ、ドルジ	技術協定
（独ソ開戦）	16.6.22		
現地作業	16.6.27～8.17		国境標識、標柱の建立
ハルビン	16.9.23～10.15		議定書の調印

なにしろ地物の乏しい茫々たる草原と砂丘ばかりのうえ、モスクワの東郷・モロトフ協定で国境線の屈折点として選んだオボは実在しないものが多く、地図上の国境線と対照してどの地点に標識を立てるかをめぐり、双方委員の間で激論がくり返された。なかでも九月二十一日、ノモンハン・ブルド・オボの屈折点をめぐる三時間余の論議で、スミルノフ代表は「蒙兵の鮮血に依り彩られたる之等砂丘は一歩なりとも譲らぬ。以後は日満側委員らの立入りを禁じる」とつっぱり、下村委員は「暴言だ」と怒り退席して戻ってこなかった(68)。

こうして現地の画定作業はまたも十一月末に物別れの形で中絶してしまう。ソ蒙側はノモンハン以西では強硬だが以東、とくにハンダガヤ―アルシャン地区の南部は、九月に入ってから日本軍のかけこみ占領が既成事実化している実情を反映してか、さほど固執しないようすが感じとれた。そこで日本側はアルシャン―ハンダガヤ―ハイラルを結ぶ鉄道予定線に沿った領域の拡大を狙い、中北部で譲った分を南部で埋め合わせた。

さて休止状態にあった国境画定交渉は昭和十六（一九四一）年四月、モスクワにおいて再開されるが、日ソ中立条約の締結を機に、ソ連側は急速に態度を軟化させ、現地作業を十六年中に完了する方針を示した。さらにモロトフが「どうすれば作業を円滑に進められると思うか」と問うたのに対し、建川大使は「十数ヵ所の屈折点の選定は経緯度に依拠し、現地での合意を早めるべきだ」と答え、モロトフも賛成した。

また屈折点の確定に当り、それまでの未測量部分を残した赤軍の二〇万分の一地図に代ってより精密な関東軍の一〇万分の一地図を使用することとなり、チタ会議の打合せを経て、1号〜17号の国境界標（石柱）、その中間に1号〜132号の標識木柱が建立された。

その間に独ソ開戦があり、極東軍の西送を必要としていたソ連は、辺地の国境画定のような些事に関わる余裕を持てなかったせいか、ほぼ日本側の主張どおりに現地作業が進む。

ハルビンで調印された十六年十月十五日付の最終議定書は、新たな国境線について「ボイル湖北岸ホイト・エリグ第I—1号主要国境標識より、アマラルティン・オーラ第XVII—132号主要国境標識に至る延長二五六キロメートル七九にして、内陸地区に於ける国境は一五三キロメートル五二、河川地区に於ける国境（本流の中央）は一〇三キロメートル二七なり」と規定している。次に二年近い交渉の過程で論議された主要な争点を、地区別に概観しておきたい。


ボイル湖周辺—ボイル湖北端を起点とするハルハ河、ウルシュン河の両河を結ぶシャラルジ川で形成される三角地帯には、中央西寄りに一九三五年、日満蒙軍が争奪したハルハ廟があった。その後は無人地帯となっていたが、ノモンハン戦の初期に外蒙軍が占領した。

中南部を重視していた外務省は、モロトフがハルハ廟の確保に固執したこともあり、この地域では譲歩する方向で臨んだ。東郷はまず三角地帯を折半したい、困難ならシャラルジ川の線をと提議したが、モロトフはシャラルジ川北方の線にこだわり、十五年六月の協定で東郷は受け入れ、そのまま確定した。

ボイル湖自体とその西方地区は交渉の対象から外れてしまう。日本軍の地図はボイル湖南端から西南へ旧紛争地のオラホドガ（オランホドック）、タウランを結んだ線を国境線としていたが、ソ蒙軍の地図はオラホドガで西北へ延びる線を描き、満領へかなり入りこんでいた。この線は一九六二年の中蒙協定で追認されている。日本も四一年以降、それを黙認していたと思われるが、詳細は不明である。

ノモンハン地区─激戦の主戦場だったが八月末、守備態勢に移ったソ蒙軍は、彼らが主張する国境線のやや内側に陣地を構築し、日本軍は数キロメートル離隔した線で対峙していた。

本来は清朝時代から伝承されてきたブルド・オボを屈折点とするはずだったが、オボは現存しないのを知っていた日本側は、ホルステン川を越え三キロメートルばかり南西方の地点をモスクワでの図上協定で合意したブルド・オボと標定し、押問答のすえソ側も最終的に同意した。

旧ブルド・オボをふくむホルステン川の源流地区は湿地帯だったので、それを嫌い高所を選ぶ意図もあってのことかとも思われる。

最終議定書は屈折点の位置について、

(1)国境線はシリンホドクⅦ─33号より南東へ直線をなして二七・六キロメートルでノモンハン・ブルド・オボⅧ─52号に至る。

(2)シリンホドクより国境線はウズル水の西方一〇〇メートルを通り、その南方五〇〇メートルの砂丘上等を経て約一・〇キロメートルの間大凹地を進み、緩斜面を上った砂丘の小丈脈上に位置するブルド・オボの標識に達す。

(3)ブルド・オボより東南東方へ直線で進みフラト・ウリイン・オボに至る。

と説明している。

アルシャン西方地区―南部のハロン・アルシャンはトロル、ハンダガヤを経てハイラルに至る鉄道線敷設計画の起点となっていたので、日本軍はこのルートの安全性が脅かされないよう望んでいた。

そのためノモンハン戦の末期にアルシャン西北方のアルシャン川、ネメルゲン川で囲まれた山地帯に新鋭部隊を投入し、既述のようにマナ山(ハルハ山)の戦闘でモンゴル軍と戦い、ネメルゲン川の西方に追い払った。

この既成事実を確定しようと努めた日本側は停戦協定成立のさいに、東郷大使が「ハンダガヤ街道の安全及交通は

15日)

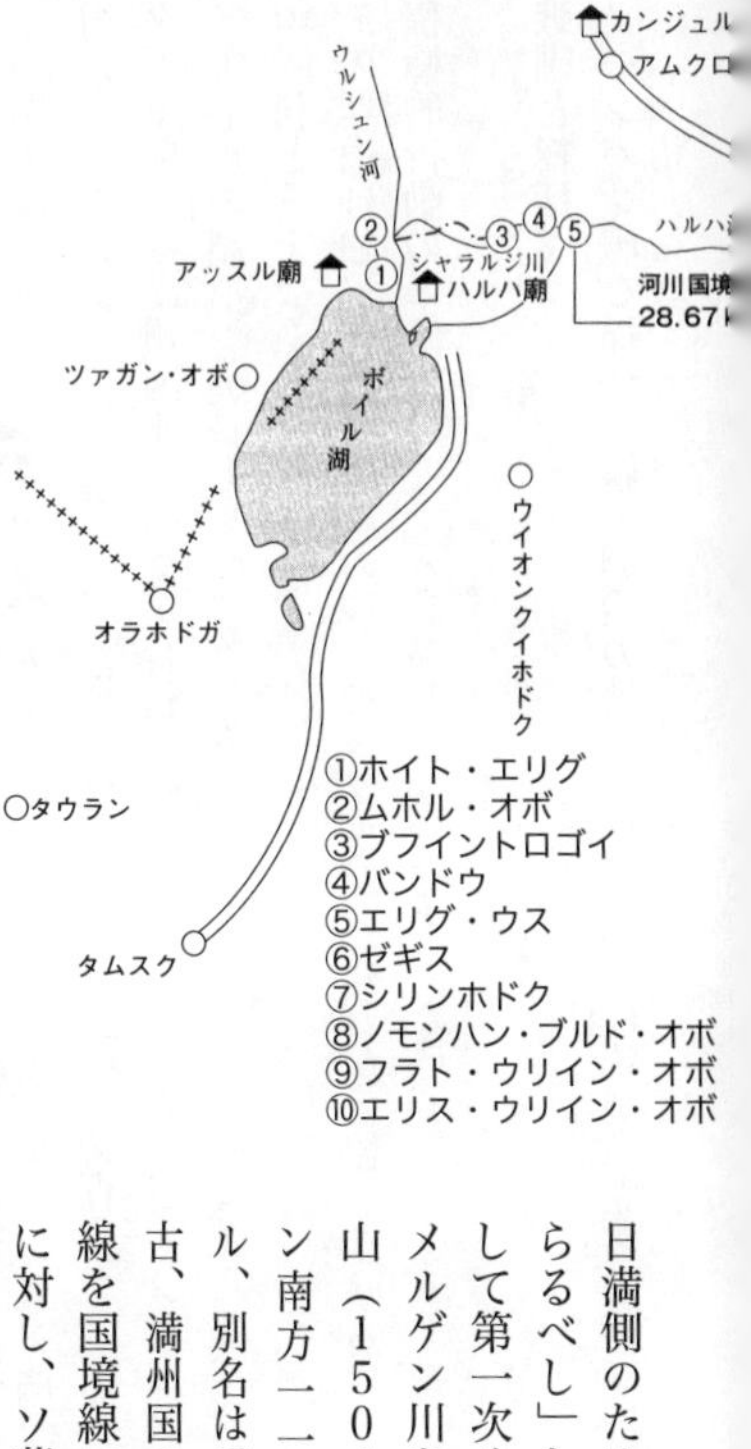

図5-2　最終画定された満蒙国境（1941年1

日満側のために完全に維持せらるべし」と申し入れた。そして第一次チタ会議では「ネメルゲン川を溯り、ソヨルジ山（1504高地、アルシャン南方一一〇キロメートル、別名は三国山で、内外蒙古、満州国の国境点）に至る線を国境線に」と主張したのに対し、ソ蒙側は「アルシャン川を国境なりとし、日満軍が五キロメートルほど該地区を不法に占拠しているのは認めない」が「鉄道敷設のため二～三キロメートルの替地は与えてもよい」と譲歩的姿勢も見せた。

十五年三月からのモスクワ交渉につづく現地交渉で、中・北部を重視するソ連が南部では日本側の主張に歩みより、ネメルゲン川第一支流（ソーダ川）の延長線上まで折れてきた。アルシャン西方の南北稜線を確保したいとする関東軍の意向に沿って第二小委員会の島少佐は稜線上の二拠点である1401高地（飛付山・アルシャン西方一四キロメートル）と1340高地（勝山）を占領するよう具申する。

停戦後、ハンダガヤ—アルシャン地区の守備を担当していた第七師団の一隊がすぐに動き両高地を占拠したさい、八月十一日にソ蒙側の測量隊と衝突する。[69]測量隊はすぐに撤退したが、なぜかソ連は交渉の席で抗議していない。既成事実を作られたほうが引き下るというのが、暗黙の了解だったのかもしれない。

十六年の最終段階では国際情勢も影響してか、現地画定の細部は日満側に一任する形勢となった。ソ蒙軍の地図が未測量だったこともあり、関東軍の地図へ転写するさい、前記の稜線よりさらに西方へ二キロメートルばかり寄った山麓に、14～17号国境界標が設定された。

総体的に見て、日満側は中・北部で失った分を南部で埋め合わせたと評せるだろう。しかもその過半は九月に入ってからのエルス山、ハンダガヤ、アルシャン西方におけるかけこみ利得だったと言える。「ノモンハン地区は満州国外交部の調査通りに国境が確定し一方、ハンダガヤ地区は満州国側のほうが有利に確定された」[70]結果、「（モンゴルは）一一四〇平方キロメートルの領土を失った」（ラグバスレン）といった認識に従えば、領土の争奪では日満側の勝利と言えなくもない。

その理由は独ソ戦の渦中にあったモスクワが「我方が妥協をなせるは……西部国境における積極的行動の準備に必要」[71]と認識したからであったろう。

戦訓と総括

ノモンハン戦を描いた藤田嗣治の戦争画は、戦車に銃剣で立ち向かう日本兵の姿をクローズアップしている。第二次大戦中に数多くの戦争画を描いたことで批判された藤田が、なぜ速射砲、せめて火炎びんを主役に立てなかったのかと疑問の出るところだが、画家は銃剣という原始的兵器に思いを託したかったのかもしれない。皮肉にもそれは銃剣に象徴される白兵戦への信仰を深めていく日本陸軍の嗜好に合致していた。

大きな戦闘や戦争が終ったあとには、得られた教訓を引きだし次の機会に生かそうとする衝動に駆られるのが通例である。ノモンハン戦も、例外ではなかった。

大本営は停戦から二ヵ月後の昭和十四年十一月に「ノモンハン事件研究委員会」（委員長は小池竜二大佐、主査は小沼治夫中佐）を設置し、現地調査をふくむ研究討議を重ね翌年一月、成果をまとめて陸軍三長官へ報告書を提出した。[72]「戦略戦術及幕僚勤務」「編制装備」「防衛交通通信」「教育」「兵站兵器」などの七篇から構成されているが、身内が身内を裁くことには限界があり、とくに責任に関わる追及は微温的にならざるをえない。

それでも「総説」（第一篇）では、ノモンハン戦の本質を「必勝の信念と旺盛なる攻撃精神」の「精神威力」（日本）と戦車、砲兵、飛行機に代表される「物質威力との白熱的衝突」と定義したうえで、精神力は「物資力に対抗し得ざることあるを認識するの要あり」と踏みこんだ。しかし上層部から反発が出て、最終的には「最大の教訓は国軍伝統の精神威力を益々拡充すると共に、低水準に在る我が火力戦能力を速かに向上せしむるにあり」と当りさわりのない総括でしめくくった。

委員会が発足する直前の十月四日、陸軍省内の課長会議で岩畔《いわくろ》軍事課長が「日本軍の装備をソ連なみにしようとしても、八割以上とするのは期待できない。したがって敢闘精神に頼る以外には方途がない」(73)と発言しているあたりから察すると、落とし所は最初から決まっていたも同然だったのではあるまいか。

いずれにせよ、火力戦能力が短時日に向上するあてはないから、当面は夜間の急襲戦法と白兵戦能力で対抗するしかないとされた。さらにクックス博士は報告書が取りあげなかった日本軍の弱点として兵力の逐次投入、装備改善の遅さ、夜襲への執着、非降伏主義、守勢への嫌悪、航空機による地上支援能力の低さ等を列挙している。

前記の諸指摘のなかで注目すべき論点は装備改善の遅さ、すなわち現場の教訓に即応して次の戦闘に間にあうよう兵器を改良し、ひいては戦法を改変しようと考えない教条的思考だった。そもそもノモンハン戦に投入された日ソ両軍の装備で、量はともかく質の点では大差はなかった。

あるとすれば須見歩26連隊長が「敵は戦闘中に装備改善を進めつつあり」と気づいたような、ソ連軍の即応能力であったろう。ソ連軍が持ち、日本軍になかった新兵器はパニック的効果を発揮したとされる火炎放射戦車(ただし出動は三七両だけ)と鉄条網のピアノ線ぐらい、その逆はジューコフがユーモア混りでスターリンに報告した携帯用蚊帳《かや》ぐらいにすぎない。

新兵器どころか、日本軍が一貫して頼りにしたのは制式の装備品リストに入っていない火炎びんだった。第六軍の増援部隊が野重連隊の兵士までサイダーびんを持たされて二〇〇キロメートルを行軍したのは、すでに記した通りである。だが七月三日のハルハ渡河攻撃で火炎びん攻撃に悩まされたソ連軍はすぐに対策をたてた。過熱して引火しやすいラジエター部に金網をかぶせ、燃料をガソリンからディーゼル油に替え、不燃性を高める。

その結果、第二次ノモンハン戦では戦果があがらなくなり、それに気づいた小松原師団長は「サイダー罎《びん》を以て肉薄攻撃するも効果なく我軍をして失意せしめたり」（八月二十二日付）と日記に書いた。「敵の優良戦車現出」と標題をつけたことからも、失意のほどが知れる。

対戦車兵器の決め手と目された速射砲も、第十一師団を除く全満の部隊から総動員（集中末期には二三〇門）したが、ソ連軍は射程外から大砲で叩いたり、戦車を死角が生じないよう梯形《ていけい》の集団で前進させるなど対抗策を講じたので、バインツァガン戦の再現は望み薄となる。

日ソ両軍とも互いに危惧していた化学兵器（毒ガス）と細菌兵器は、限定戦争という性格もあってか使用は抑止された。それでも石井給水部隊は実験レベルながらホルステン川に細菌を流した形跡がある(74)。

また関東軍化学部と陸軍習志野学校は昭和十三年八月に制式採用された青酸ガス（ちゃ剤）の研究演習をノモンハン戦さなかの十四年八月、チチハルで実施していた。対戦車攻撃用の「ちび弾」は未完成（十六年に実用化）だったが、戦場後方で待機していた迫撃第2連隊によるガス弾の発射は可能だった。演習の日程から推測すると、威嚇効果を狙ったのかもしれない(75)。

A・D・クックスは大本営の戦訓委員会報告書について、「問題の核心というべき軍中央と関東軍の協調の欠如について言及されていなかった[76]」と指摘する。

では言及はなかったにせよ、植田軍司令官から作戦参謀に至る関東軍幹部を更迭し、第六軍の攻勢を中止させたことで大本営の権威は回復し協調関係は復元したのか、という疑問に答えるのは簡単ではない。

梅津新軍司令官は大本営の意を体しノモンハン型の国境紛争の再発を防止するため、十四年十一月六日の関東軍兵団長会議で、新たな方針を示達した。原文は未発見だが、退任を数日後に控えた小松原第二十三師団長の日記に、軍司令官の基本姿勢と新方針を示す訓示の概要が記入されているので、それを引用したい。

(1)統率方針――北辺の重鎮を以て任ず。極東ソ軍に対し威重を示し、努めて事端を醸《かも》さず大本営をして安神して支那事変の処理に邁進せしむ。

(2)国防方針――大局に関係なき児戯的越境は之を避く。国境問題より不本意なる開戦惹起は之を行わざる方針。兵力出動は中央と緊密なる連係の下に行う。

(3)国境警備方針――国境の重要なる部分に警備線を設く。警備線は国境内方に設く……警備線は防衛司令官が選定し関東軍司令官の認可を受くるものとす。

悪名高い「満ソ国境紛争処理要綱」に代わるこの「国境警備要領」は、国境線の後方約二

○キロメートルに警備線を引き、その地帯内にはパトロールのほか部隊を入れず、たとえソ蒙軍が国境線を越えても、警備線を侵さないかぎり、第一線部隊の武器使用を禁止する「緩衝地帯の設定」が主眼だった。その結果、「梅津軍司令官時代（十四年九月〜十九年七月）には国境武力紛争は一回も起こらなかった(77)」と林三郎（元参本ロシア課長）は特筆する。

だが対ソ戦略をも一新させようとする試みは、成功しなかった。きっかけは、九月十二日に攻勢作戦の中止を第六軍に伝達した新任の遠藤関東軍参謀副長による問題提起だった。

作戦課育ちの遠藤は日中戦争が解決するまで、ソ連軍との対決は先延ばしすべきだとの観点から、国境紛争の再発を予防するばかりでなく、それまでの東満と北満から沿海州・シベリアに打って出る年度作戦計画を変更し、ソ連軍を満州国内で迎え撃つ防勢戦略に切り換えるべきだと主張した。

説得された梅津新軍司令官と飯村新参謀長は賛同したが、有末高級参謀と島村参謀は古巣の大本営作戦課と短絡して遠藤案を拒んだ。梅津は沢田参謀次長―富永恭次第一部長を軸とする中央の圧力に屈し、遠藤は在任半年で更迭された。その過程で富永は「日本軍に防御なし(78)」と言い放ち、沢田からは「関東軍にはノモンハン事件に懲りて恐ソ病に罹《かか》っている者があるということではないか(79)」と反問されたと、遠藤は回想する。

対ソ作戦計画が防勢本位へ転換するのは大東亜戦争末期の昭和十九年まで延びるが、十六年夏にはドイツの対ソ開戦に呼応してシベリアへ進攻しようと、大本営は演習（関特演）の名目で約五〇万の大兵力を満州に集中し好機を窺った。好機の解釈は〝熟柿派〟と〝青柿派〟に分れたが、ドイツ軍の進撃速度が落ちたことで冬期到来前に作戦終了の見込みが薄れたため、八月九日に大本営は対北方武力行使を断念し、対米英戦を覚悟しての南方進出に方向転換する。

その間に関東軍の現地部隊の中には「好機到来せりと為し、場合に依りては事端を醸《かも》して対蘇攻撃の火蓋を切るべし等の強硬意見」も流れていたらしく、梅津軍司令官から「時機を失する時は独断進攻すべきあるを予期する。予《あらかじ》め承認を乞う(80)」との軍機電報が大本営へ舞いこんだこともあった。

陸軍がこの時点での対ソ進攻を思いとどまったのはノモンハン事件の敗北コンプレックスだと解説する評言を見かけるが、むしろノモンハンの復仇をと意気ごんだと見るのが妥当だろう。しかも動員された兵力だけは多くても、装備の質に向上改善の跡は見られない。「秘密扱いが厳しく、中堅以上の将校でも(戦訓)報告書の存在を知らない者が多く、普及しにくかった(81)」となれば、せっかくのノモンハン戦訓が生かされる機会はなかったと断定できそうだ。

ひるがえって、ソ連軍がノモンハンの戦訓をどう摂取し評価したかにも触れておきたいが、当時の公式文書は、スターリン独裁体制を反映してか、「社会主義の絶対的勝利」とか「偉大なるレーニン＝スターリン同志の教育を受け……」(ジューコフ最終報告書)式の巧言、美辞が多く、本音の部分はつかみにくい。

それでも、ソ軍歩兵は概して自立して戦う個人的技能が不足していることは認めている。

作家のシーモノフに至っては「日本軍の歩兵そのものについては、どんなにほめちぎっても足りないくらい、立派に戦ったと正当に評価しなければならない」[82]と強調した。

ジューコフは国境画定交渉の処理を見届けるため、妻を呼びよせウランバートルに滞在したが四〇年五月キエフ軍管区司令官へ転任し、六月に上級大将へ昇進する[83]。一年ぶりに帰国してスターリンと会ったジューコフは、砲兵と戦車は日本軍に比べて優れていたが、日本軍の歩兵は白兵戦に優れ、彼らの操典と矛盾はしているがとくに防御戦闘が得意だと評した。ついでに兵士や下級指揮官の能力は誉めそやしたが、上級将校は「あまりイニシアティブをとらず、紋切り型の行動をする」と辛口である。

この観察が正しいとすれば、防御とくに専守防御の教育訓練をほとんど受けていなかったのが日本軍の欠陥だと指摘した小沼中佐は、実態を見誤っていたことになる。もっともソ連側が自軍歩兵の能力が低いと認めているのに、日本側参戦者の多くが八倍のプリズム眼鏡付き小銃を操るソ連歩兵の狙撃能力を高く評価していたから、誤認はお互いさまと言えなくもない。

戦史家のヴォルコゴーノフ将軍はノモンハン戦の戦訓資料を集めたのに参謀本部が死蔵したため、フィンランド戦や独ソ戦への対応を誤ったと強調している[84]。シュテルンが集めた戦史資料と報告書の作成に協力せず葬ってしまったのはジューコフだとの批判がのちに現われたのは、この件を指しているのかもしれない[85]。そうだとすると、期せずして日ソ両軍の上層部はいずれも戦訓の直視を嫌ったことになる。

ノモンハンの勝利でスターリンに重用され一年半後には参謀総長へ登用されたジューコフでさえ、すべての献言を採用されたわけではなかった。とくに彼がノモンハン戦で実証した戦車集団の独立使用は一時否定され、歩兵直協用法に逆戻りしてしまい、独ソ戦の初期にドイツの戦車軍団に敗北する一因となった。スペイン内戦の戦訓と競合したためともされる。(86)

ノモンハン事件に対する諸論評を見渡して、私は「(関東軍の)勇み足と火遊びのような冒険主義」「それは奇妙で残酷な戦いだった。どちらも勝たなかったし、どちらも負けなかった」(半藤一利)という短い論評が、総括にふさわしいと感じている。

注

(1)『西園寺公と政局』第八巻、五二―五三ページ。
(2)前掲「畑俊六日誌」八月二十三日の項。
(3)西浦進『昭和戦争史の証言』(原書房、一九八〇)一二一ページ。
(4)細谷千博「三国同盟と日ソ中立条約」(『太平洋戦争への道』第五巻、朝日新聞社、一九六三)一五九―一六〇ページ。
(5)たとえば筆者不明(松岡洋右か)「事変を迅速且つ有利に終熄せしむべき方途」と題した七月十九日付の意見書(陽明文庫蔵、義井博『増補 日独伊三国同盟と日米関係』南窓社、一九八七、に収録)は、かなり早い時点で四国連合構想を説いていた。
(6)前掲『西園寺公と政局』第八巻、六六―六七ページ。
(7)三宅正樹『スターリン、ヒトラーと日ソ独伊連合構想』(朝日選書、二〇〇七)七八―七九ページ。

(8) 前掲「関東軍機密作戦日誌」九〇、一三三―一三四ページ。
(9) 同右、八〇―八一、一二一ページ。
(10) 外務省欧亜局第一課『日ソ交渉史』(巌南堂、一九六九) 五一九―五二〇ページ。
(11) 関参一電四六八号 (大本営研究班「関東軍に関する機密作戦日誌抜粋」三二一ページ)。
(12) 前掲『日ソ交渉史』五二〇ページ。
(13) 前掲三宅、六九ページ。
(14) 前掲『日ソ交渉史』二二三―二二七ページ。
(15) 前掲『一軍人の憂国の生涯』における土居の回想 (一一六ページ)。
(16) A・D・クックス『ノモンハン』上、一七二ページ。
(17) 前掲井本熊男メモ。
(18) 稲田正純「ソ連極東軍との対決」(『別冊知性――秘められた昭和史』一九五六年十二月号)。
(19) 前掲「大本営研究班」三七ページ。
(20) 浜田寿栄雄「ノモンハン事件回想録」(一九六〇、防衛研究所蔵)。
(21) 全文は「石蘭支隊陣中日誌」(靖国偕行文庫蔵) に収録。
(22) 前掲「大本営研究班」三八ページの八月二十六日関東軍司令官発参謀総長宛関参一電五七二号。
(23) 八月二十九日着の関東軍参謀長発次長・次官宛関参一電五八八号。
(24) 前掲「関東軍機密作戦日誌」九三ページ。
(25) 前掲西浦、八八ページ。
(26) 前掲稲田。
(27) 前掲『昭和史の天皇29』の稲田正純談 (三五四ページ)。
(28)「中島鉄蔵中将回想録」(一九四〇年、参謀本部の竹田宮恒徳王少佐による聴取、防衛研究所蔵)。
(29) 辻政信『ノモンハン』(亜東書房、一九五〇) 二二二―二二三ページ。
(30) 前掲「大本営研究班」四九ページ。

(31) 前掲『昭和史の天皇29』の稲田談(三五七―三五八ページ)。
(32) 今岡豊(参本作戦課)日誌、九月七日の項(防衛研究所蔵)。
(33) 前掲「中島鉄蔵中将回想録」。
(34) 前掲『昭和史の天皇29』の稲田談(三五八ページ)。
(35) 前掲「大本営研究班」四九ページ。
(36) 前掲辻、二三二ページ。
(37) 九月六日陸軍大臣発関東軍司令官宛(前掲「関東軍機密作戦日誌」一四六ページ)。
(38) 同右、一四七ページ。
(39) 大本営が関東軍へ第五、第十四師団、野重二個連隊、速射砲九個中隊(五四門)、兵站自動車二十五中隊などの増援を内示したのは八月二十九日で、逐次大陸命で発令された。第十四師団(在華北)の満州派遣が発令されたのは九月五日(大陸命三五五号)である。
(40) 前掲畑勇三郎日誌、九月二日の項。
(41) 小松原日記の九月五日の項から引用した。なおこの軍司令官訓示はソ蒙軍が九月八日、977高地をめぐる戦闘で片山支隊の戦死者から入手して東京裁判に提出され、判決文にも引用された。速記録の日本訳は「ネズミ退治」、英訳は rat stirring となっている。
(42) 前掲『関東軍〈1〉』の西原未定稿、二三〇一ページ。
(43) 本郷健「ノモンハン回想記」(『ノモンハン』第6号、一九七一)。
(44) 九月六日第六軍司令官発関東軍参謀長宛(前掲「関東軍機密作戦日誌」一四七ページ)。
(45) 『歩兵第十六連隊歴史』に添付された宮崎繁三郎「ノモンハンに於ける歩十六連隊の戦闘」。なお同一の宮崎手記が「歩兵第16連隊奮戦す」(『丸』123号、一九五八)。宮崎連隊の展開と戦闘については歩16の「ノモンハン九〇四高地付近戦闘詳報」(靖国偕行文庫蔵)、秦郁彦「明暗のノモンハン戦秘史(下)――宮崎連隊と深野大隊の勇戦」(『昭和史の謎を追う〈上〉』第10章)を参照。
(46) ソ蒙側から見たエルス山の戦闘についてはプレブドルジ中将「九月戦闘についての問題点」(『ノモン

ハン・ハルハ河戦争』原書房、一九九二）を参照。なお、この戦闘の日付について九月八〜九日説（宮崎回想記、戦史叢書）と七〜八日説（第二師団行動詳報）の両説が混在しているが、戦死者公報の日付から後者が正しいと判定する。

(47) 前掲プレブドルジ論文、バダルチの処刑については前掲秦、第十章を参照。

(48) たとえば死傷者二三一人を出した歩27連隊田原大隊による758高地の戦闘（八月二十九〜三十日、九月十日）は前掲秦、第9章「見捨てられた田原大隊」を参照。

(49) 前掲辻、二一七—二一九ページ。

(50)『参謀次長沢田茂回想録』（芙蓉書房、一九八二）一二七—一三〇ページ。

(51) 八月二十七日のジューコフ指令（前掲ノヴィコフ、一一九ページ）。

(52)「第六軍情報記録」第8号（「満受大日記」一九三九—四二）。

(53)「第七師団戦闘詳報」（防衛研究所蔵）九月五日の項。

(54) 歩29の『郷土部隊戦記(2)』（福島民友新聞社、一九六五）三九ページ。

(55) 歩57の『佐倉連隊回顧』（一九九六）六七ページ。

(56)「岡部直三郎日記」（『国学院大学日本文化研究所紀要』99号、二〇〇七）、一九三九年八月一日の項。

(57) 島田英常「地図は語る——ノモンハン№23」（月刊『地図中心』二〇一〇年十二月号）。

(58) 井本熊男『支那事変作戦日誌』（芙蓉書房、一九九八）三八五ページ。

(59) この関東軍命令の原文は見つかっていないが、九月十日一一五〇関東軍参謀長発参謀次長宛関参一電七七一号として、戦史叢書未定稿の二二三七—三八ページに全文が記載されている。

(60) 遠藤三郎『日中十五年戦争と私』（日中書林、一九七四）一七五ページ。

(61) 東郷茂徳『時代の一面』（改造社、一九五二）一二九ページ。交渉経過については前掲『日ソ交渉史』を参照。

(62) 三浦信行他「日露の史料で読み解く〈ノモンハン事件〉の一側面」（『国士舘大学アジア・日本研究セ

ンター紀要』二〇一〇）に電報の原文と邦訳を記載（八一—八二ページ）。

(63) 前掲『日ソ交渉史』二八—三〇ページ。

(64) 前掲クックス下、二四二ページ。

(65) 国境画定交渉の経過は、前掲『日ソ交渉史』、外務省欧亜局『外務省執務報告』昭和十四、十五、十六年度（クレス出版、一九九四）を参照。

(66) 前掲北川四郎『ノモンハン』（徳間書店、一九七九）一四四—一四五ページ。

(67) 同右、一四五—一四八ページ。なお北川は一九七八年、亀山から辻が白系ロシア人の工作員を使い、ソ蒙代表の暗殺を企てたのが原因だったと聞いている。しかし辻は一九三九年九月から中国で勤務していたので、あったとしても別系統の陰謀だったかもしれない。

(68) 島義『満州雑感』一三八ページ。

(69) 前掲『外務省執務報告』（昭和十五年度）四六ページ。

(70) 前掲北川、一〇ページ。なお満州国外交部の調査は、一九三七年に北川も加わって実施したもので、ほぼソ蒙側の主張する国境線と同じという結論に達した。

(71) 一九四〇年六月十四日付外務人民委員部発駐日ソ連大使あて電報（外交史料館記録「日ソ中立条約一件」）。

(72) 防衛研究所には、小沼中佐が寄贈した「ノモンハン事件研究報告」（一九四〇年一月十日）が所蔵されている。

(73) 前掲クックス下、三四〇ページ。

(74) 詳細は前掲秦『昭和史の謎を追う（上）』の第21、22章「日本の細菌戦」を参照。

(75) 青酸ガスとチビ弾については秦『昭和史の秘話を追う』（PHP研究所、二〇一二）の第六章「秘密兵器〝チビ弾〟の喜劇風生涯」を参照。チチハルの毒ガス演習については、『陸軍習志野学校』（一九八七）、「満密大日記」（昭15—3、No.4）を参照。

(76) 前掲クックス下、三六一ページ。

(77) 林三郎『関東軍と極東ソ連軍』(芙蓉書房、一九七四)一八四―一八五ページ。
(78) 宮武剛『将軍の遺書――遠藤三郎日記』(毎日新聞社、一九八六)一三一ページ。
(79) 遠藤三郎『日中十五年戦争と私』(日中書林、一九七四)、一八〇ページ。
(80) 詳細は前掲秦『昭和史の謎を追う〔上〕』の第13章「関特演」を参照。
(81) 『偕行』二〇〇九年九月号の原剛論文。
(82) シーモノフ「ハルハ河の回想」(シーシキン他『ノモンハンの戦い』一四六ページ)。
(83) 前掲ロバーツ、七六―七七ページ、前掲スラヴィンスキー、一七六ページ。
(84) 前掲ヴォルコゴーノフ、一五五ページ。
(85) 産経新聞二〇〇四年九月二日付のノボプラネツ大佐(シュテルンの後方参謀)論文。
(86) D・M・グランツ『独ソ戦全史』(学研M文庫、二〇〇五)五〇ページ。

第六章　ノモンハン航空戦

包《パオ》の「爆砕」で始まった

ノモンハンの日ソ航空戦では地上戦とちがい、日本空軍がソ連空軍を圧倒しつづけたというイメージが主として当時の新聞報道を通じて滲透した。華々しい報道記事の実例を、いくつかの新聞見出しで眺めてみよう。

「外蒙機と空中戦　寡勢7機を撃墜　日満軍の輝く戦果」（昭和十四年五月二十四日付読売新聞）

「前代未聞の大空中戦　戦果絶大」（六月二十八日付朝日新聞）

「輝しき我陸鷲の戦果　敵一千百一を撃墜」（八月二十七日付朝日新聞）

他にも篠原准尉に代表されるエースたちの功名談、敵中に不時着した隊長機や僚友を救出する美談が紙面を賑わせている。

珍しく陸軍省が死傷一万八〇〇〇という数字を公表したので、地上戦でかなりの犠牲が出たことを察知していた国民ばかりでなく、陸軍部内でも航空戦だけは例外的勝利だと思いこんだふしがある。その残像は戦後期になっても、しばらくは消えなかった。

飛行第24戦隊長だった檮原《ゆずはら》秀見少佐が「確実撃墜じつに千二百機をこえ、わが方の損害は

飛行第24戦隊の指揮官たち。左から松村黄次郎中佐、可児才次大尉(戦死)、代永兵衛中尉

五十機足らず……類例のない嘘のような事実」と揚言し、『ホロンバイルの荒鷲』（一九四一）というベストセラーを書いた従軍記者の入江徳郎が「空中戦では文句なしに圧倒していた」と回想したのは、二十年後の一九五八年である。(1)

一九七二年に刊行された戦史叢書『満洲方面陸軍航空作戦』の執筆者生田惇《いくたじゅん》は、冷静な筆致で航空戦の経過を記述し「空中戦の輝かしい戦果」と評しつつも「不敗の戦闘隊ではあっても、決勝の戦闘隊ではなかった(2)」と屈折した表現でしめくくった。

より率直な本音が語られるようになったのは、一九八〇年代以降だろう。たとえば飛行第11戦隊に属し、ほぼ全期間を戦闘機パイロットとして戦った滝山和《やまと》中尉は、「初期は楽勝、中期は五分五分、後期は苦戦」とか「やっと生き残ったなという実感、後期は負けであったと思った(3)」と語るようになる。

そこで滝山の示唆に従って、次のような時期区分を立て、航空戦の実態を日ソ双方の情報を突き合わせ観察していくことにしたい。

初期（第一期）五月十三日～六月十六日
中期（第二期）六月十七日～八月十七日
後期（第三期）八月十八日～九月十五日

これを地上戦の推移に対比させると、前期は発端の小競り合いから東捜索隊が全滅した第一次ノモンハン事件、中期は第二十三師団のハルハ渡河攻撃とひきつづく東岸の攻防戦を経た七月下旬の大砲兵戦、後期はソ蒙軍の八月攻勢から停戦の日までに相当する。しかし航空戦と地上戦は同時進行しているかに見えても、テンポやリズムは必ずしも一致せず、戦場感覚がチグハグになる場合も珍しくない。

初期の航空戦では日本側が優勢だったのに、地上戦は劣勢に終ったし、後期の八月攻勢ではソ連軍の重囲に落ちた地上部隊がほぼ全滅し、ジューコフ司令官が作戦終了を宣言したとき、第二飛行集団司令部は「敵空軍の大半を撃滅……九月初頭に至り其活動を全く封殺し(4)」と見当ちがいの楽観気分にひたっていた。

まずはノモンハン初頭における飛行集団の行動経過を概観するが、あいつぐ勝報のかげで、早くも越境攻撃と地上直協という二つの難題が登場している点に注目したい。

小松原第二十三師団長が前々日からハルハ河を「越境」してきたモンゴル軍を撃破するため、東支隊を出動させたいと関東軍司令部へ要請したのは五月十三日である。それに先立ち、師団が同じハイラルに駐屯する戦闘機の飛行第24戦隊へ協力を打診したところ、戦隊長の松村黄次郎中佐は「我々は偵察や地上部隊との協力のために訓練しているのではなく、敵航空機と戦闘するため(5)」だという理由で要請を拒絶している。

しかし関東軍は出動を認可し、小松原の要望を容れて第二飛行集団に所属する24戦隊（九七式戦闘機一九機）とチチハルにいた飛行第10戦隊（九七式司令部偵察機、九八式軽爆撃機各六機）から成る「臨時飛行隊」（長は田副登10戦隊長）を第二十三師団長の指揮下に入れ、地上作戦に協力するよう命令した。
10戦隊が忠実に直協任務を遂行したらしいことは、ソ蒙側の記録で判明する。ジューコフ報告書によれば十四日、日本機が数回飛来し、午後に二機がハルハ河東岸に進出していたモンゴル国境警備隊の集結地を襲撃して馬一頭を殺した。この日ノモンハンに前進した東支隊は翌十五日、ノロ高地付近で包囲攻撃を企てたが、交戦を避けたモンゴル警備隊は西岸に退散してしまう。

日本軍の九七式戦闘機

日本の軽爆五機が西岸の国境警備隊第七哨所本部に約六〇発の爆弾を投下し、戦死二名、負傷者約二〇名の損害を出したのは十五日の正午過ぎだった。10戦隊の戦闘詳報は残っていないが断片的情報だと、調《しら》正《べ》三中尉が指揮する10戦隊の軽爆が、東岸から退却したらしいモンゴル兵が集まっていた二〇棟の「包」（モンゴル式のテント）を爆撃、三〇〜四〇人を粉砕したとされる。(6)

中期以降に激化した彼我の爆撃に比べるときわめて小規模にすぎないが、ソ連側は日本軍の「侵略性」を裏づける証拠と見なした。東京裁判に体験者のチョグドン第七哨所長を出廷させ、モンゴル語→ロシア語→英語→日本語と三重通訳の煩をいとわず、委細を証言させている。(7)

この明白な越境爆撃は戦隊本部以上のレベルが命じたのか、東岸から西岸へ退却するモンゴル兵の集団を目撃した調編隊長の独断行動だったのかは不明だ。戦史叢書の執筆者西原征夫元大佐は、おそらく後者だろうと推測する。それでも中期に入ってソ連機のカンジュル廟(六月十七日)、アムクロ、アルシャン(六月十九日)への満領内爆撃を誘発し、それが日本空軍にタムスク大空襲(六月二十七日)の口実を与え、さらにソ連機のフラルキ爆撃(七月十六日)につながる連鎖関係に注目する(8)。

いずれにせよ、日本の航空隊で上下を通じ、国境観念が稀薄だったことは否定できない。停戦直後にソ連側はモンゴル領で収容した日本軍飛行士の遺体五五(全戦死者の四割以上)を引き渡した。地上部隊はハルハ河東岸で戦いつづけたのに、日本航空隊の主戦場は西岸上空だったらしいことを推測させるし、航空による地上支援の不足を示唆するものでもあった。

九七戦が圧勝した日々

航空戦の任務は制空権の確保をめざし飛行機同士が渡りあう航空撃滅戦と、地上部隊を支援する地上直協作戦に大別されるが、日本軍は前者、ソ連軍は後者を重視する傾向があった。ソ連空軍の全機種が地上直協に参加していたのに対し、日本空軍は襲撃機のような専用機種を持たず、主力を占める戦闘機は空中格闘戦での勝利にしか関心がなく、偵察や対地射撃の訓練はあまりしていなかった。

その典型である松村黄次郎中佐の24戦隊が最初の好機に遭遇したのは、五月二十日と二十一日で、R5型偵察襲撃機（日本側はエルゼット型と呼称）各一機を撃墜（ソ連側記録にはないので、モンゴル空軍機かと推定）した。二十二日には戦闘機同士の初空戦でイ15、イ16戦闘機三機（実は一機）を撃墜、二十七、二十八の両日には増援の飛行第11戦隊機を加え、数十機単位の格闘戦で四五機撃墜と報告している。戦後に判明したソ蒙空軍の損失は戦闘機一五機、パイロット一一人で、五月二十日からの累計は二一機に達した。[9]

日本側は被弾して敵中の草原に落下傘降下した光富貞喜中尉を長谷川智在少尉が近くに着陸救出しただけで、パイロットの損失はなかったので「わが戦闘隊の圧勝」[10]にちがいない。フェクレンコ軍団長は参謀総長へ「航空優勢は敵の手中にある」と報告し、敗北の責任を痛感した混成飛行旅団長のクツェヴァロフ大佐はピストル自殺している。

折からハルハ河東岸に進出してきたソ蒙軍を撃破しようと小松原が派遣した山県支隊は苦戦中で、東捜索隊は二十九日には全滅してしまった。二十八日朝、ハルハ河上空でイ15の「全機撃墜」シーンを支隊の全員が歓呼しつつ望見しているが、[11]空戦の勝利は地上戦にはまったく影響しなかったし、戦闘隊が反省したようすも見られない。その後も関東軍は無電を活用する空地連絡システムの改善を進めようともせず、飛行集団の航空撃滅戦への傾斜は強まる一方だった。

ソ連空軍のイ16戦闘機

無敵を誇った九七戦の飛行士が最初の犠牲者を出したのは、中期（第二次ノモンハン戦）の航空戦が再開された六月二十二日の空戦である。五四機の九七戦と一〇五機のイ15、イ16群が組んずほぐれつの混戦となり、双方は戦果を四九機（日）、三一機（ソ）と発表したが、実際の損失はソが一七機（一一人）、日が六機（四人）だった。

ソ側は再建過程にあった全力を投入したのだが、初陣のボロジェイキン中尉は「経験と編隊飛行訓練の不足」「わが飛行中隊の戦闘ぶりは恥ずかしいかぎり」と感じた。それに比し「九七戦はイ15やイ16よりも優秀でとくにその操縦性能は鷹のように軽快」「しかもその戦法は巧妙をきわめていた」が、遠からず彼らを追い抜き、「やがて勝利を」[12]と彼は心に誓ったという。

その後もノモンハンでは連日のように激しい空戦がくり返されるなかで、九七戦は依然として優位は保ったが、地上戦との連係に配慮する余裕はなかった。こうした空戦本位のあり方に日本軍地上部隊が不満の思いを抱いたのは当然であったろう。六月十八日の日記に「偉大なる戦果」「ソ連空軍何故に弱きや」と書きこんでいた小松原中将は、八月十九日には次のような不平を洩らすようになる。

深更二時敵爆撃機来襲……我航空は戦闘機は空中戦一点張、爆撃機は昼間爆撃一点張なるが、ソ軍は之に加うるに対地攻撃、夜間爆撃の諸戦法を巧みに応用す……偵察には偵察機の外、戦闘機を利用することも一戦法なるべし……要するに敵戦闘機は対地攻撃、偵察

表6-1　日ソ主要機種の性能一覧

	採用年	型式	エンジン馬力	最大速(km/h)	航続距離(km)	武装 機銃、爆弾（トン）	損失数
ソ連							
イ-15bis(イ-152)	1938	複葉・固定脚	750×1	380	520	7.6ミリ×4、0.15トン	65(5
イ-153(チャイカ)	1938	複葉・引込脚	800×1	425	560	7.6ミリ×4	22(6
イ-16／5	1936	単葉・引込脚	715×1	445	540	7.6ミリ×2	10 (22
イ-16／10	1939	〃	750×1	448	525	7.6ミリ×4 ロケット弾か爆弾	
イ-16／17(イ-16P)	〃	〃	〃	425	417	20ミリ×2、7.6ミリ×2	4
SB-2改	1936	単葉・引込脚	960×2	450	1,600	1.5トン、7.6ミリ×3	52(8)
TB-3	1932	単葉・固定脚	900×4	300	2,000	3トン、7.6ミリ×4	1(1)
R-5	1933	複葉・固定脚	680×1	242	800	0.5トン、7.6ミリ×3	3(1)
日本							
95式戦II	1935	複葉・固定脚	860×1	400	1,100	7.7ミリ×2	4
97式戦II	1937	単葉・固定脚	780×1	470	1,700	〃	104(46)
97式重爆I	〃	単葉・引込脚	950×2	486	2,700	1トン、7.7ミリ×5	6(4)
97式軽爆	〃	単葉・固定脚	950×1	432	1,965	0.45トン、7.7ミリ×2	18(5)
94式軍偵	1934	複葉・固定脚	640×1	282		0.15トン、7.7ミリ×3	15(14)
98式直協偵	1938	単葉・固定脚	510×1	348	1,235	0.15トン、7.7ミリ×2	6(3)
97式司偵II	1937	〃	900×1	510	2,300	7.7ミリ×1	13(6)

注(1)損失数についてソ連はコンドラチェフ。カッコ内は内数で非戦闘の損失、差数は
戦闘の損失。日本は『満洲方面陸軍航空作戦』289-290ページの表を秦が補正し
た。カッコ内は内数で「大破」とされているもので、差数は未帰還機。

等地上部隊の戦闘に密接に協同しあり。

小松原の不満は、統計データによっても裏づけられる。バインツァガン戦（七月三日〜五日）の出撃回数（ソーティー）はソ空軍が八六五回、日本空軍が八四五回と大差はないが、内訳（日本側はカッコ内で示す）は空戦一八％（六五％）、襲撃・爆撃四三％（二五％）、偵察三八％（九％）で、日本側は空戦の比重が圧倒的に高く、襲撃・爆撃と偵察が低いことが一目瞭然である[13]。全期間の爆弾投下量が七・八万発（ソ）対一・八万発（日）と大きく開いたのも、当然の結果と言えよう。この傾向は後期にはやや是正されたが、大勢はさして変らず、小松原を「航空はあたかも航空自体のために動いていたように思われる」と慨嘆させた。

とくに偵察については、空地の双方に不振の原因があった。偵察機が広角カメラを装備していなかったとか、戦闘機との交信が波長の違いで不能といった難点があり、通信筒を投下したり、着陸して口頭で伝えるなど苦心している。七月三日朝のハルハ渡河作戦で九四式軍偵に搭乗した飛行第15戦隊の水崎九十九《つくも》大尉は、南下中のソ軍戦車数十両を発見、歩71連隊近くの草原に着陸して危急を告げ、離陸したときは車輪がソ軍先頭戦車の砲塔をかすめたという[14]。

またその二時間後に調中尉（飛行10戦隊）の搭乗する九八式軽爆は渡河点付近で敵戦車襲来を告げる通信筒を投下したあと、味方の地上部隊に誤射され墜落した。操縦の高畑准尉は死亡したが、重傷の調中尉は救出されている(15)。

しかしせっかくの警報も、最高指揮官の小松原師団長に活用された形跡はない。戦史叢書は「地上決戦の重大なこの第一日において相互間（飛行集団と第二十三師団司令部）の通信連絡は完全に杜絶」し、四日午後まで回復しなかった(16)と記す。その原因は判然としないが、小松原司令部が敵砲火の飛びかう最前線を動きまわり、儀峨《ぎが》飛行集団長と島貫忠正作戦主任参謀が司偵に搭乗して戦場上空を飛行し、島貫機は行方不明になってしまう混乱も一因ではなかったか。

空地連絡の不良は最終段階までつづく。ソ蒙軍の八月攻勢への準備行動を前日の八月十九日に発見して警報を送ったのは、飛行15戦隊の大泉製正大尉と飛行11戦隊の滝山和中尉だった。この日午後、大泉はホルステン川に敵が新たに軍橋を構築し、多数の戦車群が前進しつつあるのを発見した。このままでは味方左翼の腹背にまわりこむと判断して、歩71と師団司令部へ急報する(17)。

北方のフイ高地方面へ飛んだ別の15戦隊機も、敵機甲部隊がハルハ河を渡河しつつあるのを報告しているが、小松原以下の地上部隊首脳が敏感に反応した形跡はない。佐藤勝雄大尉（航空兵団参謀）が「司偵の後方偵察（写真）等に兵力増強の貴重な端緒をつかんでいたにも拘らず、（関東軍は）何らの反応も示さなかった(18)」と嘆いているように、責任の多くは鈍感な地上部隊側にあったと言えよう。

地上直協の分野でこれほど大きな格差が生じたのは、現場の教訓に即応して兵器や戦法を改変しようと考えない日本軍の硬直した体質による部分が大きい。それは初期航空戦の教訓を、すぐに生かしたソ連軍の柔軟な感覚とは対照的だった。次に初期空戦の痛手から立ち直り、逆転の道を模索していたソ連空軍の動きに目を移そう。

航空撃滅戦か地上直協か

ノモンハン戦場の指揮官ふくみでモンゴルの最前線に赴任したジューコフ将軍は、五月三十日に地上戦と航空戦についてモスクワへ最初の報告を送っている。彼はそのなかで「我が航空隊は日本軍航空隊によって撃滅された。大きな損失を前にして空軍の本部は判断停止・呆然状態に陥った⁽¹⁹⁾」と述べ、戦術の転換と地上直協の重要性を強調した。

ジューコフの提言は、スペイン内戦でソ連が派遣した航空顧問団長の経験を持つ空軍副総司令官ヤーコフ・V・スムシュケビッチ少将が、モスクワから連れてきた四八人のスタッフの手で実行に移された。六月四日に着任した一行にはスペインや中国で戦歴を重ねた熟練パイロット二二人がふくまれていたが、次のような改善策に着手した⁽²⁰⁾。

(1)六月十六日まで戦闘行動を休止する
(2)その間に経験と訓練が不足と判定されたパイロットたちの再訓練を進める
(3)監視・警報・連絡のネットワーク作りと通信システムの整備
(4)飛行場の増設
(5)九七戦に対抗する技法の考案

このなかで最も重要な課題は、水平面の対戦だと一旋回でソ連戦闘機の後方についてしまうほど格闘性能にすぐれている九七戦と、どう戦うかであった。それに伴ない他機種の運用法も大胆に改変した。表6-1を参考に要点を列挙する。

A. 単機格闘戦を回避し、イ16は頑丈な機体を生かした高速（急降下時は毎時六〇〇キロメートル）の一撃離脱戦法（ヒット・アンド・ラン）に徹する。

B. 旋回性能の良いイ153（イ15の改良型）と優速のイ16を組みあわせた空戦。

C. 主力戦闘機であるイ16の改良型を次々に投入した。五月末には七・六ミリ機銃二丁を四丁にふやした10型を、六月中旬には地上掃射用の二〇ミリ機関砲を装備し九七戦の一〇倍の火力を持つ17型を登場させた。七月三日朝、日本軍のハルハ渡河攻撃にさいしては、トゥルバチェンコ編隊が二度にわたり軍橋を二〇ミリ砲で掃射している。八月には無誘導ながらロケット弾装備のイ16も出現する。そして空戦よりも在地機の爆破を重視した。

D. 戦闘機の燃料タンクとパイロットを防護するための鋼板を装着した。

E. 鈍足のR5は連絡と弾着観測に、九七戦の好餌となっていたイ15は爆弾を搭載して襲撃機に転用した。

F. イ16の独立偵察中隊を編成（八月一日）。

G. 低速のTB3重爆は夜間爆撃に、高速のSB中型爆撃機は九七戦が挑戦しにくい高高度からの昼間爆撃に振り分けた。

約言すれば多用途化と任務分担の組み替えと言えるが、「空のベルトウェイ」と呼ばれる新戦術も生れた。爆撃機、襲撃機とそれらを護衛する戦闘機の集団が高射砲隊とも連係しつつ、味方地上部隊の戦場上空を交替で終日にわたり制空する地上直協方式である。それは七月のバインツァガン戦で試行され、八月攻勢で圧倒的な威力を発揮した。日本の戦闘機隊が出動しても一時的な制空にとどまったから、地上の兵士たちには「我が頭上に在るは常に敵機のみ」（大泉大尉）の印象を与えたのもむりはない。

さらに九七戦が格闘戦を挑んでも一撃離脱でかわされ、射程に入れても七・七ミリ機銃では白煙を吐かせるだけで完全撃墜が困難になった。五月空戦で日本の撃墜カウントと実数の比が五一機対二一機と二・五倍だったのが、九月の空戦では一二一機対一四機と八・六倍に開いたのは、とどめを刺せなかったソ連機がふえたせいだろう。

それに対し第二飛行集団（九月六日以後は航空兵団）のほうは、最初から最後まで同じ機種の同じ装備で戦いつづけた。戦闘機は空戦、重爆はモンゴル領基地への戦略爆撃、司偵は同様の戦略偵察、軽爆は地上直協という分担は不変で、戦闘機による偵察や爆撃、九七重爆による戦術爆撃はほとんど実施していない。むしろ装備の面では軽快性を高めるため無線機や酸素吸入器を外して出撃する九七戦パイロットが多いという退行現象さえ見られた(21)。

日本軍が固執していたのは、戦爆連合の大編隊でタムスクなど敵地深く進攻して一挙に空地の敵航空主力を撃破する航空撃滅戦であった。ところが第一回のタムスク攻撃（六月二十七日）は、関東軍が大本営の制止を振り切って強行したため両者の関係は悪化し、ノモンハン戦全体の収拾に悪影響を及ぼした。

着想は第二飛行集団（儀峨徹二中将）の関東軍司令部への突き上げだとするクックス博士の見方もあるが、地上部隊のハルハ渡河作戦とのセットで構想した辻、三好ら関東軍の強硬派参謀連が原動力だったと見るのが適切だろう。

しかし大本営は奥地への航空進攻は、ソ連軍の満領爆撃を誘発し、全面戦争へエスカレートする危険性が大きいと判断していた。それを知る関東軍は極秘で準備を進めていたのだが、上京した片倉参謀の口から洩れたと知るや、予定をくりあげて二十七日にタムスク爆撃を決行する。そのかわり空地同時にの予定が崩れ、一週間前の損害を補充したソ連機の出動で、七月三日の渡河戦が難渋する一因を作った。

問題のタムスク攻撃では戦闘機七四、軽爆九、重爆二一の計一〇四機を集めた第一波は奇襲に成功、あわてて離陸してきたソ連戦闘機群を九七戦が優位から襲い、「赤子の手をひねるように」(22)（松村戦隊長）次々と撃墜する。ひきつづく第二波のサンベース、第三波のタムスク再攻撃は在地機が不在で空振りに終ったが、関東軍の寺田参謀が得々と「大戦果」を大本営の稲田作戦課長に通報したところ「戦果が何だ」とどなり返されたエピソードはあまりにも有名だ。

だが撃墜九八機、地上撃破一三機（日本側の損失は戦闘機二機、司偵二機）という公表戦果はソ連側の記録に照合すると、いささか誇大にすぎたようだ。諸説はあるが、空中で一七機、地上で八機が全損したとするネディアルコフの算定が妥当なところだろう。それは参加者の一人である第九飛行団長下野一霍《いっかく》少将が、「確認できたのは二十六機ほど(23)」と語った数字とほぼ合致する。それが不確実戦果をふくめると五倍近くにふくれあがったのは、意図的な水増しと疑ってよいのかもしれない。

見逃せないのは好天の日なのに、同行した辻参謀が「爆撃は大部分目標から外れました」[24]と報告したように、ノモンハン戦ばかりでなく、大東亜戦争期をも通じ変らなかった爆撃能力の不振が露呈したことだろう。ソ連側もそれに気づいたらしく、ジューコフ最終報告書に「(日本の)爆撃機乗員の訓練は不良で、九件の爆撃によるわが軍の戦死者は九名にすぎなかった」[25]という記事がある。

不振の原因は機体、照準器、訓練法のいずれにあるのか判明しないまま、飛行集団は早々と輸入機のイ式重爆に見切りをつけて七月十三日に前線から下げ、主力の九七式重爆も、タムスク後の五十三日間にわずか八日しか出撃させていない。そのかわり、全期間を通じ損耗はわずか六機にとどまった。ソ連爆撃機の主力であるSB2が五二機を失った事実からも、貢献度の差が類推できる。

ドウエ将軍が提唱し、日本の航空隊幹部が信奉していた航空撃滅戦の核心は重爆撃機の集団による爆砕威力だったが、期待薄とわかっても戦術転換の知恵を見出せないまま、飛行集団は、九七戦に依存する中小規模の航空消耗戦に引きこまれていった。それは常に数的優位を保ったソ連空軍に有利な流れとなる。

航空戦の決算

表6－2は五月から九月にかけて、戦場に投入された日ソ蒙空軍の戦力（保有機数の統計）比較である。初期の約三（ソ蒙）対一（日）は中期以降は四対一近くまで開くが、九月に入って中国戦線から航空兵団が増援されたため二対一へ近づく。航空でも地上部隊と同様に、遅れ気味の逐次投入になったことが見てとれる。

いずれにせよ、ソ蒙軍が一貫して数的優勢を確保しつづけたのはたしかだが、「第二段階においてわが戦闘機隊は制空権を獲得し、終結までそれを維持した」[26]（ジューコフ）と誇るのは疑問がある。

双方とも過大な戦果をカウントして、自軍が優勢と信じこんだ傾向は否定できないが、実数で比較すると、空中戦闘での損耗は七月中旬までが八九機（ソ蒙）対四七機（日）、八月二十日から同月末までが二五機対二七機、九月が一四機対一二機だから、八月以降も最後まで五分五分で推移したと見てよいのではあるまいか。

しかし、劣勢兵力で消耗戦を戦えば、飛行士の負担増（一日数回の出撃）と疲労の累積を防げない。とくに、「少数精鋭」を自負していた戦闘機隊の戦隊長、中隊長クラスの損耗がふえていった。

戦闘機の現役パイロットは経験的に三十歳が限界とされていたが、全期間を戦った三個戦隊だけでも11戦隊長の野口雄二郎大佐は五十歳、1戦隊長の加藤敏雄中佐は四十四歳、後任の原田文男少佐は四十歳、24戦隊長の松村中佐は三十九歳だったのに指揮官先頭の慣例を守って、しばしば空戦場に出動した。

ビクトール・ラホフ中尉

加藤（七月十二日）、松村（八月二日）は撃墜されて重傷を負い救出されたが、原田（七月二十九日）は初出撃でエースのラホフ中尉に撃墜される。そして落下傘降下したのち捕虜となり、翌年の捕虜交換で帰還したが、自決を強いられている。六人の中隊長や撃墜王（五八機）の名声をはせた篠原弘道准尉（八月二十七日戦死）など熟練パイロットが次々に戦死し、補充もままならなくなる。

八月二十日から始まったジューコフ攻勢にソ蒙軍は空地の全兵力を投入し、第二飛行集団も寡少ながら全力で迎え撃ちノモンハン航空戦最大の激戦を展開した。満を持して発動された初日の航空作戦を、ネディアルコフは次のように要約している[27]。

(1)ハマルダバの第一集団軍司令部は、黄色（砲撃）、緑色（航空）の信号弾を打ちあげて行動目標を指示した

(2)戦闘機に援護されたＳＢ爆撃機編隊が日本軍の高射砲陣地を爆撃し沈黙させ、ついで戦闘機（三七機）が小型爆弾と機銃掃射による対地攻撃

(3)戦闘機一四四機が戦場上空を制圧

(4)戦闘機一六七機に直衛されたＳＢ（一五〇機）が日本軍陣地を爆撃

(5)ハルハ河上空で八七機の戦闘機が九七戦編隊と空戦

表6-2　日ソ蒙空軍の保有機数

調査日付（日—ソ）	日本					ソ蒙						
	戦闘機	重爆	軽爆	偵察	計	イ-16	イ-15	イ-153	SB-2	TB-3	R-5	計
A　5月27日–27日	40	12	6	6	64	52	49		88		17	206
B　6月20日–22日	77	24	6	12	119	95	56		116		51	318
C　7月23日	86	9	29	24	148							
D　8月21日–20日	88	12	24	21	145	223	21	84	181	23		515
E　9月13日–11日	158	13	66	18	255	362			166		54	582

出所：日本側は主として『満洲方面陸軍航空作戦』、ソ蒙側はジューコフ最終報告書とネディアルコフ『ノモンハン航空戦全史』の源田孝解説。
注(1)8月20日時点のソ連機の保有機数について、ネディアルコフは新着の防空戦闘機65機とR-5等の43機を加え、計623機と算定している。
(2)7月23日頃のソ蒙機数は不明だが、7月中旬に各種機200機が増援された。

(6)〇九〇〇に地上部隊の前進開始
(7)〇九三〇に少数の日本軽爆がソ側の前進飛行場を爆撃、三六発を投弾して一二機の在地機を破壊
(8)午後、将軍廟周辺の日本飛行場を爆撃、在地の一三機を炎上
(9)一六三〇に九七重爆の編隊が、ハマルダバを爆撃

この日の「ベルトウェイ」戦法で出撃したソ連空軍は爆撃機が三五〇出撃（ソーティー）、戦闘機は七四四出撃と、ノモンハン戦を通じ最高水準を記録した。夕方にはテストパイロットのH・ズヴォチレフ大尉がひきいて、数日前に到着したばかりの「世界で初めての無誘導RS—八二ロケット」搭載のイ16型五機が出撃した。

会敵してロケットを発射すると日本機の編隊中で爆発、二機が落ちた。その後もこのロケット装備編隊による戦果は一四回の出撃で撃墜一三機に達したというが、対応する日本側の損失記録は確認できない[28]。

「日本空軍は茫然自失の態」（ジューコフ）だったとされるが、飛行集団が「地上戦を見殺しにはできないと……出撃につぐ出撃をもって地上作戦に協力[29]」（橋原24戦隊長）したのも誇張ではあるまい。

だが、この日の日本機の出動は三〇九ソーティーで、ソ側の三分の一弱にとどまる。翌二十一日はソの一一三八ソーティーに対し四二五ソーティーと粘ったが、重点は六月二十七日の再現をもくろんだ後方のタムスク基地攻撃に向けられてしまう。しかもソ連機の多くはハルハ東岸の地上直協に出払っていたので、在地の四機とトラック一両を爆破しえたにすぎない。そのなかで連日、フイ高地守備隊の救援に出動をくり返した飛行15戦隊の九四式偵察機飛行士の日誌[30]を引用したい。

「午前中爆撃に向った編隊の報告に依れば、フイ高地には敵機械化部隊が二百両進入せる由。午後、全機を以て之の爆撃に向う。乱雲ありて好都合なり。居る〳〵ウヨ〳〵と、之に対して猛爆を加える。五〇kg弾の煙に包まれた車両を眺めて思わず万歳を叫びたくなる」（八月二十日）。

「五時三十分、全機を以てフイ高地の敵機械化部隊爆撃に向う……捜索隊前面に多数の戦車を発見。次々と急降下して見る〳〵うちに粉微塵にしてしまう。なおも対地攻撃を行わんと突込んで射つ……被弾した村瀬機は不時着、搭乗者二人は重傷入院後死亡」（八月二十一日）。

だが実働一〇機に足らぬ飛15の旧式偵察機程度では、怒濤のように押し寄せるソ軍戦車の大群やハルハ西岸の重砲陣に与えられる打撃のほどは知れていた。一方、ソ連空軍は戦闘機の対地攻撃ばかりでなく、SBにリスクの高い低空爆撃をやらせるほど徹底して地上直協に集中した。三十一日までの十日間における爆撃隊の出撃はソの八五三〇ソーティーに対し、日本は九八二ソーティーと一〇倍に近い開きを見せていた。

日本軍に対する包囲網を完成したソ連の地上部隊が最後の掃討作戦を下令した二十六日、荻洲第六軍司令官は飛行集団司令部の釜井大尉へ「現在頼むところは飛行隊だけである[31]」と悲鳴をあげたが、飛行集団には応えるだけの余力はなかった。

事件終結後にまとめられた第二飛行集団の公式報告書は、「戦力既に漸減し、常時戦場上空を制空し得ざるものありしも、常に衆敵と激戦を交え逐次之を撃墜して増加せる敵空軍の大半を撃滅」と強気の姿勢を崩さないうえ、「九月初頭に至り其の活動を全く封殺してノモンハン付近の戦場上空に敵機の飛来するもの其の跡を絶つに至らしめ[32]」と見当違いの「勝利宣言」まで付け加えている。八月三十一日に航空をふくむ全作戦を終了、モスクワへ「勝利宣言」を通報して、守備態勢に移ったソ連軍の動きを、知ってか知らずかの奇怪な理解と言うべきだろう。

その三日前に北京の航空兵団司令部へ飛んできた関東軍参謀は、「第六軍が全滅の危機にあり飛行集団はよく健闘するも地上協力が思うに任せず」として「声涙共に下る形で航空兵団の至急来援を要請(33)」した。そして九月一日の大陸命で、航空兵団の北支那方面軍から関東軍への転属が発令された。

航空兵団司令官の江橋英次郎中将がハイラルへ進出してきたのは九月三日であるが、同日に大本営は関東軍へ、「ノモンハン方面に於ける攻勢を中止すべし」（大陸命三四九号）と命令していた。第二飛行集団の大部を吸収して、重軽爆隊を主に一・五倍の兵力を確保し、六日から航空作戦の任務を継承した江橋は、右の大陸命は航空兵団には適用されないと理解していたようである。理由はあった。

大陸命には「航空作戦に関しては情況已むを得ざれば大陸命第三三六号に依るべし」との但し書きがついていたからだ。その三三六号とはタムスク以東の敵航空根拠地への攻撃を許す八月七日の「古証文」だが、このまわりくどい表現は、攻勢中止に伴なう混乱に乗じるであろうソ連軍の策動を航空戦力で抑止したいと願う大本営の配慮だったのかもしれない。

満を持して報復攻撃の好機を狙っていた航空兵団が、戦爆連合の大編隊でタムスク攻撃を決行したのは、停戦協定が結ばれた当日の九月十五日である。それまでの約二週間、ソ連空軍がモスクワの指令で偵察飛行さえ禁じていたのを、日本側は空軍の一部が欧州へ廻されたという諜報を得て楽観していたのか、反撃は弱かろうと予想したようだが、その期待は外れた。

延べ二〇〇機を超す戦闘機群に迎撃され、激烈な空戦でソの六機に対し日本側は八機を失った。そのなかには、飛行11戦隊の島田健二大尉（二七機撃墜）、吉山文治曹長（同二〇機）のようなエースもふくまれている。新来の飛行59戦隊は戦場に不慣れのせいもあってか、一挙に二個編隊の六機を撃墜された。

この空戦で一機を撃墜したのち九七戦に追われ危うく命拾いしたボロジェイキン中尉（六機撃墜）は、「威嚇して有利な停戦協定に達しようとする（日本の）挑戦[34]」と受けとめたが、それどころか誇り高い日本戦闘機隊にとっては最後の厄日になってしまったと言えそうだ。

勝敗の判定

最後に四ヵ月にわたったノモンハン航空戦の特質を、日ソ両空軍の統計データ（表6－3）により、対比する形で検討してみたい。この種の比較が可能になったのは、ロシアが旧ソ連時代の記録を公開するようになったここ二十年ばかりのことだが、現在でもアルヒーフの第一次資料を利用した研究成果は十分とは言えぬ段階である。

日本のほうも、終戦時に戦闘詳報など多くの第一次資料が処分されたため、第二次資料に依存せざるをえないこともあって、つめきれない部分が残る。さらに日ソ双方の類似した指標でも分類の基準が異なっている場合、単純な比較には問題が残る。

たとえば同じ損失機数でも、日本側（表6－3の5－a－A）は「未帰還」と「大破」に区分（別に中小破もある）している。大破の多くは、敵の攻撃等により地上で破壊され、ほぼ修理不能に至ったものと推定されるが、不時着大破や後方移動中の事故も含めているのかもしれない。

一方、ソ連側の損失（表6－3の5－b－B）は「戦闘」と「非戦闘」に区分されているが、「戦闘」の範囲はほぼ日本側の5aA「未帰還＋大破」の合計に相当すると仮定した場合、二〇七機（ソ）対一七六機（日）の比率は一・二対一となる。次に6の戦死者数（行方不明をふくむ）を比較すると、ソ連（二七四か一五九人）は日本（一四二か一五一人）の一・一〜一・二倍の範囲に収まる。機体の損失比とほぼ同じである。

くり返しになるが、日本はノモンハン戦の直後から一三〇〇機前後のソ連機を撃破したと宣伝し、儀峨第二飛行集団長は一〇倍の「大戦果」を数ヵ月後に四倍と修正したが、今や実数の五倍前後（表6－3の4bと5b）に誇張されていたことが明らかだ。ソ連側の公表戦果はやや控え目だが、それでも一七六機に対し、三・二倍（五六四機）に達する。

日本のマスコミが華々しく盛りあげたのは、表6－4に示すような戦闘機隊エースたちの個人撃墜競争であった。一〇機以上を撃墜したエースは日本が四二人（計六七三機）に対しソ連は八人（九三機）にすぎないのは、戦果査定の寛厳に起因する。

源田孝は過大な戦果申告が飛行士たちの自信と闘志を高めたかわりに、上層部の情勢判断を誤らせたマイナス面を指摘する。[35]マイナスはそれだけではなかった。九七戦の活躍に幻惑されてか、日本陸軍は格闘戦本位の軽戦に固執し、高速の重戦による編隊空戦へ移りつつあ

表6-3　ノモンハン航空戦における日ソ両空軍の比較統計

	A日本	Bソ連	比率（A＝1）
1　初期の保有機数	64	206	3.2
2　最後期の保有機数	255	582	2.3
3　延出撃（ソーティー）機数	15,437	19,813	1.3
4　相手が主張した戦果			
a　撃墜＋爆砕	646	1,162＋98	2.0
b　うち戦闘機	564	1,022	1.8
5　自国が認めた損失機			
a　未帰還＋大破＝計	74＋102＝176		2.8～1.2
b　戦闘＋非戦闘＝計		207＋42＝249	
c　うち戦闘機＝計	61＋46＝107	163＋33＝196	2.5～1.9
6　自国が認めた戦死者			
a　（関東軍）	142		
b　（戦死者名簿）	151		1.1～1.2
c　（コンドラチェフ）		174	
d　（クリヴォシェーエフ）		159	
7　爆弾投下量（発）	18,362	78,360	4.3

出所：1、2は表6-2参照、Aの4ab、Bの5bcはジューコフ最終報告書による。ソ連公式戦史、コンドラチェフもほぼ踏襲。Bの4abは戦史叢書より。別に不確実を加えると計1,359機。Aの5acは「第二飛行集団作戦経過の概要」を秦が補正。

注(1)6はA、Bともに行方不明をふくむ。

(2)6aは昭14年9月19日付の関東軍参謀長発陸軍次官宛関参一電756号（満受大日記昭14-17号）。6bは第二飛行集団と航空兵団の死没者名簿より。

(3)6abのAは地上勤務者11名をふくむ。他に141名、144名というデータもある。

表6-4　ノモンハン空戦の個人撃墜数

×戦死

日本			ソ連		
氏　名	ノモンハン	総撃墜数	氏　名	ノモンハン	総撃墜数
×篠原弘道准尉	58		V.ツェルデフ大尉	14	17
垂井光義曹長	28	38	×V.ラホフ中尉	14	
×島田健二大尉	27		A.コス	12	
花田富男曹長	25	25	×S.グリツェベッツ少佐	11	42
斎藤正午曹長	〃	26	A.ビアンコフ	〃	
加藤正治曹長	23	23	M.ノガ大尉	〃	30
東郷三郎准尉	22	22	G.クラブチェンコ少佐	10	20
大塚善三郎軍曹	〃	〃	N.グリネフ	〃	
浅野等准尉	〃	〃	T.クツェバロフ少佐	9	
斎藤千代治曹長	21	24	A.スミルノフ	〃	29
細野勇曹長	〃	26	S.ダニロフ少佐	8	
岩橋譲三大尉	20	21＋	A.ボロジェイキン中尉	6	65
×吉山文治曹長	〃		V.トゥルバチェンコ	5	8
古郡五郎曹長	〃	25＋	I.クラスノユルチェンコ	〃	24

出所：日本は秦郁彦・伊沢保穂『日本陸軍戦闘機隊』（酣灯社、1977）。
　　ソ連はT. Polak with C. Shores, *Stalin's Falcons* (London, 1999)。
注(1)ノモンハン戦の日本飛行士の個人撃墜数は、15機以上が25人、計438機、10機以上では42人、計673機となる。
(2)撃墜記録は自己申告が通例で、公認とは言いがたい。
(3)「総撃墜数」は第2次大戦全期を通じての数字。

った世界の大勢に立ち遅れる。爆撃機の不振も、太平洋戦争末期までつづく。

　さて前記のような諸指標から、ノモンハン空戦の勝敗・優劣を判定するのは簡単ではない。すでに見たように、飛行機、人員の損失数では日ソはほぼ均等である。

　ノモンハン戦の主体は地上戦だったから、地上直協への貢献度も考慮せねばならないが、砲兵、戦車、歩兵に比べると、航空による殺傷効果は格段に小さかった。地上の兵士たちは草原地帯の砂丘に掘った壕にひそんでいたから、直撃弾を食わないかぎり爆撃や機銃掃討の犠牲となる例は稀だった。参戦兵士たちの体験記録にも、被爆の記事はあまり見当らない。ソ連軍の場合はなおさらであったろう。

　結果的に航空は、日ソともに戦局の帰結に結びつくような影響力は発揮できなかったと言えよう。『ノモンハン航空戦全史』の著書ネディアルコフが「エアパワーの集中的な運用が試みられた最初の戦場」であったが、「勝敗についてはなお議論の余地がある」(36)という言い方で、最終判定を留保したことに私も同調したい。

注
(1) 檮原秀見「ノモンハン航空戦の総決算」、入江徳郎「忘れ得ぬ古戦場」(いずれも『丸』123号、一九五八)。
(2) 戦史叢書『満洲方面陸軍航空作戦』(朝雲新聞社、一九六七)。
(3) 滝山和「戦闘機パイロットが語るノモンハン事件」(『軍事史学』128号、一九九九)。
(4) 「第二飛行集団作戦経過の概要」(「ノモンハン事件関連資料集」) 五三六ページ。

(5)前掲A・D・クックス『ノモンハン』上、七〇ページ。松村のヒアリングによる。
(6)前掲ジューコフ最終報告書、六二六ページ。
(7)東京裁判の速記録、一九四八年一月二十九日。なお、ほぼ同じチョグドンの証言がO・プレブ編『ハルハ河会戦――参戦兵士たちの回想』(恒文社、一九八四)一一八ページにある。
(8)戦史叢書『関東軍〈1〉』の未定稿、八九一―八九二ページ。
(9)ネディアルコフ、源田孝監訳・解説『ノモンハン航空戦全史』(芙蓉書房出版、二〇一〇)、三六―四四ページ。なおノモンハン航空戦の戦果と損失については、主として本書と前掲の戦史叢書、V・コンドラチェフ「ハルヒンゴル――空の戦争」(モスクワ、二〇〇二)、邦訳は未刊、一部は古是三春『ノモンハンの真実』(産経新聞出版、二〇〇九)に紹介されている。
(10)前掲『満洲方面陸軍航空作戦』二〇〇ページ。
(11)古川常深手記(『ノモンハン』第11号、一九七四)。
(12)ア・ベ・ボロジェイキン『ノモンハン空戦記』(弘文堂、一九六四)一三―一九ページ。
(13)ソ連側のデータはジューコフ最終報告書、六五五ページ。日本側のデータは前掲「第二飛行集団作戦経過の概要」の付表四を参照。
(14)『飛行第十五戦(連)隊史』(非売品、一九八七)一一二ページ。
(15)「第二飛行集団死没者名簿」(戦史部、陸軍航空―満州一〇七)。
(16)『関東軍〈1〉』五二八ページ、前掲『満洲方面陸軍航空作戦』二四二ページ。
(17)前掲『飛行第十五戦(連)隊史』一四七―一四八ページ。
(18)佐藤勝雄「ノモンハン事件について」(『軍事史学』97号、一九八九)。
(19)鎌倉英也『ノモンハン――隠された「戦争」』(日本放送出版協会、二〇〇一)七九ページ。
(20)五月二十九日、ウォロシロフ国防相から「日本軍国主義を打倒せよ」と激励されてモスクワを輸送機で出発した一行は、チタで新鋭機を受領して六月四日タムスクに到着した。一行には一一人のソ連邦英雄がふくまれていた(前掲ネディアルコフ、四六―四七ページ)。

(21)前掲滝山。
(22)松村黄次郎『撃墜』(教学社、一九四二)。
(23)前掲クックス上、一三四ページ。
(24)辻政信『ノモンハン』(亜東書房、一九五〇)一一八ページ。
(25)前掲ジューコフ最終報告書。
(26)同右、六五五ページ。
(27)前掲ネディアルコフ、一二四―一二九ページ。
(28)前掲ノヴィコフ、九七ページ。
(29)前掲檮原秀見手記。
(30)渡辺亮吉『ノモンハン事件陣中日誌』(私家版、二〇〇一)一四二―一四四ページ。
(31)釜井耕輝回想記(防衛研究所蔵)。
(32)前掲「第二飛行集団作戦経過の概要」五三六ページ。
(33)前掲佐藤勝雄「ノモンハン事件について」。
(34)前掲ボロジェイキン、一三四ページ。
(35)前掲ネディアルコフの源田孝解説(二三二ページ)。
(36)前掲ネディアルコフ、一七三、二三三ページ。

第七章　ノモンハン情報戦

作戦重視と情報軽視

稲垣武はノモンハン戦の失敗原因は「情報を軽視したというより無視した結果だというほうが正確だろう」と論じたあと、関東軍は「主観的作戦という持病」[1]にかかっていたと観察する。研究者の間ではほぼ定着している見方だが、この種の先入観はとりあえず棚上げにして、ノモンハン戦における日ソ双方の情報処理状況を再検分してみたい。

そのあたりの機微に通じ、当時は関東軍のチャムス特務機関長だった対ソ情報専門家の西原征夫少佐は、次のように書いている。[2]

由来作戦参謀は、作戦計画其の他資料を絶対極秘するを常とする傾向があったが、その事実は殊に関東軍に於て顕著で……（作戦参謀は）全般の作戦構想は之を一切伏せ、徒らに要求することのみ頗る急……その場合の情報は作戦参謀の意に満たない事が多く……例えば「敵の攻勢は……の時期である」ことは判断し得ても「何月何日である」等と迄要求することは不可能であるに拘らず、時には斯かる無理な要求をし、夫れが的中しないからとして情報に対する不信を云々する。

形式上は日本陸軍も作戦、情報、後方（兵站・運輸・通信）の三権が対等の立場で併立し協力しあう建前になっていたが、実際には作戦部門が優位に立つ空気は中央・出先を問わず横溢していた。とくに情報部門との相互不信は根強いものがあり、日露戦争のときも第二部（情報）系統の戦場情報を信頼しなかった第一部（作戦）は、作戦計画の立案にさいし独自に投入した諜報将校に依存する現象が起きた。

功罪は相半ばしたが、罪としてはロシア軍主力の黒溝台への攻勢を探知した在英・在独陸軍武官情報を満州軍総司令部の情報参謀が伝えて警告したにもかかわらず、作戦参謀（松川大佐）が威力偵察の程度だろうと軽視して苦戦を招来した例があり、谷寿夫は「わが総司令部作戦課の敵情軽視の責はまぬかれない[3]」と評した。

情報部門を統轄した福島安正少将（のち大将）や謀略工作でロシア内部を攪乱《かくらん》した明石元二郎大佐（のち大将）の名声も影響してか、大正期までは作戦と情報は拮抗《きっこう》関係を保ったが、満州事変前後から作戦万能の風潮が強まる。理由はいくつかあった。

第一は、敗北経験を持たぬこともあって、「攻勢主義」「速戦即決」「以《い》寡《か》撃衆」「精神力重視」のような標語に代表される日本陸軍特有の兵術思想が確立したことである。敵情を探ったり、補給力を計算するのは第二義的となり、陸大でも情報の専門教育はほとんど実施されなかった。

情報参謀のほうにも、責められる原因がないではなかった。中国軍閥を相手どる派手な政治活動や謀略工作に没入して本来の任務である純軍事情報の収集や分析をなおざりにする風潮が見られたからである。二次の上海事変（一九三二年と三七年）で予想以上の犠牲を払ったのは、地味な兵要地誌情報の整備を怠ったのが一因だとされる。そのなかで、対ソ情報を主管する参謀本部ロシア課（第二部第五課）と関東軍のハルビン特務機関の正統的手法による情報収集と判断能力に対する部内の信頼は概して高かったようだ。

ここでは当時の対ソ情報活動を、(A)公然活動、(B)秘密活動に大別し、ノモンハン戦期を中心に、分野ごとの活動歴を概観したい。なおソ連やモンゴルも日本と満州国を対象に、同様の活動を実施していたと考えてよい[4]。

(A)公然活動

(1)向地視察と巡察―日ソ双方が国境線に沿って配置した監視塔から敵情を視察（向地視察）していた。ノモンハン事件前のモンゴル国境警備隊はハルハ河西岸を根拠として、東岸に騎馬の巡察隊を派遣していた。

(2)飛行偵察―平時からカメラを装備した偵察機を国境線上空に飛ばし、敵情を偵察した。時として越境飛行して撃墜される事件も起きている。

(3)大公使館付武官（在モスクワ、ベルリン、ワルシャワ、ヘルシンキ等）、特務機関（ハルビン、ハイラル、チャムス等）―ハルビン機関はノモンハン戦で、戦場情報班（入村松一少佐、近藤毅夫少佐ら）を現地に派遣し、現地人による宣伝放送、捕虜尋問に当った。他にチタ、イルクーツクなど、シベリア各地にあった日本、満州国領事館のスタッフによる活動。

(4)敵方や第三国の公開文書、公開放送の収集と分析―参本ロシア課、ハルビン特機が主体。一九三五年頃以降の対ソ情報は、「文書諜報」が主流となっていた。たとえばハルビン特機は一九三八年末頃までに、ソ連極東軍の各級指揮官約四〇〇〇人の人事カードを作成していた。

日本が戦闘中に入手した捕獲文書で判明しているのは、第一次ノモンハン戦時に入手し、東京裁判に提出されたソ蒙軍の二〇万分の一地図ぐらいである。全滅した東支隊長が山県支隊長への伝令として派遣した鬼塚曹長が、途中で遭遇して射殺したソ連軍将校から入手したものが、それかと推定される(5)。ソ蒙軍が国境線をハルハ河ではなく、その東方二〇キロメートル前後に引いていることを日本軍は初めて確認したとされる。

(B)秘密活動

(1)諜者（スパイ）の利用―白系露人や中国人、モンゴル人の諜者をシベリアへ投入しつづけたが、多くは潜入直後に逮捕され、成功例は乏しかったようである。

ハルビン特機が重視していたのは、一九三六年から終戦まで白系露人の機関員ミハイロフが在ハルビンのソ連領事館員を通じ流しつづけた「H情報」または「哈特諜」で、ノモンハン情報戦の中軸的地位を占めた。しかし西原はミハイロフが二重スパイで、実情に気づいたソ連が「将来の大きな目的を狙ってそのまま知らん顔でたくみにこれを逆用(6)」したのではないかと推測する。

いずれにせよ、諜者利用の面ではソ連軍のほうが巧妙であり、実績をあげた事実は否定できないが、詳細は後述する。

ビンバー大尉

(2)亡命者（リュシコフ、フロント少佐、ビンバー大尉ら）、捕虜の尋問―NKVDの極東責任者という大物のリュシコフは東京へ移され、終戦近くまで参謀本部ロシア課に軟禁され、尋問記録はドイツにも渡された。

スラヴィンスキーによれば、リュシコフは、極東ソ連にある二十五個師団の配置図を提供し、粛清で弱体化している赤軍は「日本が侵攻すればすぐに崩壊するであろう(7)」と述べたとされる。

フルンゼ陸軍大学の卒業生であるヤルマル・フロント（モンゴル駐屯ソ軍狙撃第三十六師団兵器部長）は三八年六月に亡命後、関東軍の参謀たちに兵棋演習の相手役として利用された。ビンバー（モンゴル騎兵第六師団）はモンゴル陸軍本部のダンバ参謀次長（三九年一月粛清）が日本軍と連絡をとるために、三八年八月タムスクから脱走させた(8)。

彼は翌年一月に捕虜となったモンゴル国境警備隊のダシヌマ少尉とともにハルビン特務機関の戦場情報班に加わり「聖なるジンギス・ハンの末孫、モンゴロイドの日本は……ソ連の抑圧からモンゴルを解放しようとするもの、誉れ高き指導者ゲンデン＝デミドらの目的を成就させよ」のような宣伝ビラ（五月十七日付）を撒布し、多少の効果を収めたとされる(9)。朝日新聞に手記を連載するが、十月六日付の朝日は「志士ビンバー国境線に散る」と報じた(10)。

(3)防諜―関東軍の憲兵隊は、満州国に潜入してくるスパイを摘発するが、逆用した例もあっ

た。(11)

(4)無電傍受と暗号解読―一九三五年頃から関東軍参謀部第二課別班（のち特情部へ昇格）は、大久保俊次郎大佐らの暗号専門家が、ソ連軍暗号の解読に取り組む。国境警備隊の暗号を解読して、カンチャーズ事件、張鼓峯事件の端緒をつかんだが、ノモンハン事件時には、ソ連軍最高レベルの作戦用五数字暗号の解読には成功しなかった。

九月三日に某少将からジューコフ司令部へ「空挺部隊を日本軍後方に降下させ、将軍廟を占領すべし」と、四数字暗号を用いて意見具申したのを解読し、第六軍司令部は警戒を強めたが何も起きなかったと大久保は回想している。(12)

八月攻勢を探知できず

戦闘続行中における情報業務の核心は、敵の意図と兵力配置をつかむことにある。たとえ入手できても、確度の異なる雑多な情報を仕分けして大勢を掌握するには、担当者の経験と見識が問われる。

結果的にソ連軍中央は現地のジューコフ総司令官の上申を受け入れ、五月下旬から一貫して大兵力の集中を進め、三ヵ月近い準備期間を経て満を持した大攻勢に転じ、関東軍を撃破した。その間に独裁者スターリン書記長の大戦略はウォロシロフ国防相を通じて、ジューコフと現地諸部隊の戦術行動をゆるぎなく統制しつづけている。情報活動も、この八月攻勢を見すえて組み立てられていたと考えられる。

対照的に日本軍では、陸軍中央と関東軍の関係は断絶に近く、関東軍司令部でも作戦参謀たちは情報参謀やハルビン特機の助言を軽視するか無視する傾向が見られた。情報戦で成功する条件に欠けていたと言わざるをえない。

温度差はあるにせよ、彼らが共通して見抜けなかったのは、ソ連軍が当初から決戦を前提に一貫して兵力を増派しつづけたことであった。日本軍が手おくれ気味で兵力の逐次投入に終始したのは、この錯誤による。

五月十一日に最初の衝突を知った関東軍の辻作戦参謀は「単に、外蒙騎兵が、馬に水を飲ますためハルハ河を渡って、劣弱な満軍をからかったのだろうか。それともモスコーの指令を受けた偵察戦かは判らない」と迷った。

東支隊が全滅した直後の五月三十一日にも、関東軍は「地理より判断して敵は……大なる地上兵力を使用するものとは判断しあらず[13]」と楽観していた。地理とは兵站の常識からすれば、鉄道端末のハイラルからノモンハンまでの二〇〇キロメートルが限度で、シベリア鉄道のボルジアからタムスクまでの七五〇キロメートルを運ぶ師団単位の大兵力を支える補給力はないはずだという判断を指す。トラックの輸送力を失念したこの思いこみは、不可解にも八月攻勢の前後まで尾をひいた。

関東軍の思いこみは他にもあった。「以寡撃衆」思想にとりつかれていた作戦参謀たちは、ハルハ渡河攻撃にさいし、情報参謀（磯村武亮大佐）が投入兵力の増加を進言したのに対して、「ソ蒙軍に対しては三分の一程度で十分」とはねつけ、第二十三師団だけでも「牛刀に値する」[14]と取り合わなかった。

牛刀主義はその後も改まらず、七月下旬に、植田軍司令官が後詰として第七師団主力の戦場進出を示唆したときも、不要として握り潰している。

中央、現地軍の情報部門も想定していなかったソ連増援部隊の東送を警告したのは六月中旬、モスクワからの一時帰朝の途次にあった土居大使館付武官だけだったようだ。

シベリア鉄道の車窓から視認に努めた土居大佐は、新京に立ち寄って植田軍司令官以下へ少なくとも狙撃二個師団、重砲八〇門が増援に向いつつあり、ソ連が並々ならぬ決意を固めているので、内地からの増援を求めるよう警告した。ところがハルハ渡河作戦発動の直前というタイミングだったので、水を差すと思われたらしい。

辻参謀から「弱音を吐くと土居さんの命は危ない、若い者がいきり立って殺すかもしれません。我々は戦勝観兵式を準備中だ」[15]と凄まれてしまう。土居は「このままやったら負けるに決まっているぞ」とどなりつけ、上京すると省部主脳や畑侍従武官長にも同主旨を説いたが、はかばかしい反応は得られなかった。畑は、ソ連の対日方針が「戦略は防衛的にして戦術は攻勢的なり」[16]という土居独特の観察を聞かされている。

おそらく対ソ情報陣の最大の失点は、ソ連軍の八月攻勢を予知できなかったことだろう。予兆がなかったわけではない。七月二十一日にハルビン特機の「哈特諜」はソ軍が八月上旬を期し攻勢に出るらしいとの情報を入手する。そのあと現地軍とモスクワの間で再三にわたり「延期してくれ」「延期すべからず」のやりとりがくり返され、日本側の警戒心がゆるんだ頃に実際の攻勢が開始された。「哈特課」を使ったソ連軍の偽装工作にひっかかったものかと思われるが、参本ロシア課は八月十三日頃にソ蒙軍の兵力を⑴狙撃三十個大隊（三個師団相当）、⑵機甲五個旅団、⑶野砲一三〇門、重砲五〇門、⑷モンゴル騎兵二個師団と推定していた。

林三郎（ソ連大使館付武官補佐官）は「結果的に見ると、ソ蒙軍の攻勢兵力とはさほど違っておらず……だが関東軍の作戦参謀が、参謀本部の兵力判断を素直に受けとったかどうかは、いたって疑わしく思われる」(17)と注記するが、そのロシア課も希望的観測を捨て切れなかったのか、二十三日になっても「ソの八月攻勢は我現有兵力を以て破砕しうるならん」(18)との「判決」を出していた。

ロシア課もハルビン特機も全期間を通じ、一貫してソ連には対日全面戦争の意図はない、との判断を堅持しつづけた。それが結果的に関東軍の安易な冒険主義を許してしまう一面もあったことは、否定できないだろう。

ゾルゲ・郭文通・島貫中佐

高レベルの戦略情報にしろ、現地の戦術情報にしろ、不振に終った日本軍に比べると、ソ連側の活動実績は格段に優れていた。ソ連の情報機構は内務省（GPU）、赤軍、国境警備隊の三本立てとされているが、いずれの領域もいまだにロシアは情報公開していない。そのため詳細は不明だが、判明している範囲で数例を取り上げてみたい。

戦略情報の分野では、まずゾルゲ諜報団の活動ぶりがきわだつ。(19) リヒャルト・ゾルゲはGRU（赤軍参謀本部諜報局）に所属する大物スパイで、ドイツの新聞特派員として一九三三年に来日、尾崎秀実《ほつみ》（朝日新聞記者、近衛文麿ら政界上層部に人脈を持つ）、宮城与徳《よとく》（米共産党員の画家）、ブーケリッチ（アバス通信）ら十数名のスタッフを組織して、モスクワへ上質の情報を送りつづけた。

ノモンハン戦の頃のゾルゲは、東京のオットー駐日ドイツ大使に食いこみ、日本陸軍の情報を入手していた。参謀本部によるリュシコフの尋問記録も、このルートで入手しているが、ゾルゲはそれを見せてもらいモスクワへ転電した。

リヒャルト・ゾルゲ

七月に陸軍省報道部が外国人記者団をノモンハンの戦場見学へ招待したさいは、ブーケリッチを参加させた。ゾルゲ電の一部は二年後に諜報団が検挙（のち多くが処刑）されたときに押収されているが、暴走気味の関東軍と不拡大方針に傾く陸軍中央部の対立状況も把握し、全面戦争に発展する可能性はないとモスクワへ報告（七月二十九日）する一方、日本に対し毅然として対応するよう勧告（六月四日）している。

滞日中のゾルゲが挙げた最大の功績は四一年夏、尾崎が入手した大本営政府連絡会議の情報から、関東軍のシベリア進攻計画（関特演）の中止をいち早くつかんで報告したことであろう。シベリア軍団の西送により、ジューコフの指揮でドイツ軍によるモスクワ攻略の危急を救ったとして半ば伝説化している。しかしスターリンはゾルゲをドイツの二重スパイではないかと疑い、せっかくの情報を生かさなかったという見方もある。

戦後のソ連でゾルゲと並ぶ大物スパイとして評価されているのは、日本の外交官で大正末期からモスクワ、シベリア、東欧諸国に勤務し、ロシア人妻を持つ泉顕蔵《こうぞう》（一八九〇―一九五六）である。泉は一九五四年のラストボロフ亡命事件でその存在が暴露されるまで二十年にわたり、「ネロ」の暗号名を与えられ、ソ連諜報部（ゲペウ→ＮＫＶＤ）のトップであるベリアと直結するスパイとして活動した。

彼の最大の功績はドイツとベルリンの大島大使が試みたスターリン暗殺工作をソ連に通報し、未然に食いとめたことだが、最近になって一九三八年頃から、外務省暗号を渡していた事実が明らかにされた。その成果がノモンハン事件の処理に役立ったかどうか、詳細は不明だ。(20)

ソ連は満州国内にも多数のスパイを各所に潜入させ関東軍の動きを探索していた。その一人が満州国軍の騎兵第七団長としてノモンハン戦場にも出動した郭文通中校（中佐）である。戦後の自伝でコミンテルンの地下工作員として、二十年にわたり情報を流していた事実を告白したとされる。(21)

たしかに『満洲国軍』の戦闘日誌（七月八日）には「騎兵第八団と第二団は……激戦中。

第七団はボイル湖西側地区ツァガンオボを中心として防衛、この地区の敵は優勢な兵力と装備をもちながら積極的に攻撃してこない[22]」と通敵を思わせる記事が見つかる。

その一方で、ソ連軍のジューコフ将軍は日本のスパイが第五十七特別軍団やモンゴル軍の要所に潜入して破壊工作を行っているのではないかとの疑念を抱き、容疑者を追放した[23]。粛清するための口実かとも思えるが六月二十七日、日本空軍にタムスクを奇襲されたのは、潜入した日本軍の工作隊が国境監視哨と航空隊本部を結んだ通信線を切断したためだとしているのは、責任回避の言い訳なのかもしれない[24]。日本軍がモンゴル内部に、破壊工作員を送りこんだ形跡はないからである。

ソ連側の情報活動のなかで地味だが最も貢献度が高かったのは、日本軍の戦死者や捕虜から入手した文書類だったかもしれない。しかもソ連側は戦闘の最中に放送等を通じそれを宣伝するという異例の手法を用いている。

七月二十八日の小松原日記に、「軍機保護につき所感」と題して「師団の攻撃計画の命令、軍命令及（飛行）集団命令敵手に落ちたるものの如し。惟《おも》うに某参謀将校等軍機命令の収容する図嚢携行、飛行機に搭乗せるものを敵側の為撃墜鹵《ろ》獲《かく》せられたるものならん」とあるのが初出だが、八月三日には「敵側のラジオ放送」として、次のようにより具体的な情報が記入してある。

四、日本軍捕虜及戦死者の所持品より

関東軍命令六・二〇　一五三二号
廿三師団命令六・三〇　一〇五号
儀峨中将の靴を収得す
六、同期間捕虜　天野中尉、松本少尉、森本大尉、牛司大尉、ミツセ少尉

関東軍命令とは、七月二日から開始した第二十三師団のハルハ河両岸攻勢に関する関作命第一五三二号、廿三師団命令とは二三師作命甲第一〇五号を指し、小松原師団長は自身のファイルで日付と番号が正確であることを確認したにちがいない。
また最高の軍機に属する両命令（と第二飛行集団命令も？）を携行していたのが、生駒正幸大尉の操縦する偵察機に搭乗、七月三日にハルハ河上空で行方不明となった島貫忠正中佐（第二飛行集団作戦主任参謀）であることもすぐに判明したはずである。[25]

小松原師団がハルハ河を渡河し、迎え撃ったソ連軍戦車群と激闘を交えた七月三日、飛行集団は全力で出動、重爆一機と偵察機三機を撃墜されている。このうち敵側が消息を伝えているのは、「対空砲火で撃墜した機にかけよってみると、飛行士は息絶えていたので、機内にあった提げ鞄に入った地図と文書を師団本部にとどけた[26]」というダラムジャブ（モンゴル第六騎兵師団第15連隊長）の回想である。

ダンダル師団長によると、この鞄と書類はソ連軍事顧問のアフォーニン大佐へ渡されたというから、ジューコフ司令官の手許まで届いたのは確実と言えよう。それはバインツァガン

戦には間に合わなかったにせよ、命令書から第二十三師団と飛行集団の編制を知悉《ちしつ》できたことで、ソ蒙軍のその後の作戦に役立ったことはまちがいない。
それにしても、地図ならともかく偵察飛行に最高の機密書類を携行するとは信じられないほどの失策だが、その責任が追及され有効な防止対策が取られた気配はない。
多少の誇張はあろうが、シュテルン最終報告書によれば、その後も次に引用するように高レベルの情報流出がつづいたと思われる。

我々には日本軍部隊の正確な計画表があった。第六軍司令部と第二十三師団司令部のすべての命令書と日本空軍に関するすべての命令書を我々は入手し、日本軍の全作戦を相当な正確さをもって描きだすことができるほどの書類を持っていた。これらすべての命令書は戦闘中に捕獲されたものだ。(27)

もしこれが事実だとしたら、島貫機のように価値の高い捕獲文書を入手できる機会は稀と思われるので、実際には暗号解読による情報入手がかなりの比重を占めていたとも想像される。

注
(1) 長谷川慶太郎責任編集『情報戦の敗北』(PHP研究所、一九八五)一七六ページ。
(2) 西原征夫の戦史叢書未定稿、七二五ページ。

(3) 谷寿夫『機密　日露戦史』(原書房、一九六六) 五二五ページ。

(4) 対ソ情報活動全般については、戦史叢書『関東軍〈1〉』、林三郎『関東軍と極東ソ連軍』、西原征夫『全記録　ハルビン特務機関』(毎日新聞社、一九八〇)、土居明夫『一軍人の憂国の生涯』、大本営陸軍部研究班「関東軍に関する機密作戦日誌抜粋」(防衛研究所蔵)、甲谷悦雄「満州における情報勤務」(防衛研究所蔵)を参照。

(5) 鬼塚智応『ノモンハンの夕映え』(私家版、一九八八) 一一二ページ。この地図の邦訳版は東京裁判へ提出され、橋本群中将は一九四七年六月五日の法廷で、この地図と一九三五年赤軍参謀本部版地図の比較を求められ、「大体同じだ」と証言した。他にも長野支隊が七月中旬にソ軍地図を入手したという情報がある(『歩兵第二十六連隊史』二三四ページ)。

(6)『文藝春秋』一九六五年五月号の西原征男(征夫)論稿、二八三ページ。

(7) ボリス・スラヴィンスキー『日ソ戦争への道』(共同通信社、一九九九) 一五〇ページ。

(8) 前掲田中克彦『ノモンハン戦争』一八六―一八七ページ。

(9)『二〇〇九年　ウランバートル国際シンポジウム報告論文集』(風響社、二〇一〇) に収録されたボルドバータル論文。

(10) ビンバーの手記は、一九三九年七月五日から十一日にかけて七回にわたり東京朝日に連載された。戦死(自殺説もある) は九月七日とされている。ビンバーの投降事情と戦場情報班での活動については保月義雄『私の境涯』(私家版、一九六七) 一三四―一三八ページを参照。

(11) 全国憲友会『日本憲兵正史』(一九七六) 満洲編を参照。

(12) 大久保俊次郎「対露暗号解読に関する創始並戦訓等に関する資料」(防衛研究所蔵、一九六二)。

(13) 五月三十一日関東軍参謀長発次長宛(前掲「大本営研究班抜粋」一一ページ)。

(14) 前掲『関東軍〈1〉』六二六ページ、出所は小沼メモ。

(15) 前掲土居、一〇五―一〇九ページ、『昭和史の天皇26』九―一一ページの土居談。

(16)「畑俊六日誌」七月三日の項。

（17）前掲林、一七五ページ、松村知勝『関東軍参謀副長の手記』（芙蓉書房、一九七七）一四四ページ。
（18）前掲「関東軍に関する機密作戦日誌抜粋」四〇ページ。
（19）ゾルゲ諜報団の活動については下斗米伸夫『国際スパイ　ゾルゲの真実』（角川書店、一九九二）、白井久也・小林峻一編『ゾルゲはなぜ死刑にされたのか』（社会評論社、二〇〇〇）を参照。
（20）泉のスパイ活動については、V・モトフ（元KGB幹部）の論文（二〇〇四）等に依拠した Hiroaki Kuromiya, "Kōzō Izumi and Soviet Breach of Imperial Japanese Diplomatic Codes" *Intelligence and National Security*, Vol.28, no.6, 2013。
またラストボロフ事件については、檜山良昭『祖国をソ連に売った36人の日本人』（サンケイ出版、一九八二）を参照。
（21）呼斯勒「満州国軍少将郭文通について」（『日本モンゴル協会紀要』31号、二〇〇一）。
（22）前掲『満洲国軍』五五一ページ。
（23）ジューコフ最終報告書、六二五ページ、シュテルン最終報告書、六〇三ページ。ルプサンダノイ（元モンゴル軍副司令官）は銃殺され、第五十七軍団幹部のクーシチェフは四年間投獄された。
（24）前掲ネディアルコフ、六四ページ。ゴールドマンはルフサンドノイ、クーシェフが六月二十七日の奇襲責任を問われたと記す（S.D.Goldman, *Nomonhan 1939*, Annapolis, 2012, p.109）。
（25）原田潔（第二飛行集団参謀）の回想（防衛研究所蔵）によると、一番機に島貫中佐、二番機に儀峨中将が搭乗することになっていたが、島貫が遅着したため儀峨が一番機で先発した。そのため当初は生還した儀峨が捕虜になったらしいとの情報が流れたという。
（26）前掲プレブ、六四、一〇五ページ。
（27）前掲シュテルン最終報告書、六〇四ページ。

第八章　統計分析と総括

展望

戦史研究には公式記録を裏づける統計資料が欠かせない。たとえば日清戦争では、陸軍省編『明治二十七八年戦役統計』全二巻（一九〇二年刊）、日露戦争では陸軍省編『明治三十七八年戦役統計』全六巻（一九一一年）が印刷されている。

しかし太平洋戦争（支那事変・大東亜戦争）については、防衛庁防衛研修所戦史部編の『戦史叢書』全一〇二巻（一九六六―八〇年刊）には、各種の統計情報は散在しているものの、日清・日露戦争のように全戦役をカバーする統計篇は入っていない。終戦時に基本データとなる公文書の大部分を焼却してしまったためで、戦史叢書はわずかに滅失を免れた文書や、関係者の回想・メモ等に依拠して執筆された。

戦役統計は戦争終結後に相手側のデータも参照し、各部隊の戦闘詳報や戦時日誌等を集計・突合する作業を重ねて作成するものであるが、前記のような事情で、こうした作業を進める手がかりが失われた。

ノモンハン戦史も、その例外ではない。それでも戦史叢書の『関東軍〈1〉対ソ戦備・ノモンハン事件』（西原征夫元大佐執筆、一九六九年刊）は、復元可能な情報を取り入れ、事件の輪郭を復元することに成功した。現在でも、ノモンハン戦史の標準的文献と評してよい。

戦史叢書の弱点は信頼性の高いソ連側情報を得られず、日本側情報との比較照合が困難な点にあった。同じことはA・D・クックスの名著『ノモンハン――草原の日ソ戦1939』（原著は一九八五年刊）にもあてはまる。

ソ連のノモンハン関連史料が次々に公開されるようになったのは、共産主義独裁体制が崩壊した一九九〇年前後からである。何よりも歴史家たちを衝動したのは、ソ連軍死傷者数の激増ぶりだった。

表8－4が示すように、公式戦史の九二八四人はのち一万八〇〇〇余↓二万四〇〇〇↓二万五〇〇〇余人と殖《ふ》えていく。そうなると、表8－1が示すように一万八〇〇〇～二万人の範囲で微差の域にとどまってきた日本軍の死傷者数をかなり上まわることになり、ソ連軍の一方的勝利が定説化していたノモンハン戦のイメージはゆらぎかねない。実際に日本の研究者や評論家の間では、引き分け説や日本軍の勝利を唱える声も出た。

もっとも、戦死に生死不明、行方不明を加えた数字で比較すると、日ソ両軍とも九〇〇〇人前後でほぼ同数だから、全損害（戦死傷）の落差は傷病者数（日本は約一万一〇〇〇、ソ連軍は約一万六〇〇〇）の差に起因するとみなせよう。それはソ連軍の八月攻勢で日本軍が「包囲殲滅《せんめつ》」された姿の裏返しでもある。

勝敗の判定は、何よりも戦争目的を達成したか否かで決まる。そうだとすれば、戦闘の主目標はノモンハン地区における係争地域の争奪だから、それを失った日本軍の敗北と評するほかない。とくに最激戦となった八月下旬の戦闘で力攻めに徹したソ連軍が、守りに立った日本軍と同等またはそれ以上の損害を出してもふしぎはなかった。

キリチェンコはジューコフの姿勢について「スターリンより残酷でした。彼はハルハ河のスターリンでした」[1]と語り、J・エリクソンは八月攻勢を「華々しいが犠牲の多い作戦(brilliant but costly operation)」[2]と評している。

勝利者としての栄冠を得たジューコフ将軍としては、日本軍を上まわる損害を公式報告書で認めるわけにはいかなかったのだろう。おそらくモスクワの意向を打診したうえでの操作ではあろうが、日本軍の兵力を七・五万、戦死者を二・二万〜二・三万、死傷者を五・二万〜五・五万人と実数の二倍以上に見積った。そのかわり内訳には不自然な部分を残した。

経験則では死者と傷者の比率は一対三とされているが、右の見積りでは一対一・五前後、ソ連軍のほうは一対五ぐらいとなっている。完勝イメージを強調するために、日本軍の戦死数を自軍の一〇倍以上と見せかける操作の過程で生じた不自然さなのかもしれない。

ところで日露戦争における日本軍の統計を見ると、対象は人員（動員、死傷、補充など）、作戦、情報、兵站（補給）、運輸、通信、兵器（保有、射耗、損失、補充等）、衛生、軍馬、刑罰、捕虜など広範囲にわたっている。読者にとって最大の関心事は人員、ついで兵器、兵站かと思われるが、不十分ながらこれらの分野を中心に入手できたノモンハン戦における日ソ両軍（満州国軍、モンゴル軍をふくむ）の統計を次に掲記し、必要な解説を加えたい。

日本軍の出動兵力と人的損害

表8-1は「日本軍の人的損害」の総括表で、公式統計ばかりでなく事件終結直後の新聞発表や関連の諸情報のうち確度が高いと思われるものを列挙した。部隊別の詳細な統計は表8-2で「第六軍軍医部調査表」(A)と「七師団戦記資料」(B)を並べて掲記した。いずれも昭和十四年秋の調査と推定されるが、Aは対象時期が第二次ノモンハン事件以降と注記され、五月の戦闘は除かれている。比較すると、Bのほうが「出動兵力」でAより約一万七〇〇〇人、「戦死」で一〇〇〇人近く多いが、Bには「生死不明」の項が欠け、戦死との合計では大差がない。またBは「戦(平)病」(二三六三人)を省いたためもあってか、表8-2Ⅵの総計ではAが約一万九八〇〇人、Bが約一万七七〇〇人となっている。

Aで空欄となっている戦車隊、航空隊等の死傷者について、Bを参考に秦が補足した数字は二万一五七人だが、約二万人という概数は動かない。このうち「戦死・行方不明」の小計は、九一三〇人を占める。その他の問題点は、表8-1、表8-2の注を参照されたい。

表8-1の3~10には、今までに登場した諸情報の概数を列挙しておいた。戦死数の最大は表8-1の7のハイラル忠霊塔の合祀者数だが、「ノモンハン」と限定しているものの、昭和十四年度の匪《ひ》賊《ぞく》討伐における犠牲者を加えているのかもしれない。結論として、日本軍の損害は約二万人、うち戦死者は約九〇〇〇人と算定するのが妥当かと思われる。

表8-1の内訳で論議の余地が残るのは、「生死不明」の項であろう。停戦前後には一九

四三人という数字も見つかるが、屍体発掘、捕虜交換等で戦死者の確認が進み、一〇二一人（表8－1の1－b）または七二二人まで減った。

大多数は捕虜ではないかと推測されてきたが、二次にわたる捕虜交換で帰還したのは一五九人にすぎなかったことから、大量の残留者がいたのではないかという臆測が生れた。この点については、確実な資料を持っているはずのソ連側情報をあとで検討したい。

次は時期別の人的損害だが、特定の局面だけを拾った小沼メモの試算を表8－3に示した。死傷者の合計数は一万五三〇〇人で表8－1の1より五〇〇〇人近く少ないが、およその傾向を推察できる。ソ連軍の損害を示す表8－5aと5bに比べると、両軍とも八月下旬の損害が全期間の五割前後を占めていること、しかも守勢に立ち壊滅した日本軍より、攻勢をかけたソ連軍の損害がやや多いことがわかる。

出動（参戦）兵力については、さまざまな問題点が介在する。昭和期の日本陸軍は連隊や大隊の戦闘詳報には日々変動する現員数を掲記しているが、師団、軍以上の高等司令部の記録では多数の直属部隊や独立部隊は独立中隊のような小単位まで列挙するが、指揮下の総現員数をカウントしていた形跡がない。日々の総現員数は装備・糧食の補給という観点から考えても総司令部の最大関心事のはずだが、戦史叢書はもとより、上海・南京戦を指揮した松井石根《いわね》大将の詳細な日記にも関連の記述がない。

したがって虐殺事件で悪名をはせた南京攻略戦に加わった日本軍の総兵力は、現在でも不詳のままである。ノモンハン事件も例外ではない。関東軍機密作戦日誌は編制については詳

表8-1　日本軍の人的損害（総括）

出典	日付	a 戦死	b 生死不明	c 小計 (a+b)	d 戦傷	e 戦(平)病	f 総計 (c～e)
1. 第6軍軍医部調査表	昭和14年秋	7,720	1,021	8,741	8,664	2,363	19,768
2. 七師団戦記資料	昭和14年秋	8,629			9,087		17,716
3. 関東軍の陸相への報告	14/12/9	8,000			8,800	1,200	18,000
4. 大本営の質疑応答資料	14/10/17	約8,000			約8,000	2,000弱	18,000
5. 地方長官会議での新聞発表	14/10/3						約18,000
6. 石井部隊長の状況報告	14/10/9	8,440			8,766		17,206
7. ハイラル忠霊塔の合祀者	17/9/10	9,471					
8. 靖国神社の慰霊祭文	34/9/16	7,720					
9. ジューコフ最終報告書の推計	1939年11月	2.2万～2.3万					5.2万～5.5万
10. ワルターノフ推計	1991年	1.2万＋			2.6万		3.8万

注(1)aおよびfの1と2については表8-2を参照。
(2)3～5は同じ典拠からの引用と推定される。
(3)6は戦史叢書未定稿2039ページより。
(4)7は『七師団戦記』488ページ。なお満軍の合祀者は202柱。昭和6年の満州事変から17年までの日満両軍（満警をふくむ）の合祀者数は10,301柱となっている。
(5)8について、昭和48年11月11日の慰霊祭文では「7000有余」と表現している。
(6)9はジューコフ最終報告書（防衛研究所編「ノモンハン事件関連史料集」634ページに訳出）。
(7)10は『ノモンハン・ハルハ河戦争』（1992）、157ページ。
(8)軍馬について、第6軍獣医部の参加2,887、損耗2,280頭という統計がある。

IV戦傷		V戦(平)病	VI総計（II～V）		$\frac{VI}{I}$(%)
A	B	A	A	B	A
	100			170	
		29	29		
1			2		
111	110	98	402	310	
6	6	187	198	11	
1,699	1,851	328	3,481	3,356	32.8
777					
625					
5,321	5,561	1,312	11,958	10,785	79.0
1,506		198	3,178		
1,777		482	4,254		
1,222		244	2,367		
595		66	1,328		
109		109	288		
69		53	251		
596		100	1,454	1,382	31.8
525	177	158	1,450	529	50.1
143	59	27	291	97	
98	29	29	148	36	
40	86		72	117	
	83			160	
	58			113	
26			73		
	29				
	44				
8,664	9,087	2,363	19,768	17,716	32.2

(1)Aには、第1次ノモンハン事件における第23師団山県支隊の戦死159、戦傷119、生死不明12、計290名が計上されていない。
(2)第23師団歩71のIII生死不明359名には疑問がある。歩71の戦闘詳報は戦死1,946、生死不明48、戦傷2,066、計4,060名としている。生死不明の差数311名は戦死に加えられた可能性がある。
(3)航空隊の戦死と戦傷者数は明らかに過少である。第6章の表6-3によると、戦死・行方不明は151名（うち地上勤務者11名）で、停戦後にソ連軍から空中勤務者55名の遺体が返却された。ここに計上した55名は、それを採用したものと推定する。

表8-2　日本軍の出動兵力と損害（部隊別）

部　隊	Ⅰ出動兵力		Ⅱ戦死		Ⅲ生死不
	A	B	A	B	A
第1師団		4,980		70	
a太田支隊	2,326				
b後藤支隊	(欠)		1		
第2師団	10,203	11,800	193	200	
第4師団	9,841	8,315	3	5	2
第7師団	10,613	10,308	1,109	1,505	345
a 歩26連隊	2,764		438		166
b 歩28連隊	2,348		482		99
第23師団	15,140	14,137	4,976	5,224	349
a 歩64連隊	4,615		1,361		113
b 歩71連隊	4,551		1,636		359
c 歩72連隊	3,014		847		54
d 砲13連隊	1,747		569		98
e 工23連隊	338		70		0
f 捜索隊	380		120		9
第8国境守備隊	4,579	4,883	660	779	98
砲兵隊（畑部隊）	2,900	2,472	556	352	211
独立守備隊	(欠)	3,012	109	38	12
高射砲隊	(欠)	935	21	7	
自動車隊	2,811	2,536	32	31	
戦車隊	(欠)	1,627		77	
航空隊	(欠)	3,307		55	
防疫給水部隊	412		27		
電信3連隊	(欠)	1,165		14	
迫撃砲隊	(欠)	401		20	
その他共合計	58,925	75,736	7,720	8,629	1,021

出所：Aは、戦史叢書『関東軍〈1〉』p.713に掲記されている「第2次ノモンハン事
隊損耗状況調査表」（第6軍軍医部調製、日付不明）、ただし第7師団のa、b
衛研究所蔵の「第七師団戦闘詳細」（9月16日まで）より、第23師団のa～f
記の『関東軍〈1〉』p.707～708の「自6月20日至9月15日　第23師団部隊別
表」（師団軍医部調製、14年10月27日）より抜粋。
Bは三田真弘編『七師団戦記・ノモンハンの死闘』（北海タイムス社、1965）
刻版（1995）p.494に「ノモンハン戦参加部隊別戦死傷者数」（停戦後関東軍
『軍事極秘書類』による）として掲記されているもの。

述しているが、兵員数の記載はないし、小松原第二十三師団長の綿密な日記にも、将校と下士兵を区分した戦死、行方不明、戦傷者の数は頻出するが、日々の現員数は記事がなく、わずかに九月一日現在で残兵二三八五人という数字を見かけるにすぎない。

どうやらこの時期の日本軍高級指揮官や参謀は、指揮下部隊の現員ではなく編制定数という「あるべき姿と戦力」を念頭に作戦を進めていたと言えそうだ。

このように、ノモンハン戦における日本軍の出動兵力数はいずれも軍医部の集計なので確度に疑問は残るが、それでも表8－2のＩＡ（約五万九〇〇〇人）と表8－2のＩＢ（約七万六〇〇〇人）しか見つからず、両者には一万七〇〇〇人近い差がある。

応急派兵は下令されたが、戦場外で待機するだけに終ったり、間接的に参加した後方部隊をどこまでカウントするかに起因したと思われる。なお停戦直前に集中したか、集中途上にあった兵力は計一〇万人に近かったと推定される。

出動兵力数を取りあげるさいは、追及者、補充者、配属部隊の仕分けが関わってくる。しばしば兵力の逐次投入の弊害が指摘されているように、参戦部隊の多くはかなりの数の留守隊を残す応急派兵（実員の七～八割が通例）のまま出動し、損耗がふえると数次にわたり追及者、補充者を送りこんだ。

第二十三師団の例を見ると、昭和十四年六月末の編制定員は一万一八三五人、現員は一万三一六三人（別に馬が二六〇二頭）だが、第二次ノモンハン事件の六月二十日に応急派兵が下令され、九八〇二人が出動している。[3] その後の追及、補充の実態を示す記録は乏しいが、

表8-3　時期別の日本軍参戦者と死傷者数（1939年）

時　期	A　戦闘参加人員	B　戦死傷者	C　比率B/A(%)
7月3日〜4日	10,000	800	8
7月7日〜14日	15,000	2,500	16
7月23日〜25日	22,000	1,700	8
8月1日〜20日	22,000	1,800	8
8月下旬	25,000	8,500	34
計		15,300	

出所：小沼治夫中佐メモ。
注(1)地上部隊のみ。
(2)9月22日〜30日の日本軍による屍体収容数は4,386体で、多くは8月下旬の戦死者と推定される。「小松原日記」（10月5日）には、第23師団の8月20日以降の遺留3,529人のうち収容2,475人、その差数約1,000人との記事がある。
(3)「小松原日記」（10月5日）には、8月下旬の戦闘における戦死は3,301人、生死不明1,860人、計3,540人との記事がある。第7師団、第８国境守備隊、砲兵団の戦死者・生死不明者をあわせると5,000人前後と推定される。

停戦時までの累計出動者は、表８−２のＩＡで一万五一四〇人とカウントされている（小松原日記には師団軍医部の集計として一万五九七五人の数字も掲記）。

補充者数は戦闘継続中（八月末まで）か休止中かに分けて検討すべきだろうが、いずれにせよ正確な記録はつかめない。小沼中佐のメモには停戦の日（九月十五日）までに第二十三師団が九二〇六人、第七師団が五六五二人、全体で一万五二四四人（うち内地より一万一一一七人）との集計がある。ノモンハン戦の損耗を、ほぼ埋め合わせていることがわかる。

日本軍とともに戦った満州国軍の戦歴は蘭星会編『満州国軍』

（一九七〇年）に詳述されているが、ノモンハン戦については「動員兵力一万八〇〇〇」「国軍の死傷は明らかではない」（五七六ページ）という断片的情報を見かける程度にすぎない。実際に参戦した興安支隊、石蘭支隊、鈴木支隊の兵力規模は、各一〇〇〇～三〇〇〇人、合計で七〇〇〇～八〇〇〇人と推定される。損耗は、さらに不分明で、ハイラル忠霊塔の合祀者二〇二人のほかに戦傷五二三人という軍医部情報から死傷の合計を一〇〇〇人弱と推定して、大きな誤りはあるまい。

ソ連軍の出動兵力と人的損害

表8－4が示すように、モンゴル軍を加えたソ連軍の参戦兵力は七万人前後で、日本軍とさほど変らない規模である。違いを探せば、日本軍が八月下旬まで一個師団（第二十三師団）強、配属部隊や補充を入れても一万数千を逐次投入していたのに対し、ソ連軍は六月上旬の段階で設定した三個師団基幹の投入を進め、圧倒的優勢を確保してから八月攻勢を発動した。

この間に兵力は一・二万（七月三日）から五・二万（八月二十日）まで増大した。G・F・クリヴォシェーエフ将軍は延投入兵力を六・九万と算定している。日本軍の延投入兵力もほぼ同数の六万～七万だが、半数近くは戦場後方で待機しただけの「遊兵」に終ったと言えそうである。

小沼中佐が算定した八月下旬における日本軍の直接的な参戦兵力は二万五〇〇〇（表8－

3参照）であるのに対し、ソ連軍は二倍の五万二〇〇〇だが、優勢な砲兵や戦車の援護があったにせよ、日本軍を上まわる人的損害を出した（表8－5b参照）。死傷あわせて九〇〇〇人を超えているが、戦死だけで比べると、五〇〇〇人前後と推定される日本軍に対し二〇〇〇人に届かない。もっとも戦死と戦傷の比率は経験則では約一対三なので、一五七〇人の戦死は少なすぎる。実数を三〇〇〇～四〇〇〇人と推定してもむりはないと考えたい。

ソ連軍の死傷統計が戦中、戦後を経て、最近まで増加しつづけているのは、注目すべき現象であろう。旧ソ連時代はノモンハン戦勝利のイメージを強調するための意図的操作と見てよいが、一九九〇年代から研究者がモスクワ軍事公文書館の記録にアクセスできるようになり、ほぼ実態に近い数字が出現するようになった。

クリヴォシェーエフを監修者とする調査チームが一九九三年に集計した人的損耗計二万三九二六人という数字は、画期的な成果として内外の注目を惹く。二〇〇一年の改定作業で、それは二万五六五五人にふえた（表8－4の6と7）が、内訳を見るとふえたのは戦死と行方不明で、傷病者の数字は一九九三年調査と同数であり、疑問が残る。

モンゴル軍の死傷者数も表8－4（8、9、10）が示すように漸増しているが、それでも一〇〇〇人には届かない。

いずれにせよ、現時点では戦死者は日ソ両軍とも約一万人、死傷者数の総計では日本軍の約二万に対し、約二万五〇〇〇のソ連軍はやや多いと結論してよさそうだ。

表8-4　ソ蒙軍参戦兵力と人的損害

出典	A 日付	B 参戦兵力	C 死亡	D 行方不明	E 捕虜	F 傷病	G 総計
ソ連軍							
1. ジューコフ最終報告書	1939.11		1,570	131		7,583	9,284
2. 東京裁判判決	1948.11						9,000以上
3. 第二次世界大戦史	1960						9,824
4. ソ連軍事百科事典	1980						18,500
5. 東京シンポにおけるワルターノフ報告	1991.8		3,948	154	94	14,619	18,815
6. クリヴォシェーエフ	1993	69,101	6,831	1,143（D・E合計）		15,952	23,926
7. クリヴォシェーエフ改	2001	69,101	7,675	2,028（D・E合計）		15,952	25,655
モンゴル軍							
8. ワルターノフ報告	1991.8		165			401	566
9. ガンボルド報告	1994	8,575	237	32		626	895
10. モンゴル戦史研究所	2001	6,500	280			710	990

出所：5.は『ノモンハン・ハルハ河戦争』(1992) 159ページ、6.は「ノモンハン事件関連史料集」(防衛研究所、2007) に訳出されているクリヴォシェーエフ『戦争・軍事行動、武力紛争中のソ連軍の損害』(ロシア国防省軍事出版所、1993)。Cの5〜7は戦死、戦傷死、戦病死の合計。
7.はクリヴォシェーエフ編「20世紀の戦争におけるロシアとソ連——統計的研究」(モスクワ、2001)。2010年の改訂版もあるが、変ったのは独ソ戦が主で、ノモンハンの統計は2001年版を踏襲している（笠原孝太の調査による)。
8.は5に同じ。
9.は1994年8月のウランバートル国際シンポにおけるガンボルド（モンゴル国防省）の報告（二木博史『日本モンゴル学会紀要』25号、1994年に掲記)。
10.は鎌倉英也『ノモンハン——隠された「戦争」』(2001) 210ページ。
11.クリヴォシェーエフはモンゴル軍の参戦兵力（第6、第8騎兵師団）を4,860名としている。

表8-5a　時期別のソ連軍の人的損害

時期	A　戦死	B　戦傷死	C　行方不明	D　戦傷	E　総計
1939年5月	138			198	
6月	42			55	
7月	1,242			4,998	
8月	1,855			9,350	
全期間	3,946	667	154	14,601	18,815

出所：ワルターノフ報告（典拠は第1集団軍マジン衛生部長調査)。
注(1)捕虜94人がCの行方不明に含まれている可能性がある。
(2)戦闘参加人員については1.2万（7月3日)、5.2万（8月20日)、延6.9万（クリヴォシェーエフ）という数字がある。

表8-5b　局面別のソ連軍の人的損害

時期	A　戦死	B　行方不明	C　戦傷	計（A～C)
a　5月28日～30日	ソ　138 蒙　33		198	336
b　7月3日～12日	2,103	328	522	2,953
c　8月20日～31日	1,570	131	7,583	9,284

出所：aはコロミーエツ『ノモンハン戦車戦』(2002)、43ページ。
bは鎌倉英也『ノモンハン――隠された「戦争」』(2001)、177ページ。
cはジューコフ最終報告書、634ページ。

日ソ両軍の物的損害

ノモンハン戦における日本軍の装備・兵器は、ソ連軍に比し劣弱だったために敗れたという。
イメージが定着している感があるが、果してそうだったのか、統計数字で検証してみよ

装備・兵器は多種多岐にわたるが、ここでは重軽砲と戦車・装甲車に絞り、射耗弾数とあわせ観察する。

表8－6のa～fは七五ミリ以上の火砲の保有数（Ⅰ）と損失数（Ⅱ）を示す。日本軍の保有数は八二門で、うち六三門が失われ、さらにそのうち二〇門は八月下旬に遺棄せざるをえない状況下で砲を使用不能とするため、自己破壊したことを示す。ソ連側が捕獲と計上した日本軍の砲は自壊分をふくむと思われる。ⅡAの小計六三門、ⅡBの六八門とⅢの六二門がほぼ同数となっていることは、それを示唆している。

表8－6の軽砲（g～k）については計一二二～一六六門の数字しか判明せず、砲種別の日本側統計は不十分だが、ソ軍統計の捕獲数（Ⅲ）が参考となる。

なお保有数のAについては、八月下旬に参戦した第七師団や伊東支隊（八国の歩兵、野砲各一大隊基幹）の野砲、連隊砲などが計上されておらず、それらを加えるとⅡB（a～k）の二三四門（損失）をかなり上まわるはずである。

火砲の性能については評価はさまざまだが、川上清康砲兵大尉は「威力性能は（ソ軍火砲に）些《いささ》かも劣らず、とくに一五榴と九〇野砲は威力を十分に発揮した」[4]と記す。一〇加は脚

捕獲された日本軍火砲——手前2門と4番目は九六式15センチ榴弾砲、3番目は九二式10センチ加農砲。奥の3門は八九式15センチ加農砲の順に並べられている。1939年9月。

の折損や駐退機の故障が多いと指摘し、一五加は射程不足で精度も低いとして廃止を勧告していた。

とくに参戦者の間で評価されていたのは、九〇野砲だった。日露戦争期の原型を改善した改三八式野砲（野砲13の装備）の後継としてフランスのシュナイダー社砲をモデルに皇紀二五九〇年（昭和五年）に制式化された七五ミリ砲で新鋭兵器とは言えないが、初速が大、精度が良く、射程も一五榴をしのぐ一万四〇〇〇メートルに及んだ。支那事変突入後に導入された改良型機動九〇野砲は、パンクレスゴムタイヤの自動車牽引式となり、時速一八キロメートルの高速で移動できた。

そのためノモンハンのような草原では機動力を生かし、ハルハ河東岸の重要正面を転戦しつつ健闘した。陣地変換、射方向転換が容易だったため、二門を失っただけで最後まで戦列を去らなかったが、一個中隊を華北に派遣していたため二個中隊分の八門しか投入できなかった。

九〇野砲を野砲の主力としていれば、局面は変ったろうと残念がる声もあるが、数的データを記録し

表8-6 日本軍の主要兵器損失

種類	Ⅰ 保有数		Ⅱ 損失数		Ⅲ ソ軍の捕獲数	記事
	A	B	A(自己破壊)	B		
a 89式15センチ加農砲	6	6	5 (4)		5	穆稜重砲連隊
b 96式15センチ榴弾砲	16	16	11 (5)		7	野重1連隊
c 92式10センチ加農砲	16	16	11 (1)		8	野重7連隊
d 改38式75ミリ野砲	24	24	34 (10)（d・e計）		31	野砲13連隊
e 38式12インチ榴弾砲	12	12			11	〃
f 90式75ミリ野砲	8	8	2			独立野砲1連隊
小計 (a～f)	82	82	63 (20)	68	62	
g 41式75ミリ山砲		14			26	連隊砲
h 92式70ミリ歩兵砲		22			30	大隊砲
i 94式37ミリ速射砲		62			55	
j 迫撃砲		?			13	
k 88式75ミリ高射砲		24			0	
小計 (g～k)		122＋		166	124	
l 89式中戦車	36		18		7（l・m計）	安岡戦車団
m 97式中戦車	4		1			〃
n 95式軽戦車	36		11			〃
o 軽装甲車	19		7			〃
p 重軽機関銃				571	339	

出所：ⅠAとⅡAのa～fは戦史叢書『関東軍〈1〉』714ページ、l～nは玉田美郎『ノモンハンの真相』151～152ページ、ⅠBは「満蒙国境事件に於ける兵器関係資料」の川上大尉報告（防衛研究所蔵、満州―ノモンハン―163）、ⅡBは昭和14年12月9日陸相訪満時の関東軍報告、Ⅲはコロミーエツ『ノモンハン戦車戦』136ページ。

注(1) Ｉdの保有数は野砲13の固有装備である野砲24門の他に、戦利品の野砲7門が追給された。また野重部隊には自衛用の山砲10門が追給された。

た独立野砲兵第1連隊の戦闘詳報が残っていないため、判断はむつかしい[5]。

対戦車攻撃には、九〇野砲、三八野砲、歩兵砲（四一山砲）も有効だったが、切り札とされた三七ミリ速射砲を、コロミーエッツは「最優秀の砲、徹甲弾は中距離（一〇〇〇メートル）でわが戦車の装甲を貫いた。軽量で所在を見つけにくい[6]」と激賞した。しかし川上大尉は、戦闘後半になると、ソ連軍戦車はわが速射砲の有効射程外でエンジンを切り停止射撃に移る対抗策を講じたので、返り討ちに遭う機会がふえたことに気づいている。

日本軍の九四式37ミリ速射砲

火砲の性能に大差がないとすれば、勝負は砲数と弾薬量で決まってくる。口径一〇センチ以上の重砲で比較する（表8－6と表8－8）と、砲数では五〇門（日）対一五六門（ソ）で約一対三、一〇センチ以下の軽砲を加えると二七七門（日）対五四六門（ソ）で一対二となる。格差は意外に小さいとも言えよう。

そこで弾薬量を射耗数により観察してみるが、日本軍の公式統計は見つかっておらず、断片的な記録（表8－7）で推察するしかない。手がかりになるのは七月二十三〜二十五日の砲兵戦記録で、野重三個連隊、野砲13連隊、九〇野砲の独立野砲1連隊が準備した二万九三〇〇発（五基数）に対し、実際の射耗は二万四八八発だった（第四章参照)。

残る約九〇〇〇発はその後の戦闘で撃ちつくされたであろうが、後方からの追加補給が見込み薄のため極端な節約を強いられた。それは、小松原日記の「七月二十八日以降は日々砲兵弾薬の使用基数は一五榴は0・06基数、九〇野砲は0・05基数、その他の砲は0・15基数」との記事から見当がつく。

〇・一五基数は一日一門につき野砲が一五発、重砲は九発にすぎず、節約して貯めた砲弾を八月五日、十二日、十八日に一基数撃った記録もある。

ソ連軍の八月攻勢で砲弾の補給は至難となり、野砲13連隊は八月二十三日に「使用弾薬の標準は一日0・5基数とす」[7](作命二〇号)と制限した。それでも、少ない残弾を直接照準でソ連軍戦車に撃ちかけたが、第12中隊は二十六日に残弾二二発となったところで火砲二門を破壊され、戦闘力を失う。

このような事情で全期間にわたる日本軍の射耗数を算定するのは困難だが、川上大尉の報告書に概数だろうが、野戦重砲の一門当り四〇〇発、九〇野砲の一二〇〇発とある「発射弾数」から推計すると計約二万発、野砲13の約四万六〇〇〇発(表8-7Iのk)を加えると、総計六万六〇〇〇発という規模が浮かびあがる。

これを相当するソ連軍の射耗約四三万発(表8-9の計〈A~C〉)に比べると、一(日)対六・五(ソ)の比率となる。時期をピーク時の八月下旬に絞ると、格差は一対一〇を超えたのではあるまいか。

表8-7　日本軍の砲弾射耗数

Ⅰ　　　　　　　　　　　　　　　　　　　　　　　　　　　　　(1939年)

	A　砲兵団	B　砲13連隊	砲13第4中隊（フイ高地）	90野砲連隊
a　7月1日～4日		1,274		
b　7月23日～25日	13,524	6,964		
c　初期～8月14日	24,800			
d　8月5日（1基数）	2,640			
e　8月12日（〃）	2,610			
f　8月18日（〃）	2,330			
g　8月3日～24日			2,568	
h　8月21日			1,363	
i　8月13日～26日				
j　8月18日～9月7日				6,007
k　全期間		45,747		

出所：各部隊の戦闘詳報等。
注(1)Aは重砲部隊と90野砲。
(2)Aのcは前掲川上大尉報告。
(3)Bのkは五味川純平『ノモンハン』下134ページ（典拠不詳）。

Ⅱ

部隊	日付	野砲	山砲	歩兵砲	速射砲	重機
a　山県支隊	5月27日～30日	230	1,325	243	703	47,000
b　歩71連隊	7月2日～6日	230		200		17,339
c　歩72連隊	6月25日～7月4日		400	125	1,014	
d　独立野砲1連隊	7月23日～25日	4,674				
e　同上	8月18日	233				
f　第8国境守備隊Ⅰ大隊	8月5日～28日			813	1,468	122,507
g　野砲7連隊Ⅰ大隊	8月23日～29日				2,862	
h　林速射砲中隊	7月3日～8月27日				2,067	
i　柴原速射砲中隊	7月3日～23日				346	

出所：各部隊の戦闘詳報等。
注(1)hは戦車83両撃破、喪失5門。iは戦車40両撃破、喪失6門と記録。

川上報告がソ連軍の火砲について関心を向けたのは「陣地変換を頻繁に実施する、射撃すると直ちに後退するが如し」と記したような運用上の工夫だったようだ。それを裏付けるようにジューコフ最終報告書は、ハルハ河西岸に布陣した重砲群が射程限界（一四～一八キロメートル）から砲撃し、しかも機動力を重視したのに対し、日本の砲兵は「射撃陣地の変更を好まず、機動性に全く欠けていた(8)」と指摘している。

もうひとつの主要兵器である戦車・装甲車を見ると七月上旬、安岡戦車団の戦闘に参加した主力戦車の八九式中戦車は、歩兵の直協を欠いたままソ連軍の戦車・装甲車・対戦車砲のチームに反撃されて軽戦車をふくめ五割近い約三〇両を失い、関東軍はあわてて後方へ転進させた。支那事変で戦車を持たぬ中国軍に圧倒的威力を発揮した油断と指摘する見方もあるが、陸軍としては初体験になる戦車同士の対決で、敗北を喫した事実は否定できない。

その後、自信を失った関東軍は戦車団の投入をためらい、八月攻勢の危機段階でも日本軍は戦車なしで苦闘するしかなかった。兵士たちは中国軍と同じ悲哀を味わわされたのである。

ジューコフ将軍は日本軍の戦車を「老朽で装備も悪く、行動半径も小さい」「技術的に未熟(9)」と酷評したが、ソ連軍の戦車も技術的、運用上の難点がないわけではなかった。

七月三日のバインツァガン戦で歩兵の支援を欠いたこともあり、日本軍の速射砲と火炎びん攻撃でBT戦車とBA装甲車が次々に炎上した。四ヵ月後にジューコフが中央へ提出した報告書には、参戦兵力（戦車一八二両、装甲車一五四両）と個人の武勇談は盛りこまれているのに、モスクワの要請からか損失数には触れていない(10)。

それは戦車と装甲車の損害がかなり深刻な衝撃で、軍内部にも秘しておきたい事項だったことを示唆している。ジューコフの責任が問われる可能性もあったろうが、彼は二度と同じ失敗をくり返さないよう応急の対策も講じた。炎天下の高速進撃は過熱と被弾による引火を招くのでスピードを落とし、エンジン部を掩《おお》うバスケットを取りつけ、速射砲の有効射程外から戦車砲を撃つように指示した。八月攻勢時には少数だが、不燃性のディーゼルエンジンを装備したBT7MV2型を投入する。

一方、損傷した戦車を牽引して回収する専用の戦車とトラクターを準備し、全損を減らす努力も払った。コロミーエッツによると八月攻勢の十日間に、第6、11両戦車旅団の三一七両のうち損害は全焼四四両で、撃破一五九両のうち八六両は回収し修復したとされる(11)。

それでも、ソ連軍戦車の損耗は決して少なくなかった。全期間を通じた損失は、表8－8が示すように保有量の七割近い二五三両以上に達している。バインツァガン戦の損失（七七両）の三倍以上で、戦車を勝利のためにすり潰すのをいとわぬ消耗品とソ連軍が割り切っていたことを物語る。

ついでに補給任務に従事した車両（トラック、コンテナー、燃料タンク車など）の動員数を比較しておきたい。ソ連軍の主補給線はシベリア鉄道の端末であるボルジア（と支線端末のソロヴィヨフスク）―バイントゥメン（二五〇キロメートル）―タムスク（二六〇キロメートル）―ハルハ河の前線（一三〇キロメートル）に達する全長約七〇〇キロメートルの無舗装道路であった。

日本軍の鉄道端末であるハイラルからノモンハン前線まで二日で一往復できる一六〇キロメートルに比すと三倍以上の距離があり一往復に五日かかったので、ソ連軍のシュテルン将軍が「計り知れぬ困難(12)」と強調したのも当然だろう。しかも羊肉を除き、現地調達の可能な物資は皆無で、炊事用の薪《まき》まで七〇〇キロメートルかけて運ばなければならなかったが、八月攻勢を見すえた将軍は「お祭りに向けてすべての肴をテーブルに並べられるように全力回転した(13)」と誇っている。

所要のトラック類はジューコフ軍団とザバイカル軍管区でも足らず、中央から増援された一六二五両をふくめ五八五四両をかき集めた。そして八月一日の時点で砲兵弾薬六〇〇〇トン、航空弾薬二二〇トン、燃料二二〇トン、食糧一三二トン、薪二四〇トンなど計一九五〇トンの補給日量を確保したが、地上部隊の一部は徒歩行軍を強いられた(14)。

一方、日本軍は作戦要務令でトラックの一日行程を一〇〇キロメートルと規定していた先入主もあり、第二十三師団後方参謀の伊藤昇大尉は、ハルハ渡河作戦直前の七月一日に田坂自動車隊指揮官（自動車第4連隊長）へ、「（わが軍は）後方で勝てる。敵は、六〇〇キロメートル、我は一六〇キロメートルだから(15)」と楽観的見通しを伝えていた。そのせいか、関東軍は自動車の動員でも逐次投入の失敗をくり返す。七月上旬は約六〇〇両、同下旬にやっと一〇〇〇両に達したが、シボレー、フォードの輸入車に比し、いすゞや日産のトラックは故障が多く可動率は七五％を下まわったらしい(16)。

表8-8　ソ連軍の主要兵器損失

種類＼出典	ジューコフ		コロミーエツ	
	A　保有	B　損失	A　保有	B損失（うち全損
a　152ミリ榴弾砲	36	6		6
b　122ミリ榴弾砲	84	26		31（5）
c　107ミリ砲	36	4	130	4
小計（a～c）	156	36		41（5）
d　76ミリ野砲	52	11		11（2）
e　76ミリ連隊砲		7	162	14（7）
f　82ミリ迫撃砲				8（8）
g　45ミリ対戦車砲		12	180	20（8）
h　76ミリ高射砲			87	53（25）
小計（d～g）		28		
i　機関銃		242		2,489（346）
j　BT-7戦車				59
k　BT-5戦車			438	157
l　軽戦車				25
m　化学戦車				12
n　装甲車			385	133
小計（j～n）				386
o　トラック類	5,854			667（139）

出所：ジューコフ最終報告書、641-642ページ、コロミーエツ『ノモンハン戦車戦
101、125ページ。

ハイラルから将軍廟へ向かう日本軍歩兵部隊——6月

自動車第1連隊中隊長の岩坪博秀大尉は、ソ連軍の八月攻勢が開始された時点で関東軍自動車隊は満鉄の徴用車や中国戦場からの転用をふくめ約二〇〇〇両に達し、日量一五〇〇トンを前線に輸送していたと回想する。[17] ソ連軍の一九五〇トンと大差はない。

九月に入り準備された第六軍の反撃では三〇〇〇両を集め、十二日までに弾薬一〇基数、糧食十日分を集積したが発動に至らず、十五日に停戦を迎えた。[18]

創種別統計

最後に表8-10に示した参戦兵士たちの死亡と負傷の原因となった「創種別統計」から、ノモンハン戦の性格を観察してみたい。

この種の統計は日露戦争、第一次大戦の頃から調査され、ノモンハン戦でも日ソ両軍のデータが残っている。日本軍の場合は、調査対象が入院患者（A）と戦死体（B）の二種がある。前者が一万一〇〇〇人余に対し、後者は約一八〇〇人で全戦死者の約二割にすぎない

表8-9　ソ連軍の砲弾射耗数

（1939年

月 / 砲種	A　6月	B　7月	C　8月	D　うち 8月20日～30日	計（A～C）
a　152ミリ砲	468	6,593	18,799	12,464	
b　122ミリ砲	6,244	22,293	66,827	47,866	
c　107ミリ砲	—	2,869	16,528	10,055	
d　76ミリ野砲	7,565	34,399	104,338	72,565	
e　76ミリ連隊砲	2,576	34,486	61,031	40,045	
f　82ミリ迫撃砲	2,452	5,861	38,286	27,313	
小計（a～f）	19,905	106,501	305,809	210,328	432,515
g　45ミリ対戦車砲	3,781	63,726	201,402	172,544	
h　76ミリ高射砲	2,842	6,553	16,979	10,636	

出所：ジューコフ最終報告書、643ページ。

表8-10　ノモンハン戦の創種別統計（全期間）

〈単位：人

創種	日本軍		ソ連軍	日露戦争の日本軍	支那事変の日本軍
	A　入院患者	B　戦死体	C　死傷者	D　負傷者	E　死傷者
総数	11,479	1,797	15,251	152,906	331,464
1　砲創（%）	53.0	51.2	48.4	19.4	18.4
2　銃創（〃）	35.9	37.3	44.2	73.5	65.0
3　手榴弾創（〃）	4.2	3.7		2.6（3・4合計）	10.1（3・4合計）
4　爆創（〃）	1.0	7.3			
5　爆弾創（〃）	1.7	0.7	6.5		
6　火傷（〃）	0.4	1.1			
7　白兵創（〃）	0.4	0.5	0.9	4.5	0.6

出所：Aは『関東軍〈1〉』712ページ、Bは「小松原日記」（昭和14年10月31日）、Cは
クリヴォシェーエフ、Dは大江志乃夫『日露戦争の軍事的研究』166ページ、E
は陸自衛生学校『大東亜戦争陸軍衛生史』第1巻（1971）、604ページ。

が、内容ではあまり差違がない。

順位も第一位の砲創、二位の銃創を足しあわせるとA、Bのいずれも九割近くに達する。第三位は入院患者が手榴弾創、戦死体は爆創（飛行機の爆弾、地雷等の爆発物）だが、砲創と爆創の計がほぼ同数なので、戦死体の場合に砲創と爆創は区別しにくい点が影響しているとも考えられる。

銃剣が主体の白兵創（〇・四〜〇・五％、入院患者の実数は四五人、戦死体は九人）は、日露戦争時の四・五％に比べて格段に少ないのが明瞭である。戦記を探しても、銃剣同士で戦ったエピソードは見かけない。

注

（1）前掲鎌倉英也『ノモンハン――隠された「戦争」』一八三ページ。
（2）G. Zhukov, *Marshal Zhukov's Greatest Battles* (N.Y., 1969) p.8.
（3）「昭和14年満受大日記」第15号―一〇〇の「人馬現員表」。
（4）川上清康砲兵大尉「満蒙国境事件に於ける兵器関係資料其七」（防衛研究所蔵、満州―ノモンハン―一六三）。
（5）前掲『ノモンハン九〇野砲兵士の記録』を参照。
（6）コロミーエツ『ノモンハン戦車戦』（大日本絵画、二〇〇五）一四六ページ。
（7）福永薫祐大尉（野砲13連隊副官）手記（防衛研究所蔵、満州―ノモンハン―二三三）。
（8）前掲ジューコフ最終報告書、六四一ページ。
（9）『ジューコフ元帥回想録』一三一ページ。

(10) 現在でも正確な統計は不明。鎌倉英也は、ロシア軍事史公文書館で七月三日から十二日までに、焼失が戦車五一両、装甲車六〇両、部分損傷が戦車七四両、装甲車七両の記録を発見している（前掲鎌倉、一七七ページ）。七月三日だけに限ったコロミーエツの不完全な数字は、戦車八〇両、装甲車四五両とされている（前掲コロミーエツ、七七―七八ページ）。
(11) 前掲コロミーエツ、一二一ページ。
(12) シュテルン最終報告書、六〇三ページ。
(13) 同右、六一〇ページ。
(14) ジューコフ最終報告書、六七八ページ。
(15) 田坂専一「関東軍自動車第４連隊の行動」（防衛研究所蔵、満州―ノモンハン―一四六）。
(16)『自動車第一連隊史』（一九八二）二三二ページ。
(17) 同右。
(18) 島貫武治「作戦用兵上より観たるノモンハン事件の教訓」（防衛研究所蔵、一九三九年九月二日）。

第九章　ノモンハン戦敗北人事の決算　無断退却から自決強要まで

本章は一九三九（昭和十四）年五月から満州国とモンゴルの国境線を争って、日本・満州国軍とソ連・モンゴル国軍が四ヵ月にわたり戦ったノモンハン事件の終結後に、その責任をめぐって日本陸軍がとった人事処置の実態を解明しようとするものである。著者がこの主題に注目した理由はいくつかある。

第一は日清・日露戦争いらい「連戦連勝」の経験しか持たなかった日本陸軍にとって、最初の「敗北体験」であったこと。

第二は無断退却、戦意不足、抗命、捕虜の大量発生など、それまで陸軍が想定していなかった現象が多発したこと。

第三は中央（大本営）と出先の関東軍との間に事件の処理方針に関し、深刻な抗争が起きたこと。

などで、在来の事なかれ的人事では間に合わず、軍法会議等による法的処分も適用された。だが最終的には多くが予備役編入や左遷気味の転補など微温的な行政処分ですませてしまう。

少数とはいえ免官、停職、自決強要のような例もあったが、もっとも過酷な運命を強いられたのは捕虜交換で帰ってきた将兵であったろう。将校は事情の如何《いかん》を問わず自決を強いられ、下士官兵は軍法会議にかけられて懲役や禁固刑を科せられた。超法規的処分と評してよいが、すべて内輪で処理され、新聞等を通じて国民に知らされることはなかった。

個別の事例を検分するに先立ち、まずはノモンハン事件の概要と、法規、慣行の両面からとらえた陸軍の人事システムを簡単に眺めておきたい。

ノモンハン事件は交戦相手、戦場、指揮系統を異にしていたにもかかわらず、形式的には昭和十二（一九三七）年七月に始まった支那事変の一環として位置づけられた。

その支那事変（日中戦争）で、日本軍は上海、南京（首都）、漢口などの要点を占領したが、奥地の重慶に首都を移した中国軍は、長期抗戦の姿勢を変えなかった。本来はソ連極東軍を筆頭仮想敵としてきた陸軍は対ソ戦備の充実を重視しながらも、全軍の約七割に相当する七〇万の大兵を中国大陸へ釘づけにされ、戦費の重圧が国民の生活を圧迫しはじめていた。

したがって軍中央は、国境線の不明確なノモンハンの大草原地帯における満軍とモンゴル騎兵の小競り合いに端を発した国境紛争の拡大は好まず、消極的姿勢で臨んだ。しかし、現地の第二十三師団、ついで関東軍の好戦的一撃論にひきずられ、結果的に空軍や戦車も投入する大規模な戦闘に拡大してしまう。

そしてソ連中央（スターリン）の特命で派遣されたジューコフ将軍が、二ヵ月の準備を重ねて発動した八月攻勢（八月二十〜三十一日）で、二重包囲された第六軍と第二十三師団は壊滅的な大損害を受け、ソ蒙側の主張する国境線まで押し戻された。関東軍はなおも四個師団余の新鋭兵力を投入する反撃攻勢を企てたが、成功の見込みが薄いと判断した大本営は攻勢中止を命じ、外交交渉による解決に切りかえる。

係争地域を奪回するという目的を達したソ連も、独ソ不可侵条約の締結（八月二十三日）、ドイツのポーランド侵攻と英仏の対独宣戦による第二次欧州大戦への拡大（九月三日）、ソ連の東部ポーランド占領（九月十七日）と急変する欧州情勢に配慮して停戦を受け入れた。そして、東郷茂徳駐ソ大使とモロトフ外相の間で停戦協定（九月十五日）が結ばれる。

関東軍には「負けていない」「もう一押しで勝てた」と強弁する幹部も少なくなかったが、一万八〇〇〇人以上の死傷者を出し、ハルハ河東岸の係争地域を失った事実から、陸軍中央部には敗戦感を抱く者が多かった。

たとえば第四師団長として停戦直前のノモンハン戦場へ出動したあと参謀次長に転じ、事件の後始末に当った沢田茂中将は「陸軍始まっていらいの大敗戦」「国軍未曽有の不祥事」(1)ときめつけた。大本営の作戦課長として終始した稲田正純大佐は、「莫大な死傷、敗戦の汚点」(2)と評している。畑俊六陸軍大臣も「大失態」(3)と認識していたから、「敗北責任」を看過するわけにはいかなかったろう。

さらに陸海軍総司令官（大元帥）である天皇の裁可なしに、独断で越境攻撃を実行した

「擅権《せんけん》の罪」（陸軍刑法第三五条）の容疑もあった。明白にモンゴル領であるタムスクの爆撃（六月二十七日）や地上部隊のハルハ河西岸への進攻（七月三日）を、畑侍従武官長（八月三十日陸相へ転任）は「明かに越権行為にて一の大権干犯を見ざるを得ず。……、当然関東軍司令官の責任なり」と認識し、閑院宮参謀総長も植田謙吉軍司令官の処分を天皇に約束していた(4)。畑の記述は、天皇の意向をストレートに反映したものと考えてよい。

宇垣内閣の流産事件（昭和十二年一月）が象徴するように、この時期の陸軍が人事に関する天皇の任免大権に逆らう例は珍しくなかったが、陸軍主導の日独伊三国同盟交渉が独ソ不可侵条約の衝撃で挫折し、一時的ながら推進力を失う。

その間隙に乗じ、昭和天皇は信頼する畑大将を陸相に、梅津美治郎中将を植田の後任の関東軍司令官に指名したり、山下奉文、石原莞爾両中将の親補職への昇任案を差し戻すなど、威信の回復をはかった(5)。

何よりも大命をふりかざして即時停戦を要望する陸軍中央と、屍体収容の名目で戦闘を継続するのは「大元帥陛下の大御心なりと確信(6)」して譲らぬ関東軍は、軍司令官や全作戦参謀の辞職願で対抗する。こうした抜きさしならぬ状況下で九月七日、とりあえず植田関東軍司令官、磯谷廉介参謀長、矢野音三郎参謀副長、寺田雅雄関東軍高級参謀が参謀本部付に発令された。稲田大本営作戦課長が「事実上の〝関東軍司令官〟だった」と評する辻政信少佐参謀は中国戦線の第十一軍司令部付へ、一日遅れて八日付で服部卓四郎中佐参謀は歩兵学校教官、島貫武治少佐参謀は陸軍大学校教官へ転出した（その後の異動を含め表9－1を参照）。

関連の人事異動は、その後、数ヵ月にわたり数次に分けて実施され、範囲も大本営の首脳、関東軍の部隊指揮官級にまで拡大するが、主要な人事を個別に見ていく前に、戦前期日本陸軍の人事を律した法制的、慣例的実態を通観しておきたい。

人事制度と賞罰の体系

戦前期の日本陸海軍は、他の先進国には見られなくなった制度的特権を享受していた。ひとつは統帥権（軍隊の指揮権）を管掌する統帥部（参謀総長と海軍軍令部総長）が、内閣と並列で大元帥としての天皇に直属する「統帥権の独立」である。同格だから、狭義の統帥領域にとどまらず、外交など隣接の政策分野に介入するのも可能だった。

もうひとつは、陸海軍大臣の任用資格を現役将官に限るとした「軍部大臣現役武官制」である。天皇や首相といえども、現役将官以外から適任者を選べないばかりか、使い方によっては倒閣や組閣阻止さえ可能であった。実際に朝鮮二個師団増設や八八艦隊計画の実現にさいし、陸軍も海軍もこの利剣をちらつかせるだけで時の内閣の死命を制した実績を残している。ノモンハン事件の翌年にも第二次近衛内閣を画策した陸軍の筋書に沿い、畑陸相の単独辞職で米内内閣を倒した。

陸軍の露骨な政治関与は、こうした人事上の特権に支えられていたが、部内の人事については陸軍省官制が「陸軍大臣は……軍人軍属を統督し」と規定した陸相の権限とされてきた。海軍省官制にも同文の規定があり、人事権は文字どおり海相の専決事項として運用されたが、陸軍はやや事情を異にした。

陸相の下で業務を補佐する人事局（補任課と恩賞課で構成）の他に、参謀総長や教育総監（および砲兵監、輜重兵監のような兵科別の監部）の発言権もかなり強かった。

それを明文化したのが「陸軍省・参謀本部・教育総監部関係業務担任規定」（大正二年七月十日裁可）で、将官の任免、進退、補職などは陸軍大臣より参謀総長および教育総監へ協議のうえ、陸軍大臣が扱うことになった。いわゆる三長官会議である。

この協定にもかかわらず、将官人事は陸軍大臣の原案どおりに実行される例が多かったが、満州事変後に皇道派と統制派の抗争が激化すると、三長官会議の協議はしばしば難航した。なかでも昭和十（一九三五）年七月十六日、林銑十郎陸相と閑院宮参謀総長が真崎甚三郎教育総監（皇道派）の勇退を要望し、真崎が拒絶したにもかかわらず更迭が強行された。このとき真崎は三長官の一人を更迭するには三長官全員の一致が必要だと主張し、激論を交わしている。

二・二六事件後の粛軍人事で皇道派は壊滅し、総帥格の真崎大将は「叛乱幇助《ほうじょ》」の容疑で軍法会議に起訴され、証拠不十分で無罪と判決された。それを機に人事に関する陸相の優越が強化されたかに見えたが昭和十二年十一月、支那事変の拡大で参謀本部を主体にした大本営が設置されて逆転の傾向が見られるようになった。

大本営勤務令の附則に「人事に関しては参謀本部総務部長と人事局長との協議により細則を定める」との規定が入り、戦時を名目とした参謀本部の介入、とくに参謀人事への発言力が強まった。(7) ノモンハン事件の人事処理には、この流れが影響を与えている。

ところで終身官である武官の身分は、「陸軍将校分限令」（明治二十一年十二月二十五日勅令第九一号）第三条に「将校は左の各号の一に該当するに非ざれば其の官を失うことなし」とあるように、その身分は手厚く保障されていた。大臣といえども恣意《しい》的に身分を変動させるのは困難で、「信賞必罰」の建前はあっても、実際は平時、戦時を問わず無難な「年功序列」人事に傾いた。分限令が規定する身分の変動のうち、主要なものを次に列挙したい。

免官…陸相の申請により勅裁を経て内閣が発令するが、(1)本人の願い出、(2)将校たるの本分に背くか体面を汚したとき、(3)一年以上の禁固刑に処せられたとき、に限定される。

停職…懲戒すべき行為のあった者に適用。原則として一年後に予備役へ編入された。

待命…現役将校の予備役編入を前提とした。

予備役…本人の願いのほか、待命後二年以内（多くは一ヵ月以内）、停職後一年、現役定限年齢（大将は六十五歳、大佐は五十五歳）に達していることが前提とされ、一部を除き恩給が支給された。

次に人事評価に欠かせない賞罰の制度だが、賞の分野では文官より優遇され、次のようなものがあった。

位階勲等…位階としては正八位（初任）～従一位、勲等としては勲八等～勲一等があり、

表9-1　ノモンハン人事の例（将官・参謀）

Ⅰ　予備役編入

氏名（期）	階級	職　名	記　事
植田謙吉（10）	大将	関東軍司令官	9/7参本付、11/15待命、12/1予備役
磯谷廉介（16）	中将	関東軍参謀長	9/7参本付、12/1予備役、17.1～19.12召集・香港総督
中島鉄蔵（18）	〃	参謀次長	10/2参本付、12/1予備役、17.7スマトラ司政長官、24.7戦犯獄死
橋本群（20）	〃	参本1部長	9/13参本付、12/1予備役、のち北白川宮別当
荻洲立兵（17）	〃	第6軍司令官	11/6参本付、15.1/31予備役、19.8帝都翼賛壮年団長
小松原道太郎（18）	〃	第23師団長	9/10進退伺、11/6関東軍司付、15.1/31予備役、15.10/6病死
畑勇三郎（23）	少将	野重3旅団長	9/22進退伺、11/6関東軍司付、12/1参本付、15.1/31予備役
森田範正（24）	〃	歩14旅団長	10/1留守第7師団司付、12/20予備役

Ⅱ　左遷的転任

氏名（期）	階級	職　名	記　事
稲田正純（29）	大佐	参本作戦課長	10/12参本付、11/10習志野校付、15.8阿城重砲兵連隊長、20.4中将、20.5西部軍参謀長
矢野音三郎（22）	少将	関東軍参謀副長	9/7参本付、12/1鎮海湾要塞司令官、15.8中将、16.6第26師団長、18.8予備役
寺田雅雄（29）	大佐	関東軍作戦参謀	9/7参本付、10/26千葉戦車校付、15.8戦車1連隊長、20.3中将、20.5機甲本部長
服部卓四郎（34）	中佐	〃	9/8歩兵校教官、15.11参本作戦班長、16.7参本作戦課長、16.8大佐、戦後は服部機関長
辻政信（36）	少佐	〃	9/7第11軍司付、15.2支那総軍司付、16.7参本部員、18.8大佐、19.7第33軍参謀、20.2個人感状、戦後は国会議員
島貫武治（36）	〃	〃	9/8陸大教官、18.8大佐、戦後は防衛庁戦史室長

Ⅲ　その他

氏名（期）	階級	職　名	記　事
安岡正臣（18）	中将	第1戦車団長	8/1留守第3師団長、16.3予備役
儀峨徹二（19）	〃	第2飛行集団長	15.8浜松飛校長、16.10予備役
小林恒一（22）	少将	23師団歩兵団長	8/24戦傷、8/30第6軍司付、15.12東京湾要塞司令官、18.7予備役

注⑴特記しない限りは、昭和14年を示す（9/7は14年9月7日）。
⑵氏名後のカッコ内は陸士卒業期を示す。

原則として年功により昇進した。

金鵄勲章…「武功抜群」の軍人に授与され、年金が支給された。殊勲甲と乙の二種に分かれ、階級に応じ功七級〜功一級がもらえた。ちなみにノモンハン事件に参加して戦死した将兵の多くが金鵄勲章を授与されている。将官で責任を負って予備役に編入された磯谷廉介、荻洲立兵両中将は二年後に功二級金鵄勲章をもらうが、これは中国戦線における師団長としての戦歴が対象だったかと思われる。

感状…戦場で抜群の武功を挙げた部隊や個人に軍司令官などの独立指揮官から授与され、「上聞に達する」栄誉が加わる場合もあった。ノモンハン事件では歩兵72連隊、第二飛行集団と指揮下の飛行戦隊、石井防疫給水部隊などに部隊感状が与えられているが、個人感状（上聞に達す）は一人（戦死した野重1連隊の山崎昌来大尉）だけであった。

罰の分野では陸軍懲罰令と陸軍刑法がある。前者は軍人のなした犯行に対し、統帥権に基づき科する制裁である。犯行とは「軍人の本旨に背き……軍紀を害し、風紀を乱す行為で陸軍刑法の罪に該当しないもの」（第一条）とされ、懲罰権者は中隊長レベル以上であった。

罰目は現役将校に対しては重謹慎、軽謹慎（一〜三十日）、譴責《けんせき》の三種、同下士官兵に対しては降等、重営倉《えいそう》、軽営倉など、非現役の将校には礼遇停止、譴責があり、処分は「言渡後直ちに之を執行」（第四五条）とされた。

頻発した事例は、帰営時間に遅れた兵の軽営倉入り（数日）だったようだが、似たような将校の懲罰例もある。昭和十三年頃、二度目の召集で甲府連隊に勤務していた幹部候補生出身の少尉が、日曜日に隊外の医師に診察を受けようと上京したのを憲兵に見つかり、重謹慎二日の懲罰を受けた。そして謹慎中は軍人勅諭を謹写させられたという(8)。

陸軍刑法を適用されると軍法会議で裁かれ、死刑をふくむきびしい刑が待っていた。軍法会議の長官は指揮権と裁判権を一致させる主旨から師団長または軍司令官だが、将官を裁くのは陸軍大臣を長官とする第二審の高等軍法会議であった。

次に陸軍刑法の主要な罪目を示す。

叛乱の罪…第一章第二五～三四条。「党を結び兵器を執り反乱をなした者」（第二五条）は首魁《しゅかい》が死刑、参与者は無期ないし三年以上の有期刑を科すと規定していた。古くは竹橋事件（明治十一年）、近くでは二・二六事件（昭和十一年）の先例があった。後者では叛乱の直接行動者（一二三名）と間接関与者（四一名）が東京陸軍軍法会議で審理され、一九名が死刑、八二名が無期・有期の禁固刑に処せられた。軍人の多くは判決に先立ち、陸軍将校分限令と陸軍懲罰令により免官や謹慎の処分を受けていた。

擅権《せんけん》の罪…第二章第三五～三九条。「外国に対し故なく戦闘を開始」（第三五条）、「権外の事に於て……軍隊を進退」（第三七条）した司令官を死刑と規定していた。

謀略で満州事変をひきおこした関東軍の本庄繁軍司令官と部下の参謀や、それに呼応し中央の制止を無視して朝鮮軍を独断越境させた林軍司令官は、いずれかの容疑が濃厚だが不問に付された。しかも、本庄は侍従武官長へ栄転、「越境将軍」としてマスコミの人気を博した林は、陸相、首相に栄進している。

辱職の罪（第三章）…隊兵をひきい敵軍に投降・開城（第四〇条、四一条）、逃避（第四二条）、守地を放棄（第四三条）した司令官、哨兵の任務過怠、仮病等への処罰。

抗命の罪（第四章）…上官の命令に反抗か不服従した場合だが、適用例は稀である。インパール作戦（昭和十九年）時に師団をひきい撤退した佐藤幸徳第三十一師団長は、抗命罪の容疑で取調べを受けたが、軍法会議に起訴されず予備役編入ですませた。

暴行脅迫の罪…省略。

逃亡の罪（第七章）…「故なく職役を離れた者」は、敵前なるときは死刑もしくは五年以上の懲役だが、「その他の場合で六日を過ぎたるときは二年以下の懲役又は禁固」。

略奪の罪…省略。

その他…省略。

全条文を通じ、同じ犯行でも平時は軽く、戦時、とくに敵前では未遂をふくめ死刑を主とする重刑が科せられた。また陸軍刑法には奔敵罪《ほんてき》（第七八条）はあったが、負傷して敵中に放置されて捕虜（俘虜《ふりょ》）となった者を訴追する明確な根拠条文はなかった。

苦肉の策として陸軍中央はノモンハン戦の停戦後に捕虜交換で帰ってきた者に対し、将校には自決を勧告、下士官兵は「逃亡の罪」を援用して軍法会議で有罪判決を出すよう関東軍へ指示している（詳細は後述）。

ノモンハン人事の枠組み

さてノモンハン「敗戦処理」の人事（以後、ノモンハン人事と呼ぶ）には前記のような先例、なかでも直近の二・二六事件とその後のいわゆる「粛軍人事」が少なからぬ影響を及ぼしている。

満州事変は天皇大権を無視して他国と戦端を開いた「擅権《せんけん》の罪」であっても、成功すれば必ずしも罪を問われないとわかり、内外で類似の事例が続発した。

皇道派の青年将校たちが武力決起したのも、「叛乱の罪」には問われないだろうという一応の見通しがあってのことだが、天皇の怒りを買ったこともあり、叛乱は不成功に終る。敗者となった将校たちはきびしく処断された。軍当局は叛乱軍将校たちの自決を期待したが、彼らが法廷闘争の道を選び、部外からの同情の声もあったので、特設の東京軍法会議は非公開、一審のみ、弁護人なしという過酷な方針で臨んだ。

そのかわり軍法会議に対する陰惨なイメージが広がったわりに、抑止効果はあまり期待できないことも認識された。結果的に支那事変、ノモンハン事件を通じ、下級者の軽犯罪や帰還捕虜を除き、軍法会議による刑罰が忌避され、代って自決強要のような一種の「私的制裁」が横行する一因となる。

ともあれ支那事変が始まり、挙国一致の戦時体制が進行するなかで、陸軍は粛軍人事の転換を迫られた。旧怨を捨て、陸軍部内の融和を回復する必要に迫られたのである。

二・二六事件後のいわゆる粛軍人事で、皇道派とみなされた将官級幹部は次々と予備役に編入され、「要注意人物」と目された佐尉官級将校までも、外地や辺地の部隊へ左遷されていた。融和策は彼らの復活から始まった。

一年以上収監されていた真崎大将に無罪判決（昭和十二年九月）を出して釈放したり、予備役の柳川平助中将を南京攻略戦の第十軍司令官（のち司法大臣）へ起用したのはその一端である。余波は中下級将校にも及んだ。

たとえば二・二六裁判で不起訴処分になった在満独立守備隊付の黒崎貞明中尉は八ヵ月間の停職処分を受けたのち復職すると、中隊長としてノモンハンで奮戦し功五級金鵄勲章をもらった[9]。戦線の拡大、部隊の増設で前歴にこだわる余裕がなくなったせいもある。

しかし、このような潮流のなかで陸軍が何よりも嫌ったのは、天皇の人事介入だった。ノモンハン事件の末期に平沼騏《き》一郎《いちろう》内閣が総辞職したさい、板垣征四郎の後任陸相に三長官会議の主導ではなく、昭和天皇のお声がかりで畑俊六侍従武官長が就任した。

この人事を不快がった陸軍部内には、畑を「聖上の大臣にして我等の大臣にあらずとの恐るべき思想」[10]が流れていたという。

「聡明無比」の定評があった畑は、そうした空気を感じとってか、否応なしに直面した事件関連の人事処理を作戦の失敗責任という枠内にとどめ、現地事情に通じる沢田茂参謀次長に

表9-2　ノモンハン人事の例（中下級指揮官）

氏名（期）	階級	職名	区分	記事
鷹司信熙（24）	砲大佐	野重7連隊長	謹慎→停職	8/26戦場離脱、8/29謹慎、9/30停職・華族礼遇停止、12/1予備役
酒井美喜雄（23）	歩大佐	歩72連隊長	自決	8/24戦傷入院、8/31第6軍司付、9/5部隊感状、9/15自決・少将、9/24戦傷死亡と発表、17.4靖国合祀
長谷部理叡（25）	歩大佐	長谷部支隊長	自決強要	8/27無断撤退、9/4後任者発令、9/20自決、10/2戦病死と新聞報道、18.4靖国合祀
井置栄一（28）	騎中佐	23師団捜索隊長	自決強要	8/24無断撤退、8/26将軍廟守備隊長、9/5後任者発令、9/17自決、10/11死亡と新聞報道
四ツ谷巌（25）	歩中佐	1独守歩6大隊長	予備役	12/20予備役、のち満州国軍少将
須見新一郎（25）	歩大佐	歩26連隊長	予備役	10/2関東軍司付、12/30予備役
岡元孝一（28）	騎少佐	23師団捜索隊付	予備役	11/15騎11連隊付、12/20予備役
松友秀雄（33）	砲少佐	砲13連隊大隊長	謹慎→予備役	11/15砲5連隊付、12/20予備役
土屋正一（47）	砲大尉	野重1連隊中隊長	免官	8/25？戦場離脱、11/16野重1連隊付、12/15免官（内閣）
実光伯夫	歩大尉	長谷部支隊中隊長	予備役	11/15歩39連隊付、12/20予備役
早瀬多喜男	工中尉	工23連隊中隊長	召集解除	8/23フイ高地より離脱、12/1召集解除、16.7〜18.3召集
赤井豊三郎（28）	歩中佐	歩64連隊大隊長	左遷	8/27撤退、11/15青森連隊区司令部
杉谷良夫（27）	歩中佐	長谷部支隊大隊長	左遷	8/27撤退、11/15神戸連隊区司令部
山県武光（26）	歩大佐	歩64連隊長	戦死	8/28独断撤退、8/29撤退途上で自決戦死・少将
伊勢高秀（25）	砲大佐	野砲13連隊長	戦死	同上

原案作成を委ねるのが賢明と考えたようだ。

その沢田は就任前には、責任範囲を関東軍内にとどめるべきものと考え、その観点から命令系統で植田関東軍司令官—荻洲第六軍司令官—小松原道太郎第二十三師団長とつながる三人の指揮官から事情聴取をすませていたが、本人たちの責任意識に微妙な食いちがいが見られた。沢田手記によると、

小松原「一時は自決まで考えたが、その機を逸した。……すべての責任を受ける覚悟である」

荻洲「只々関東軍の命令を実行したるのみ……何等の責任を感ぜず。又責任を取る必要なしと考えあり」

植田「幕僚は責任なし。全責任は軍司令官たる植田に存す」

のようなものである。[11]

十月二日付で参謀次長に就任すると、沢田は省部の関係者からも事情を聞き、中央部や関東軍幕僚の責任も問わざるをえないと判断した。彼が「予自らこれに当り」と強調した責任追及の論点と結語（要旨）は、次のようなものであった。[12]

(1)事変発端の責任…直接の責任者なし。

(2)事件拡大の責任…関東軍が主、大本営は従。

(3)独断越境の責任…モンゴル領のタムスク爆撃、地上部隊のハルハ渡河攻撃は関東軍が主だが、当時現地に派遣され黙認した橋本群第一部長にも責任あり。

(4)作戦指導上の責任…所要に満たぬ兵力を漫然と逐次投入して敗れた責任は関東軍に重

く、小松原、荻洲には軽い。

(5)統帥上の責任…関東軍の下級幕僚に押しまくられ、勇断を欠いた大本営の中島鉄蔵参謀次長に責任あり。

(6)隊長と幕僚の責任の分界…植田の主張を容れ、幕僚の責任を不問に付すのは許されない。よって植田軍司令官と磯谷参謀長に重大な責任を負わせ、下級幕僚は左遷的転職に処す。

(7)軍政部（陸軍省）の責任…ありとする意見も存するが、統帥独立の立場から責任はないと判断。

このような沢田の原案は陸軍省の野田謙吾人事局長との協議を経て畑陸相にまわり十一月十四日、三長官会議の了承を得て内奏され、天皇からは「止むを得ざるもそれで結構だとの仰せがあった」と「畑俊六日誌」は記入している。

最終的な人事処置は表9－1に掲記した通りだが、確定するまでに論議を呼んだ論点としては、

(a)閑院宮参謀総長の引責

(b)辻関東軍参謀の処置

(c)部隊指揮官級の責任

があげられる。

最大の争点となりえた(3)の独断越境問題は、満州事変時の責任者である本庄、板垣、石原らを不問に付した先例もあり、最初から争点にはしないという暗黙の合意があったと思われる。

(a)の閑院宮は在任すでに八年、七十四歳の老齢でお飾り的存在に近かったが、沢田も畑も皇族の最長老に敗戦責任を負わせるのは酷だと苦慮した。そこで自発的辞任の形にしたいと宮家別当の稲垣三郎中将を通じて打診したところ、「適当なきっかけがあれば」との返事だったので見送ったが、結果的に退任は昭和十五年十月まで遅れた⒀。

(b)の辻は三十七歳の少佐参謀、関東軍の作戦参謀でも最末席にすぎなかったが、寺田高級参謀が「辻と服部の強引さに引きずられた。生涯の大失策であった⒁」と悔み、稲田参本作戦課長に「事実上の関東軍司令官」と評されるほど独断越権の振舞いが目立った。

稲田、荻洲からは退役（免官）させよとの要望が届き、野田人事局長は予備役編入が適切と判定したが、参謀人事を管掌する大本営総務部長から「将来有用の人物だから⒂」と陳情が来て、現役にふみとどまった。辻の個性と能力を高く買う、部内の声が少なくなかった内情を反映している。

服部も一時は左遷されたが、一年後には中枢の大本営作戦課に復活、昭和十六年七月に作戦課長へ昇進すると辻を部下に呼び戻し、コンビで日米開戦の推進役を果す。

(c)の部隊指揮官は将官級の上級指揮官と、連隊長以下の中下級指揮官の二グループに大別される。前者の人事は天皇の意向も打診したあと三長官会議にかけられ、訴追は高等軍法会議の長官である陸軍大臣が扱うという制約があった。そのせいか、ほぼ全員を無難な予備役編入ですませてしまったのだが、その種の制約がなかった中下級指揮官たちには、自決強要をふくむ苛烈な処分が待っていた。

回避された軍法会議

ノモンハン人事の処理方針を固めるにさいし陸相、人事局長、補任課長は別々に満州へ出張し、三人が審議を重ねて「興安嶺以西（つまり第一線の軍ならびに師団）には責任なし。第一線はよく戦った。罪は中央と関東軍司令部とにある」との結論に達した、と額田坦《ぬかだひろし》補任課長（のち人事局長）は回想する。前述した沢田参謀次長の判断とほぼ同じである。

どうやら荻洲軍司令官、小松原師団長は免責されそうな流れだったのだが、二人は「軍旗喪失の責任を負って骸骨を」乞うたので、依願予備役にしたと額田は説明している。骸骨の真意がやや不分明だが進退伺（辞職願）が届いたので、そのまま（これ幸いと？）受理しただけというニュアンスか。

植田や中島らに比べ、荻洲と小松原の免職と予備役編入を二ヵ月おくらせたのも、責任の軽重差をつけたかに見えるが、実は人事当局には別の思惑があったものと推測したい。

表9－2を見ると、「よく戦った」はずの中下級指揮官の間から自決強要、免官、停職、礼遇停止、予備役編入、左遷、謹慎など上級指揮官たちに比し格段に重い処分者が並んでいる。しかも須見新一郎、酒井美喜雄両大佐を除く全員が、ソ蒙軍の二重包囲下で死傷率が七

割前後に達し、抗戦力が破断界を超える八月下旬に起きた「独断守地撤退」（無断退却）の責任者か関係者である。

この罪名は「司令官軍隊を率い故《ゆえ》なく守地若《もしく》は配置の地に就かす又は其の地を離れたるときは……敵前なるときは死刑に処す」と規定した陸軍刑法第四三条に由来するが、敗戦体験の乏しい日本陸軍には参考となる前例がなかった。

しかも軍法会議にかけてでも追及しようと、異常なほどの熱意を燃やしたのが、「敗軍の将」である小松原と荻洲だった。それを知った中央の人事当局は違和感を覚えながらも、退任を目前にした二人に「汚れ役」をやらせ、必要に応じ修正するのが好都合だと判断した。

そのさい、次のような諸事情が考慮されたと思われる。

(1)部隊将校の人事は、師団長、軍司令官より隷属系統を経て陸軍大臣に上申すると定められていた。

(2)部隊将校に対する賞罰、すなわち感状、賞詞の授与など、陸軍懲罰令による懲罰、陸軍刑法を適用した軍法会議を指揮するのは師団長、軍司令官の固有の法的権限として認められていた。被告が高等軍法会議（長官は陸相）へ上告しない限り、介入は困難であった。

(3)ノモンハン戦で戦った部隊の大部分は、直属、配属の別はあるが、ほぼ全期間にわたって小松原（末期は荻洲も）の指揮下にあり、戦闘詳報は概して不備で局外者が公正な評価をくだす材料とするには難があった。

(4)第二十三師団は出動兵力延二万六〇〇〇人のうち七六％に当る一万一〇〇〇人が死傷し、歩兵大隊長以上の幹部延二二人のうち無傷は小松原をふくめ三人だけ、中小隊長級もほぼ同様、という全滅に近い損害を出す。生き残った指揮官は、それだけで白眼視される空気があった。

(5)生き残った将兵の間には、作戦指導の失敗を批判し、なかには小松原の自決を望む声も聞かれた。新幹部を迎え部隊再建の過程にあって、士気の回復、軍紀の堅持はゆるがせにできないと考えられた。

いずれ日ソ両軍が再対決する日の来ることを想定した大本営は、停戦直後に研究委員会を作ってノモンハン戦の教訓を検討した。敗因が戦車と砲兵力の格差にあった事実は認識され、近代的兵備の拡充を提唱してはいるが、足りないところは日本軍の強みである精神力の強化で補えると結論づけた。

そうだとすれば「無断退却」を容認するかのような風潮は許しがたいことになるが、軍法会議を開けばそれを助長する恐れがあった。「無断退却」は八月二十四日から二十八日にかけ北部（フイ高地）、中部（バルシャガル高地）、南部（ノロ高地）の三正面で同時多発的に発生した。

いずれも弾薬、食糧が尽き通信も杜絶気味で、明日は全滅かという極限状況下で、「座して全滅するよりは離脱して再起を」と判断して撤退に踏みきっている。井置中佐のように、処罰を覚悟しての判断だったと告白する者もいた。

しかし陸軍刑法も作戦要務令も、無断撤退を全面的に禁じてはいない。前者には「故なく」の但し書きがあり、後者もやはり「退却を実行するは上級指揮官の命令に依るを本則とす」（第二部第一五）と例外を認めていた。三方面の中下級指揮官による退却の決断が「故なく」や「本則」に抵触するかは、議論の余地があった。

小松原や荻洲は死守（玉砕？）の方針を伝えていたのに無視したとか、守地を放棄したために全戦線の崩壊を招いたと主張したが、被告側は上官が補給や救援の約束を果さず見殺しにされたと抗弁することが予想された。杉谷良夫中佐のように「無策無能の師団司令部[16]」と反撃してくる可能性も予見された。

そうなると法廷は泥仕合と化し、判決はともあれ、実質的には「両成敗」の事態に陥りかねない。

「小松原日記」は九月十三日の項に歩64の軍旗を失ったこと、多数の将兵を戦死傷させ、その一部を戦場に遺留したことは「小職の不敏にして……責任の重大なるを痛感」するので辞任願を提出したと記したあと、陸軍刑法第四三条の全文をわざわざ引用している。

そして「軽易に軍隊を進退するものあり……戦術教育のとき陸刑教育を併せ行う必要あり」と付け加える。そして井置栄一中佐と長谷部理叡大佐の両人を槍玉にあげて、「両者とも火砲、重火器破壊せられ弾薬欠亡、守地を守るに戦力なきを理由とするならんも、之は理由となすに足らず[17]」ときめつけた。

小松原がこの時点で、少なくとも両人を軍法会議に告発したいと決意していたのは確実と思われるが、他に彼が日記で「独断撤退」と認定しているのは鷹司信熙、四ツ谷巖、赤井豊三郎、山県武光（戦死）、伊勢高秀（戦死）である。歩71（森田徹連隊長は八月二十六日戦死）は「八月二十七日師団命令に基き撤退、師団に合す」とすれすれで免罪された。

実は表9－2のような結末に至る経過、なかでも軍法会議の開催が実現しなかった内情は資料不足でつかめない。九月十五日の畑勇三郎砲兵団長日記には「特別者の他は軍法会議等に付せざる如き主義にて進み度き旨軍司令官の意向[18]」とある。類推になるが、起訴しても判決後に高等軍法会議へ上告されたり、逆に小松原や荻洲が告発される可能性を恐れたせいかもしれない。

軍法会議による死刑を断念した小松原が代りに思いついたのが自決勧告という便法で、荻洲も同意したとされる。

自決を強要された指揮官たち

井置中佐

井置への自決勧告をめぐる第二十三師団幕僚会議の情景を、出席者の扇《おうぎ》広《ひろし》参謀は次のように回想している[19]。

井置栄一中佐

会議の劈頭《へきとう》まず師団長が発言した。

「フイ高地を無断撤退した罪により、井置中佐を処断しなければならぬが、まず諸君の意見を聞こう」

師団長の腹はすでに決まっていた。誰か同調者はいないかを期待していたようである。しかし誰も発言する者はいなかったので、また師団長が発言した。

「俺の師団が壊滅的打撃を受けたのは、井置中佐が過早にフイ高地を捨てたためである」

（中略）師団長自身の責任については一言も触れず……井置中佐には自決を勧告するのが至当であると思うが、諸君はどう思うか……。

これに対し扇少佐が「何とか憐憫《れんびん》の情を」と述べ、木村松治郎参謀長が「私もそう思う。何とか一命を助けてやることが武士の情ではないか」と同調したが、小松原は「俺の師団が壊滅したのは」と前言をくり返しただけだったという。

こうして処分は決まったが、誰が使者に立つかを相談しても引き受ける者がなく、井置の後任として着任したばかりで同期生の高橋浩亮騎兵中佐が指名される。高橋は内地出発前に騎兵の長老格で騎兵監の中山蕃《しげる》中将から「赴任したら、騎兵の名誉のため、井置中佐に自決を勧告せよ」と申し渡されていたこともあってか、あっさり引き受け、井置は「謹んでお受けする」と答えたとされる。

それから数日後の九月十六日夜、同宿者へ散歩に出ると言いおき幕舎を出た井置は、草原上に座してピストルで自決し、翌朝に発見されたが、報告を受けた小松原の反応は冷たかった。扇参謀はせめて靖国神社への合祀をと進言したが、小松原は「井置中佐の処分は陸軍刑法によって行なった。もし自決しなければ軍法会議にかかる。そうなれば銃殺は当然。これを戦死と認め、靖国神社に祀ることは許されない。軍にも連絡ずみ」[20]との返事だった。

追い討ちはなおもつづく。九月十九日の小松原日記には「井置中佐の前後措置に関連し、軍司令官訪問」とあり、その結果だろう。二十三日には、井置を「戦病死（進級せしめず）として関東軍経由陸軍大臣に報告す」の記事がある。

十月十一日の新聞は「九月十七日将軍廟で死亡」と留守宅に公電が入ったと伝えているが、送られてきた遺骨には頭蓋骨に大きな穴があいていた、と遺児が書いている[21]。

十一月末には内地へ帰還した小松原が、ひそかに姫路在住の井置未亡人を訪ね「自重に自重を促して」いたのに「自決してしまった」と伝えた。さらに「軍司令官は戦場の様子もよく分からないのに、井置中佐を強く叱責するものですから、感情的ないがみ合いも少々ありました。荻洲中将は人情の分からぬ男です」[22]と責任をすべて荻洲に押しつけている。

ではいがみ合いとは何を指すのかだが、フイ高地からの撤退直後に軍司令部が井置と指揮下の中隊長たちをきびしく査問したさい、「全員戦死していたら、シベリア出兵の田中大隊のように歌にも唄われたろうに」[23]と罵倒した。そのさい、井置が「後方の天幕の中にばかりいて、第一線部隊がどれほど苦労をしたか、あなた方にわかるものか」と言い返したのが、命取りになったのではないかと扇参謀は想像する。(24)

須見新一郎大佐は、この件は荻洲と小松原の合作だと断定するが、関東軍の意向も影響を与えたようだ。「関東軍機密作戦日誌」に、戦場から帰ってきた辻参謀の報告として「フイ高地は八百の兵力中三百の死傷を生ぜしのみにして……守地を棄てたるに対して謝罪の字句無きを知り」(25)（八月二十六日）というくだりがある。差数の五〇〇は無傷で脱出したかのニュアンスだが、小沼メモによると脱出者は二六九名。井置中佐は一二九名（いずれも歩行可能の負傷者をふくむ）と報告しており、ソ連軍戦史が六〇〇の屍体をカウントしている点から、辻の誤認と言ってよいだろう。

同僚だった三好康之参謀（航空主任）の回想によると、辻は井置を軍法会議にかけようと強く主張したらしい。(26)こうして見てくると、井置中佐にはありとあらゆる不運が降りかかったかのようだが、救いはあった。「後世の史家」たちが、そろって井置支隊の戦闘に高い評価を与えているからだ。ジューコフは、井置が「われわれが想像した以上に頑強な抵抗をした」ので手こずり、指揮官のシェフニコフ大佐を解任し、手許の全予備兵力を追加投入した。

守兵八個中隊といっても、うち六個中隊は他部隊からの配属という寄せ集め（うち早瀬工兵中隊などは途中で離脱した）部隊で、二〇倍以上の兵力と雨注する砲弾を浴びながら五日間も抵抗した奮戦ぶりを、クックス博士は「ジューコフが指揮官であったら井置に勲章を授けていただろう優秀な指揮官㉗」と最大級の讃辞を呈している。次にとりあげるノロ高地の長谷部大佐も、似たような状況で同じ運命を強いられる。

長谷部大佐

長谷部支隊は第八国境守備隊（八国）の歩兵二個大隊（杉谷、宮崎両大隊）と配属された第七師団の歩28梶川大隊、野砲13松友大隊などから構成され、八月上旬からホルステン川南側の要点であるノロ高地を守備していた。

長谷部理叡大佐

八月二十日から開始されたソ連軍の大攻勢を果敢に防戦、その損耗率は杉谷大隊が七割、梶川大隊は八割を超えた。なかでも梶川大隊が見せた「勇気と頑強さ」は、米陸軍戦史部のドレー博士がノモンハン戦では随一だったと特筆している㉘。

しかし師団主力の来援は見込みなしと判断した長谷部支隊長は、二十六日夜に「支隊はすでに弾薬尽き現状のままにては全滅を免れず。本夜敵を突破して後退し……」と命令をくだす。数日前に師団参謀から示唆されていた三～四キロメートル後方の７４９高地周辺が、次の抵抗陣地に予定された。

ところが暗夜の後退行動中に先廻りしていたソ連軍に叩かれ、梶川を除く各大隊はバラバラにされてしまう。退却戦はとかく落ち武者狩りになりがちだが、その集団心理をある兵士は「昨日まで玉砕を覚悟していた将兵は武器弾薬がなくとも戦車に立ち向かう気概があったが、撤退命令に接してからは戦意は全く喪失し……ひたすら逃げまわるだけ」(29)と観察している。

長谷部支隊も、このような潰乱状態のままで敗走し、ノモンハン付近の友軍陣地にたどりつく。ところが軍司令部に出頭した杉谷は「支隊長を行方不明にして捜さないのはけしからん」(30)と荻洲からさんざんしぼられる。まもなく退却途中ではぐれた長谷部も生きていることがわかると、長谷部は無断退却命令を出したばかりか、部下大隊を放りだして逃げたことにされてしまう。

長谷部に自決勧告したのは荻洲と小松原の合作というのが通説だが、五味川純平によると、「八国の兵隊たちは歩兵団長の佐藤幸徳少将から強要されたと噂していた」(31)とされる。

自決したのは井置より四日遅い九月二十日で、官給品の軍服を汚さないため脱ぎ捨て、分捕品のソ連製ピストルを使用したと小松原は書きとめている。「部下に愛され尊敬されていた温厚篤実」(クックス)な性格を反映してか、長谷部は抗弁することもなく静かに運命を甘受したかに見える。長谷部の死後における処遇は戦病死扱い、進級なしで井置と同じだが、なぜか靖国神社に合祀されている。

山県大佐

戦死していなかったら、ほぼ確実に自決を迫られたであろう指揮官に中部のバル西高地一帯を守っていた歩64の山県連隊長がいる。山県は小松原が直率する救援部隊を待ったが見切りをつけて八月二十八日夜、野砲13の伊勢大佐らも連れ撤退行動に移った。しかし途中で敵に包囲され、軍旗を始末（のち日本側が回収）したのち、二十九日の夜明けに二人は壕の中で自決する。

一連の無断撤退では最も遅いタイミングだったが、小松原日記は「なお一日持久し得ざる状況にあらず」「連隊長は部下軍隊とは全く連絡を失し、隊員殆ど潰乱となるが如し」と突き放している。

結果的にすれちがいとなったが、そもそも小松原の救援行は成算の乏しい自殺的な敵中突進で、許可した荻洲軍司令官が辻参謀へ「僕は小松原が死んでくれることを希望しているが」と語り、憤慨した辻から「救出するのが部下に対する道ではありませんかッ[32]」とどなられ、脱出命令を出す顚末があった。

荻洲ばかりではない。畑砲兵団長は「素より師団長は帰らざるべく、また帰られざるべし[33]」と記し、ソ連の従軍作家シーモノフも「このへまな将軍は本当ならば……ハラ切りをすべきだったのだ[34]」ときめつけた。だが小松原は一〇〇〇余の兵力の過半を失いながらも、奇跡的に重囲をくぐり抜け、生還した。残敵掃討の気分になっていたソ連軍も、よもや小松原将軍が火中に飛びこんでくるとは思わず、討ち洩らしたのであろう。

こうして生き延びた小松原なのに、「師団長が救援に来ることを知っていながら、師団長より先に後退した[35]」と怒って、山県と伊勢の進級申請を拒むが、陸軍上層部が押し切って少将に進級させた。

第二十三師団の歩兵連隊長三人のうち歩71の森田徹大佐は八月二十六日に戦死（後任の連隊長代理東《ひがし》宗治中佐も二十九日に戦死）し、残る歩72の酒井美喜雄大佐は二十四日に負傷入院したところ、早くも三十一日付で後任者が発令された。傷が治りしだい戦線復帰を願っていた酒井は、「（多くの部下を亡くした）其罪万死に値す」の遺書を残し、九月十五日に自決した。

小松原は「痛惜此上なし」と書いたが、彼らにとって酒井は模範像だったらしく、唯一の部隊感状も与えている。

鷹司大佐と砲兵団

同じ状況下で無断撤退したのに、予備役編入ですませてもらった連隊長もいた。野重7の男爵鷹司信熙《たかつかさのぶひろ》大佐である。出自は堂上公卿で、陸軍少将、侍従長などを歴任した公爵熙通《ひろみち》の二男だが分家して男爵に列せられ、砲兵の中大隊長、北白川宮永久王の御付武官を経て、野戦重砲兵第七連隊をひきい、昭和十四年七月ノモンハンの戦場へ出動した。

八月二十日からソ蒙軍の大攻勢が始まると、バルシャガル高地一帯に布陣した野重1、7、穆稜《ムーリン》、野砲13などの砲兵団は、その重囲下に陥る。零距離射撃による反撃もむなしく、自衛力の乏しい砲兵隊員は次々に砲側で倒れていく。穆稜の染谷義雄連隊長は二十六日、野重1の連隊長代理梅田恭三少佐は二十七日、野砲13連隊長の伊勢大佐は二十九日に戦死（自決）した。

鷹司は三人の砲兵連隊長を区処（一時指揮）する立場にありながら、一人だけ生還したのだから風当りが強くなってもふしぎはない。畑砲兵団長は次のように回想している。(36)

なお戦う余力がありながら、火砲、人員の一部を戦場に放棄して八月二十六日夜、隣の野重1とも連絡せず、二人の将校を伴ないはるかに後方を迂回して二十九日砲兵団司令部に到着した。そして再起と連絡が目的だと哀願したが、私は大佐が連隊長たる本分に違い砲兵将校の本領を忘失した非行を厳訓した。実に言語道断の不祥事。速かに断乎たる処分の必要を痛感した。そして「謹慎して後命を待て」と言い渡す。

戦友会が編集し鷹司が序文を寄せた『野戦重砲兵第七連隊史』（一九七三年）に収録された生還者たちの手記に照らすと、前記の畑回想には少なからぬ事実誤認があるようだ。

たとえば鷹司が残兵と共に離脱したのは二十六日ではなく二十八日未明で、その前から野重1や歩64の敗兵が退却するのを目撃している。また二十七日朝に、砲兵団から「今夜増援隊を差向く……陣地を死守せよ」と受電した通信兵の回想もある。砲は一門残っていたが、撃つ弾はなかったらしい。増援は空手形とわかったので鷹司は死守する必要はないと解釈したが、畑は文字どおり砲と運命を共にするのが砲兵の本領と心得ていたらしい。

その本領を見事に発揮して砲と共に玉砕し、全軍で一人だけ関東軍司令官から個人感状を授けられ軍神と讃えられたのが、野重1連隊2中隊長の山崎昌来大尉だったのも畑の「砲兵魂」を刺激したのかもしれない。

彼は他に「松友少佐、土屋大尉の両人は鷹司大佐と類似の非行で夫々《それぞれ》処分の厳重を期した」と書いているが、最終的に配属先の長谷部支隊と共に退却した松友は予備役編入、野重1連隊1中隊長の土屋は十二月十五日付で免官となった。

今のところノモンハン人事で軍人の身分を失う免官の処分を受けた将校は、土屋の他に見当らない。しかも内閣の発令で首相が決裁して官報にも掲載されたが、添付されている陸相から首相への説明書は次のように記している。珍しい事例なので、全文を引用したい。(37)

本人は野戦重砲兵第一連隊中隊長としてノモンハン出動中、任務を遂行する意気並に砲と運命を倶《とも》にするの砲兵精神を欠き、八月二十七日秘《ひそか》に掩蔽《えんぺい》部に蟄伏《ちっぷく》し敵の監視緩《ゆる》みたるに乗じ八月二十九日主力の位置に帰還す。其の行動将校たるの本分に背き且つ其の体面を保持し得ざる者と認め本件奏請に及びたる儀。尚本件は官報に登載相成度《なりたし》。

これだけでは細部の事情はつかみにくいが、戦後にクックスが土屋から聴きとった要領をえない説明によると、二十六日に第1中隊の指揮と砲三門を第2中隊長で陸士同期生の山崎昌来大尉に委ね観測所へ移ったが包囲されてしまい、十数人の部下を連れて離脱したという。(38) 山崎中隊が砲側で玉砕したのは二十七日のことだが、軍当局は土屋をどう扱うか苦慮したようすが見える。

第1中隊長は八月一日の異動で阿城重砲兵連隊へ転出するまで東久邇宮盛厚王《もりひろ》で、「殿下中隊」としてマスコミから注目されていた。しかも盛厚王が苦力《クーリー》の姿に身をやつして逃げたというデマが流れ、それを耳にした昭和天皇が侍従武官長に真偽をたずねたという事件が起きていた。噂のルーツは不明だが、兵の服に着替え地下たび姿で離脱した鷹司大佐の風聞《ふうぶん》と混同したのではないかとの説もある。(39)

「軍法会議もなかったし、査問もなかった」と回想する土屋は免官と聞いて陸軍省へ出頭し確かめたが、「何も聞かずに受け入れろ」と念押しされたという。

どうやら鷹司も、似たような扱いを受けたらしい。九月三十日付で停職処分を受け、同時に華族の礼遇を停止された。陸軍省と宮内省の間でどんなやりとりがあったかは不明だが、「華族の体面を汚辱」したという華族令第二四条を適用されるだけですんだ。爵位の返上にまで至らず、十二月に予備役へ編入され、しばらく新京ですごしたのち内地へ戻った。昭和十九（一九四四）年に召集され、名古屋造兵廠監督官で終戦を迎えている。

「鷹司が平民であったら、井置や長谷部のように自決させられていたであろうことは、疑う余地がない」(40)というクックスの感想は正しいだろう。

帰還捕虜たちの運命は

最後にノモンハン人事の一環として、帰還捕虜たちに対する処分を取り上げたい。

停戦協定に基づく捕虜の相互交換は二度に分けて実施された。ソ連は同数交換、日本は全数交換を主張するが、交渉のすえソ側が譲歩し次のように日本の主張が通った。

第一次（ノモンハンで）…昭和十四年九月二十七日、日本側から八七名（うちモンゴル兵一〇名）を返し、ソ蒙側から八八名（うち満軍六名、負傷者五六名）を受領。

第二次（満州里で）…昭和十五年四月二十七日、ソ連軍捕虜の二名と日本側の捕虜一一六名（うち将校二名、満軍三九名）が交換された。

ソ蒙兵の捕虜が日本兵の捕虜を大幅に下まわったのは、戦闘末期に日本軍が多くの負傷者を放置して敗退したことや、相当数のソ蒙軍捕虜を殺害したことなどに起因する(41)。

日本軍にとって捕虜交換は、日露戦争いらい久々の経験であった。このときは八万人（ロシア兵）対村上正路大佐以下の二〇〇〇人（日本兵）だったが、当時は捕虜を白眼視する国民感情は薄く、新聞は帰還捕虜の氏名を発表し、通過駅で婦人会が湯茶サービスに当る風景も見られた。帰還捕虜は形だけの尋問は受けたが、軍法会議にかけられた例はない(42)。

昭和期に入る頃から、捕虜をタブーとする観念が軍の内外で強まっていく。第一次上海事変（一九三二年）で重傷を負って捕虜となり、送還後に自決した空閑《くが》昇少佐の大美談が引き金になったとも言われる。

総仕上げの役割を果したのは昭和十六年一月に、陸軍大臣告示の形式で示達された「戦陣

表9-3　ノモンハン捕虜の事例

氏　名	階　級	所　属	捕虜日付（昭和14年）	記　事
多田嘉蔵	騎上等兵	23師捜索隊	5/29	昭15.5重謹慎2日、築城部の軍属へ
宮島四孝	航曹長	飛24戦隊	6/22	15.5禁　固2年10月、17.12出所、満軍へ
森本重信	航大尉	飛24戦隊	6/22	抑留中に自決
天野逸平	航中尉	飛11戦隊	6/24	未帰還、独ソ戦に参加（？）
中浦卓三	航曹長	飛15戦隊	6/27	15.5重謹慎30日
大徳直行	航中尉	飛11戦隊	7/6	15.5自決
原田文男	航少佐	飛1戦隊長	7/29	15.5自決
福田武雄	航伍長	飛1戦隊	7/29	15.5審問、第11航空情報連隊へ、20.8.14虎頭で戦死
増渕源七郎	歩中尉	第8国境守備隊	8/24（？）	14.9引渡、14.11.16自決
池田峯太郎	工一等兵	第8国境守備隊		14.9引渡、14.11.16懲役2年6月
根岸長作	砲上等兵	野重1連隊	8/27	15.5重営倉7日、入院2年、17.12除隊
中山　一	歩上等兵	歩71連隊	8/27	15.5重謹慎20日、築城部軍属
小峯福雄	歩一等兵	自動車4連隊	8/28	15.5脚切断のゆえ無罪、原隊復帰（？）
山口亀治	工上等兵	工23連隊	8/29	15.5重営倉7日、入院、15.10除隊、帰郷

(注)増渕と池田は昭和14年9月交換、その他は15年4月交換。

訓」の「生キテ虜囚ノ辱シメヲ受ケズ」のくだりだろう。しかしあくまで不文律にとどまり、陸軍刑法などの法的裏付けはなかった。

したがって交換で帰ってきた捕虜(多くは負傷者)をどう扱うか関東軍は苦慮したが、「寛大なる方針をとるつもりだった」ところへ、九月三十日付で陸相より、捕虜はすべて犯罪者とみなし捜査して、「有罪と認めたるものは総《すべ》て之を起訴すべし」(陸満密八五四号)というきびしい方針が示達された(43)。起案は兵務局兵務課だが、関係者の回想では発想は局長レベル以上からの天下りだったらしい。

対象者のうち下士官兵については軍法会議にかけ、陸軍刑法第七五条の敵前逃亡罪を適用して有罪になった者は教化隊で服役させる、不起訴か無罪となった者も陸軍懲罰令により懲戒する、処分終了後は「日本以外の地に於て生活しうる如く斡旋す」と、細部にわたる指示を付け加えている。

無気味なのは但し書きで、「将校の分限、進退に関する事項は別に措置せらるる儀と承知相成度《あいなりたく》申添う」と記した部分だ。文書か口頭かも不明だが、その後の将校捕虜に対する処置から推測すると「自決勧告」であった公算が大きい。

判明した処分状況は表9-3に掲記したとおりだが、見つかっている公文書は関東軍司令官から陸相宛電報(関参六五三号、十一月二十五日付)だけである(44)。それによると、容疑者は新京陸軍病院新站分院で関東軍参謀と関東軍法務官各二名の立ち会いで、第六軍の非公開軍法会議に付せられた。そして二名が起訴され、十六日に池田峯太郎一等兵は懲役二年六ヵ月を宣告されたが、増渕源七郎中尉は同日自決、不起訴者も全員が懲罰に処されたとある。

第二次分に関しては新站で五月十五日頃に公判を実施したあと、細部は参謀長を上京させ報告するとの関東軍電しか見つかっていないが、諸情報から原田文男少佐と大徳直行中尉が自決勧告に応じたのは確実である。原田はモスクワへ連行され、「日ソは協力して南方へ進出すべきだ。ソ連はインド・イランへ向い、日本は英国を駆逐する」という意見書を提出していた。

BT戦車から投降するソ連兵

原田や大徳には帰還を拒否して残留する道もあったが、少なくとも一〇名以上の残留希望者がいたというソ連の史料もある。なかにはソ連空軍に入って、独ソ戦に参加した噂のある飛行士もいた。しかし多くは、死刑にされても故国へ帰りたいと願ったようである。

それでも関東軍や航空兵団には、何とか二人を助命したいという動きはあった[45]。航空兵団参謀の三好中佐は上司の意を受けて同期生の原田へ、変名して一生家族とは連絡しないという条件で満州開拓団の幹部に入るよう説いたが、原田は断わり、ピストルを貸してくれと頼んだという[46]。

若い大徳のほうは「撃墜されて人事不省で捕虜になったのだから恥じる必要はない。再起してもう一度戦いたい」

と抵抗したようだが、このしごく当り前の常識が通用しないのが当時の日本軍だった。原田は陸士後輩の中尉に諄々《じゅんじゅん》と説き、ついには中尉を射殺してから自分は自決するとまで言って納得させた。捕虜にされるのを恐れて自決した将校は他にも少なくないと思われるが、確認は困難である。

下士官兵の場合は「敵前逃亡」の罪名をこじつけ禁固刑や重謹慎を科したが、捕えられたときの事情、特に負傷の程度で加減したらしい。表9－3の根岸はノドを刺して死にきれなかった事情を聴いて、「お前は立派だなあ」と感心した判士から重営倉七日を宣告され、そのまま入院した。

ちなみにソ連軍の捕虜観念も、日本軍とさして変らなかったようだ。日本軍の戦闘詳報（たとえば歩64、71、野重1、戦車団）には、捕虜を禁じた訓示が見つかるが、ジューコフも同主旨の指示を出していた。

ヴォルコゴーノフによると独ソ戦時にスターリンは「投降者は……家族も反逆者として逮捕する」(47)という残忍な指令を発していたぐらいで、ノモンハンの戦場では「多くの歩兵、戦車兵、飛行士が捕虜よりも自決を選んだ」(48)し、それを目撃した日本兵もいた。

一九三九年七月、日本の新聞にハンカチを振って投降するソ連軍戦車兵の写真が掲載された。停戦後に帰国したこの戦車兵A・I・ゲラジモフは懲役十年の刑を受け、強制収容所へ送られる。同乗していた他の二名も八年の刑を受けたという。(49)

こうしたノモンハン人事の先例は、より無責任性と過酷度を高める方向で大東亜戦争期に引き継がれた。年功序列人事が厳として維持されるなかで、敗北や失敗の責任を問われた上級指揮官や実力派参謀が皆無に近かったのに対し、中下級指揮官や兵士たちは飢餓死や玉砕死を強いられたからである。

注
（1）沢田茂『参謀次長沢田茂回想録』（芙蓉書房、一九八二）二六ページ。
（2）稲田正純「ソ連極東軍との対決」（『別冊知性――秘められた昭和史』一九五六年十二月）。
（3）前掲「畑俊六日誌」昭和十四年九月八日の項。
（4）同右、六月二十九日の項。
（5）昭和十四年八月一日の陸軍人事異動案は七月五日に板垣陸相より奏上されたが、天皇は山下を駐蒙軍司令官、石原を京都第十六師団長へ「栄転」させる人事に反対したので、とりあえず山下は北支那方面軍参謀長に据え置き、石原は第十六師団司令部付に発令された。しかし山下は九月二十三日付で第四師団長へ、石原は八月三十日付で第十六師団長という親補職に発令されているから、天皇の顔を立てたのは数週間にすぎなかったことがわかる。この間の事情については前掲「畑俊六日誌」と額田坦『陸軍省人事局長の回想』（芙蓉書房、一九七七）九五ページ参照。
（6）辻政信『ノモンハン』（亜東書房、一九五〇）二三一ページ。
（7）前掲額田、一八ページ。
（8）丸山静雄『典範令と日本の戦争』（新日本出版社、二〇〇二）一三四ページ。
（9）茶園義男『図説　二・二六事件』（日本図書センター、二〇〇一）二〇五ページ。
（10）前掲『参謀次長沢田茂回想録』一四六ページ。なお昭和十四年八月二十八日平沼内閣が総辞職して三十日阿部内閣が成立するにさいし、陸軍三長官会議は板垣前陸相の後任に多田駿、磯谷廉介中将を候補に挙げ、多田第三軍司令官に決し人事局長を任地の満州へ派遣した。ところが天皇から阿部へ畑（侍従武官長）か梅津（在山西省の第一軍司令官）にせよと指名があり、二十九日の三長官会議で畑に決した。このとき畑は「陛下の御許あり又三長官にてやれとのことならば私心を滅して御請すべし」と答えている（「畑俊六日誌」）。

(11) 昭和十四年九月十九日の小松原→沢田談話（前掲沢田、一三五ページ）。
(12) 前掲『参謀次長沢田茂回想録』一四八―一五二ページ。
(13) 同右、二八ページ。
(14) 昭和三十年三月の寺田雅雄発土居明夫宛書簡（防衛研究所蔵）。
(15) 前掲額田『陸軍省人事局長の回想』八六ページ。
(16) 「杉谷良夫日記」八月十九日の項（谷口勝久『ノロ高地独断撤退』旺史社、一九八六）。
(17) 「小松原日記」の一部は雑誌等に紹介されているが、全文は防衛研究所蔵。
(18) 戦史叢書未定稿、二二五四ページ。
(19) 扇広『私評ノモンハン』（芙蓉書房、一九八六）三〇二ページ。
(20) 同右、三一〇ページ。
(21) 井置正道『ある軍人の生涯』（非売品、二〇〇六）六一―六二ページ。
(22) 同右、六二ページ。
(23) 小林勇夫『士魂』（歩二六・第十一中隊会、一九八九）二三〇ページ。
(24) 前掲扇、二九九ページ。
(25) 角田順編『現代史資料10　日中戦争3』（みすず書房、一九六四）九二ページ。
(26) 『偕行』一九八六年五月号の三好康之少将談。
(27) A・D・クックス『ノモンハン』下（朝日新聞社、一九八九）二八九、三〇六ページ。
(28) Edward Drea, *Nomonhan: The Japanese-Soviet Tactical Combat 1939* (USA Staff College,

1981), p.88.

(29) 辻密男『ノモンハンとインパール』（旺史社、一九八八）一〇五ページ。

(30) 杉谷良夫談（『昭和史の天皇29』読売新聞社、一九七六）一八四ページ。

(31) 五味川純平『ノモンハン』下（文春文庫、一九七八）二四七ページ。

(32) 前掲辻『ノモンハン』二〇八ページ。

(33) 畑勇三郎「征戦日記」（防衛研究所蔵）。

(34) シーモノフ「ハルハ河の回想」（シーシキン他『ノモンハンの戦い』田中克彦編集・訳、岩波現代文庫、二〇〇六）一五九ページ。

(35) 前掲扇、二五七ページ。

(36) 畑勇三郎「ノモンハン事件砲兵戦史」（一九六〇、防衛研究所蔵）一六九ページ。

(37) 国立公文書館「任免」綴。

(38) 前掲クックス『ノモンハン』下、一一四ページ、三〇四ページ。

(39) 「小倉庫次侍従日記」（『文藝春秋』二〇〇七年四月号）の昭和十四年十月二十六日の項、前掲『参謀次長沢田茂回想録』一〇九ページを参照。

(40) 前掲クックス『ノモンハン』下、三〇五ページ。

(41) 歩71の戦闘詳報に「全期間の獲得捕虜は37名」だが、「後送し得ざる状況に於ては処置せり」とある。

(42) 秦郁彦『日本人捕虜』上（原書房、一九九八）第一章を参照。

(43) 「陸満密大日記」昭十五―二。それをほぼ無修正で継承したのが、昭和十七年八月七日付の「大東亜戦争における捕虜帰還者の取扱方に関する件」と題した通牒で、終戦時まで有効とされた（「陸亜密大日記」昭十七―三十四、防衛研究所蔵）。

(44) 「陸満密大日記」昭十四―十九。

(45) 原田と大徳の自決状況については秦『日本人捕虜』上、七五―七六ページを参照。

(46) 同右、七五ページ。

(47) ヴォルコゴーノフ『勝利と悲劇——スターリンの政治的肖像』下（朝日新聞社、一九九二）二四七ページ。
(48) 前掲『ノモンハン・ハルハ河戦争』のワルターノフ報告。
(49) 岩城成幸『ノモンハン事件の虚像と実像』（彩流社、二〇一三）一二六ページ。

あとがき

四〇〇ページを超す本書の最終校正を終え、いささかの安堵感と疲労感にひたっていると、ノモンハン戦をめぐる私なりの思い出が脳裏に去来する。

同世代の友人たちに聞いてみると、彼らが初めて手にしたノモンハン戦記は『ノロ高地』か『ホロンバイルの荒鷲』なのに、私の場合は山中峯太郎の『鉄か肉か』だった。当時のベストセラーとなった前者の二作品が、美談と武勇伝に終始する明（陽）の側面を代表しているのに対し、後者はソ連軍の鉄量に肉弾で立ち向かうしかない日本軍の悪戦苦闘ぶりを通じ、読む者に暗（陰）の側面を印象づけた。素朴な軍国少年だった私は禁書を人にかくれて読むに似た後めたさを感じたのだが、なぜ『鉄か肉か』が発禁にされなかったのかという疑問は今も消えない。

ノモンハン戦のイメージ類型は、明と暗だけではない。

戦後初期にまず登場したのは、ソ連検事団の主張をそっくり受け入れ、日本の侵略行動と断定した東京裁判の判決だった。親ソ、親中に傾斜していた日本人の左派歴史家たちも追随した。

一九五五年に刊行された歴史学研究会（遠山茂樹ら）の『昭和史』（岩波新書）が「日本

の侵略はいぜんソ連に向っていた……結果は無惨な敗北で……全滅的な打撃を受けた」と書いたのは一例である。明暗どころか善（ソ連）と悪（日本）が戦い、悪が完敗したという構図だ。

その後に出現したノモンハン戦史は、⑴『昭和史』に代表される「東京裁判史観」、⑵『ノロ高地』を継承した辻政信型、⑶『鉄か肉か』に似た目線の五味川純平型、という三つの類型に大別することができる。このうち⑵と⑶についてはは多少の説明が必要だろう。

⑵を代表するのは米軍占領下の一九五〇年という早い時期に刊行され、版を重ねた辻政信（関東軍参謀）の『ノモンハン』である。さすがに勝利宣言こそないが、日本軍兵士の勇戦敢闘ぶりを強調し「戦争は敗けたと感じたものが、敗けたのである」としめくくった。「勝敗は兵家の常」だから次に勝てばよいさ、という負け惜しみもあろうが、参戦者の生き残り、とくに職業将校たちのノモンハン戦記は、概して辻流の強気調で書かれたものが多い。

⑶の代表格として五味川純平『ノモンハン』（一九七五）を推したのは、『人間の条件』という大河小説と映画の原作者でもあった知名度と影響力を考慮してのことである。五味川の姿勢は「無謀な戦を発起して多数の将兵を虚しく死なせた」「憤りのあまりにペンがとまることも度々であった」（「あとがき」から）という記述ぶりに示されている。

そして下からの目線で敗北の各局面を自虐的な筆致で描き、ついでに日本軍や関東軍幹部の体質を容赦なく弾劾した。その分だけ交戦相手のソ蒙軍には甘くなるのを気にしてか、

「（連載中に）生き残った人々の異常に熱心な鋭い眼から私の仕事が監視されているのを意識せねばならなかった」と弁明している。

ノモンハンを主題にした大型の歴史小説を構想した司馬遼太郎も、五味川と似た気分で取材を進めたが、途中で行きづまり執筆を断念してしまう。

このような三類型の諸作品が競いあったノモンハン史観に、新たな視界が開けたのは、旧ソ連の崩壊を契機に進んだソ連軍資料の大量公開である。

一般論だが戦争（戦闘）の歴史は、戦った当事国の第一次資料が過不足なしに公開されないと、全貌はとらえられないし、公正な評価は与えにくい。日米戦争については早い段階からこの条件は満たされていたが、ノモンハン戦史については久しくこの条件が欠けていた。

ところが一九九〇年前後から、ようやく情報謀略分野を除くロシア側の第一次資料が利用できるようになる。とくにソ連軍の人的損害が既刊の公式戦史の三倍にも膨れ、日本軍を上まわる衝撃的な統計や、ジューコフ、シュテルン将軍の公式報告書、モスクワとの往復電報などが公開されるに及び、在来のノモンハン像は大きくゆらいだ。

私は一九六三年に『太平洋戦争への道』シリーズ（全八巻、朝日新聞社）の第四巻『日中戦争〈下〉』にノモンハン事件概史を執筆したことがあるが、つきあわせるべきソ連側の対抗資料が乏しいため一七ページの事実経過だけにとどめ、一切の評価を回避するしかなかった。

それいらい、このテーマから遠ざかっていた私に、本書の執筆意欲を促したのは、日露

（ソ）双方の資料がほぼ出そろったと見定めたからである。

その間もノモンハン戦史と四十年近く取り組んできたアルヴィン・D・クックス教授（一九二四―九九）との親密な交遊を通じ、多大の刺激を受けつづけていた。その縁から教授が一九八五年にスタンフォード大学出版局から刊行した大著『ノモンハン――草原の日ソ戦1939』の邦訳（一九八九年、上下二巻で朝日新聞社刊）プロジェクトに、監修者として参加する。

当時は英文で書かれた唯一に近い学術的大著として高い評価を受けたが、クックス博士はわずかなタイミングの差でくだんの大量公開情報を利用できなかったことを痛惜していた。

第一次資料の公開は、ロシア側の研究者にも福音となる。かつては日本の侵略性と完敗を前提とした教条的記述しか許されなかった制約がゆるみ、史実に沿った自由な解釈が可能となる。一九九四年、ウランバートルで開催されたノモンハン学術シンポジウムでロシア陸軍戦史部のワルターノフ大佐が、相互の誤解に起因する衝突路線から生じた偶発的戦争という画期的な新解釈を示したのは一例である。それは当時の私のノモンハン観とほぼ一致するものでもあった。

出合頭に近い偶発的衝突だとすれば、情勢分析、戦術判断の過失や錯誤が双方ともに頻発してもふしぎはない。こうした前提で見直すと、「より過誤の少ないほうが勝つ」という金言があてはまりそうだし、さらにつきつめると、「引き分けに近い」と判定してよい局面がいくつも見えてくる。

ノモンハン戦の日から七十年以上の歳月が流れ、当事者のほぼ全員が世を去った。研究者の心理を制約するさまざまな〝しがらみ〟も消えた。日ソの両陣営がともにかかえこんできた成功と失敗の軌跡を、虚心に観察し分析できる条件はととのったと感じている。

評価の定まらぬ争点は残るにしても、むりに黒白をつける必要はないだろう。そうした思いもこめて、本書の標題に『明と暗のノモンハン戦史』を選んだ。

ノモンハン戦史と関わったなかで、忘れがたい思い出は、一九八九年八月末から九月にかけて訪れたハルハ河周辺の景観である。

私は第二十三師団と第七師団の生き残り兵士と遺族が結成したノモンハン会の会員に、新聞の特派記者たちを加えた三十数人の慰霊団に同行した。新潟―ハバロフスク―イルクーツク―ウランバートル―スンブル・オボの経路を飛行機で往復し、帰路にはシベリア鉄道にも乗った。

それ以前にも中国東北（旧満州）のハイラルからノモンハン近くまで入った慰霊団はあったが、モンゴル側から訪問したのは、我々が戦後初めてだった。

スンブル・オボ（ハマルダバ）は、ジューコフの司令部が置かれた場所で巨大な戦勝記念塔が立ち、あちこちに機関銃や戦車の残骸がころがっている。ホテルはないので、ゲル（パオ）を組みたて、四、五人ずつが同宿した。寝心地は悪くなかったが、昼間は四〇度近い暑さなのに、深夜から明け方は零度前後まで下り、寒さに震えた。

トラックで対岸のノロ高地、ニゲーソリモト、バルシャガル高地からボイル湖までまわったが、一九四一年の国境画定線を継承した中国とモンゴルの国境線は両側の約一キロが緩衝地帯になっていて、立ち入りは禁止されている。ノモンハン・ブルド・オボの標柱を見られないのは心残りだった。

バインツァガン高地を経て日本軍のハルハ渡河点に至り、両岸に広がる草原を眺めていると、満州国とモンゴルが国境を争った理由がわかるような気がした。遊牧民にとっては河の両側に広がる豊かな牧草地が重要なので、ハルハ河を国境線に固定されては困る事情が呑みこめた。現在でも時季と場所を限り住民に両岸の往来を許していると聞く。

ウランバートルのホテルから出張してきたコックたちが食事を作ってくれたが、羊肉の水煮ばかりなので、二日もすると見るのも嫌になり、ジンギスカン焼きを注文したが作ってくれない。理由を聞くと、羊肉の脂肪は酷寒の冬を越すのに欠かせぬ栄養分だから、焼いて捨てるのはもったいない、というもっともな言い分ではあった。

しかたなく持参したカップ麺で間に合わせたが去りぎわに、日本人の観光客を呼ぼうと思ったら大草原のジンギスカン鍋がいいよと助言した。聞き入れてもらえたかどうかはわからない。

本書の来歴だが第一章から第八章までは日本大学法学部の機関誌（季刊）である『政経研究』の二〇一二年三月号から翌年六月号まで五回にわたり分載した。第九章は軍事史学会の機関誌『軍事史学』第四十九巻第一号（二〇一三年六月）に掲載した。

その後、約一年をかけ、書きおろしを含む大幅な補筆、補正を加えたので、当初の予定より五割近く分量がふえた。

この間に教示、協力を仰いだ機関と知友は少なくないが、委細は省略し次にお名前だけをかかげた。編集作業に尽力されたPHP研究所の大久保龍也氏とあわせ、篤くお礼を申しあげたい。

防衛省防衛研究所戦史研究センター（旧戦史部）、靖国偕行文庫

阿部武彦（故）、稲葉千晴、大堀和利、鎌倉英也、アルヴィン・D・クックス（故）、源田孝、小松徳仁、白石博司、ボリス・スラヴィンスキー（故）、滝山和（故）、田中克彦、中山隆志、中山正夫、花田智之、原剛、平井友義、松崎昭一、森田勉、山之口洋、吉本隆昭、V・N・ワルターノフ

二〇一四年六月

東京　目黒にて

秦　郁彦

学術文庫版のあとがき

本書は二〇一四年にPHP研究所から刊行されたが、十年近くを経て文庫化されることになった。

私はPHP版の「あとがき」に、「ノモンハン戦の日から七十年以上の歳月が流れ、当事者のほぼ全員が世を去った。研究者の心理を制約するさまざまな〝しがらみ〟も消えた」と記した。

講談社版の「あとがき」を書くにあたり、再考したが、「七十年以上」を「八十年以上」とする以外に修正すべき部分は見当たらない。「ほぼ全員が……」のくだりは気になったが、第五師団の中隊長だった堀江正夫大尉（戦後に参議院議員）が、昨年三月に満一〇六歳で他界している例もあるから、「ほぼ」を削るのはためらいがある。

研究者のほうは年齢の制約はないが、若い世代の関心が日中戦争に集中しているのに隠れがちのせいか、この十年はノモンハンを主題にした研究書や論文はあまり見かけない。ひとつには、かつて私が随喜したジューコフ将軍の最終報告書に代表される、まとまった新史料群の出現がなかったせいでもある。

だが論争性という観点から見ると、ノモンハン戦は今後も魅力的な対象でありつづける気がする。PHP版の「あとがき」で、私は「評価の定まらぬ争点は残るにしても、むりに黒白をつける必要はないだろう」とも書いた。

ここで「定まらぬ争点」と表現したのは、たとえば「日ソのいずれがノモンハン戦の勝者か」とか、「大本営と関東軍の責任の軽重は」とか「小松原第二十三師団長の戦場指揮官としての評価は」のようなたぐいの論点である。

さらに「引き分け説は」とか「航空戦に限ったら」のような視角に移ると、論議は高揚しても簡単に決着はつかないだろう。

私としては、この種の論争を展開するのに必要とされる史実の確定をめざしたため、黒白の論争に加わる気持は湧いてこない。

では史実の空白はほぼ埋まったのかと問われれば、詰め切れずに心を残した場面はあったと答えるしかない。

ひとつだけ例を挙げると、一九三九年七月三日に満蒙国境のハルハ河を一万人近い関東軍の大兵力が西岸に侵攻してソ連軍の戦車集団に反撃され、十時間後に東岸へ逃げ帰った戦闘である。

詳細は本書の第三章を参照されたいが、どうやら「昭和天皇が知らぬ間に侵攻が始まり終ってしまった」ようだ。

国境を越えての軍事行動は天皇の大権事項に属す。事前の裁可を得ずに発動されたこの侵攻は最大級の大権干犯であり、陸軍刑法を適用すれば責任者は死刑に処せられる犯罪でもあった。しかも渡河点には大本営の作戦部長が居合わせたのに制止もしていないから、関東軍の暴走として片づけるわけにもいかず、大本営は天皇には頰かむりで通すことにしたと思われる。

しかも関係者はこの間の内情については沈黙を守りつづけた。戦史叢書もあえて実情に立ち入らず、事前に上奏したかのように記述している。当時の陸軍が中央、出先を問わず、天皇の権限も権威も平気でないがしろにしていたことを示唆しているが、決定的な「確証」が不足するので、私は「推理」にとどめるしかなかった。

講談社版の刊行にあたっては、行き届いた配慮を示された学芸部の梶慎一郎氏に感謝したい。

二〇二三年　六月

秦　郁彦

解説　戦史の視座より問い直されたノモンハン

大木《おおき》　毅《たけし》

一九三九年、ヒトラーの拡張政策が二度目の大戦をもたらすのではないかと、世界がヨーロッパに注目していたころ、日本の傀儡《かいらい》政権であった満洲国《まんしゅうこく》と外モンゴル（モンゴル人民共和国）のあいだに紛争が生じた。

果てしなく広がる草原の、国境もさだかならざる地域で起こった、この小競り合いは、やがて満洲国の防衛に当たっていた日本の関東軍《かんとうぐん》と、モンゴル軍ならびにその後ろ盾となっていた極東ソ連軍の、戦略単位の部隊を投じた全面衝突へとエスカレートしていく。ノモンハン事件である。

この争いは、西のナチス・ドイツと東の日本によるソ連挟撃を何としても回避しようとするスターリンの外交、モンゴル人民共和国内部の権力闘争（一九三七年から一九三九年にかけて「大粛清」が実行されていた）、宿敵ソ連の実力を知りたいとする日本陸軍の思惑など、さまざまなファクターの影響を受けて、単なる局地紛争ではなく、第二次世界大戦への重要な一里程としての意味を持つに至った。

それゆえ、ノモンハン事件の研究についても、多彩なアプローチが存在する。ある者は、第二次世界大戦開戦史の一環として政戦略レベルの経過に注目し、また、ある者はモンゴル国（一九九二年、同国は社会主義を放棄し、「モンゴル人民共和国」の国号をこのように改称した）の国民史の文脈で分析した。

このように、今日のノモンハン事件研究は、きわめて多面的な様相を呈している。そのなかにあって、同事件を戦史として捉える、もっともオーソドックスな視座から、日本近現代軍事史・太平洋戦争史の権威である秦郁彦が再検討を試みたのが本書、『明と暗のノモンハン戦史』（初刊は、PHP研究所、二〇一四年）である。

かかる手法による研究書としては、一九八五年に原書が刊行されたアルヴィン・D・クックス『ノモンハン――草原の日ソ戦１９３９』（秦郁彦監修、岩崎俊夫・吉本晋一郎訳、上下巻、朝日新聞社、一九八九年。のち一九九四年に四巻本で朝日文庫に収録）が、古典的な地位を占めている。サンディエゴ大学教授だったクックスは、ノモンハン事件に関心を抱き、米空軍の分析官としての初来日以来、当時存命だった日本の事件関係者におよそ四百回のヒアリングを実行し、厖大《ぼうだい》な史資料を博捜《はくそう》して、この大著を書き上げたのであった。

しかしながら、クックスがリサーチを進めていた時代には、ソ連やモンゴル人民共和国側の事件関連文書は機密のヴェールに閉ざされており、ノモンハンという歴史のジグソーパズルを組み立てるには不可欠のピースが揃っていなかった。ゆえに、ソ連・外蒙側の事情は、ノモンハン事件のブラックボックスのままに留まったのである。

だが、周知のごとく、二〇世紀末のソ連をはじめとする社会主義圏の崩壊により、文書館の扉は開かれた。重要な文書が機密解除・公開され、それらにもとづいたあらたな研究が多数発表される。著者秦郁彦は、そうした新情報を咀嚼《そしゃく》した上で、いわばクックスの無念を晴らすかたちで本書をまとめたのであった。

かくて、新旧の史資料を渉猟《しょうりょう》した末に、ノモンハン事件の総決算がなされた。その知見や議論はもとより多岐《たき》にわたり、ここで列挙していくわけにはいかないが、とりわけ重要であると思われる指摘について、読者の注意を喚起しておきたい。

まず、ノモンハン事件が、少なくとも一九三九年五月の勃発時点では、偶発的な紛争であったと確認されたことである。「一九九四年、ウランバートルで開催されたノモンハン学術シンポジウムでロシア陸軍戦史部のワルターノフ大佐が、相互の誤解に起因する衝突路線から生じた偶発的戦争という画期的な新解釈を示した〔中略〕。それは当時の私のノモンハン観とほぼ一致するものでもあった」（本書三九八頁、〔　〕内は筆者大木の補註）。

これは、スターリンが計画的に挑発し、国境紛争を引き起こしたという、かび臭い陰謀論がいまだに散見されるなか、しかと嚙みしめておきたい議論であろう。

なるほど、スターリンが、ノモンハンをめぐる戦役の後半で、圧倒的な戦力を集中し、日本軍を撃破することによって、以後冒険的な行動を試みることがないよう圧伏するとの方針を取ったことは間違いない。しかし、それはドイツと不可侵条約を結び、西を安泰にする見込みが立ってからのことなのである。

ついで、ノモンハン事件におけるソ連・外蒙軍の司令官であるジューコフ将軍の役割が再検討されたことにも注目したい。

従来の解釈では、主としてその回想録にしたがい、すでに高く能力を評価されていたジューコフが、のちの独ソ戦のさまざまな局面でみられたように、危機に瀕《ひん》したノモンハン戦線を救うエースとして派遣されたとのイメージが形成されてきた。しかし、冷戦終結後の情報公開は、そもそもソ連時代に出版されたジューコフの回想録（邦訳は、ゲ・カ・ジューコフ『ジューコフ元帥回想録』、清川勇吉／相場正三久／大沢正訳、朝日新聞社、一九七〇年）には、不都合な部分の削除、改竄《かいざん》などがほどこされていたことをあきらかにしたのだ。

その結果、あらためてオリジナルの原稿通りに刊行されたジューコフ回想録（英訳あり。Georgy Zhukov (edited by Geoffrey Roberts), *Marshal of Victory. The WWII Memoirs of Soviet General Georgy Zhukov through 1941/ 1941-1945*, paperback-edition, 2 vols., Mechanicsburg, PA., 2013）や、軍の公式文書などに依拠して出された研究は、冷戦時代のそれとはまったく異なる像を描きだした。

当時のジューコフは、とくにスターリンの信頼を得ていたわけではなく、むしろ、「大テロル」、赤軍将校の粛清のさなか、自分もパージされるのではないかと怯えていた。ノモンハンに派遣されたのも偶然の産物であり、そこで成功を収めなければ粛清の対象になりかねないから、ジューコフとしては奮戦せざるを得なかった。彼はたしかに、この戦いで将器を示したが、鉄道端末より遠く離れた地に大軍を集結させ、しかも充分に補給を確保するという戦略次元の功績を上げたのは、第一特別赤旗軍司令官シュテルンである……。
かくのごとき新事実は、ノモンハン戦の認識を大きく変更させずにはおかないだろう。
さらに、ノモンハンで勝ったのは誰かとの、いささか愚かしい問いかけにも、著者は「定まらぬ争点」（PHP版「あとがき」）といいながら、史実にもとづく答えを示している。

崩壊前のソ連の戦史研究においては、第二次世界大戦における自軍の損害を操作し、過小にみせるのが常であった。現実には、天文学的といってもさしつかえないほどの死傷者を出していたのだが、それを赤裸々に公表すれば、ソ連軍の優秀さという「伝説」を傷つけ、ひいては、戦後のソ連は人口減少による国力低下を招いているのではないかとの疑問を誘発しかねないからだ。

ソ連崩壊後になって、こうした状況はようやく転換を迎えた。軍人研究者クリヴォシェーエフを中心とする検討チームは、それまでアクセスできなかった文書を利用し、二〇世紀のソ連軍が被った本当の損害についての統計を出したのである（Grigori F. Krivosheev, Ed., *Soviet Casualties and Combat Losses in the Twentieth Century*, London et al., 1997）。

そこに示されたノモンハン事件のソ連軍死傷者は、日本側の損害を上回っていた。これを知った日本の右派論客たちが、ノモンハンで日本軍が大敗したというのは虚像、実は勝っていたのだと声高に叫んだ、あるいは叫んでいるのは、読者の耳にも入っていることだろう。

著者は、こうした統計・研究の成果により、ソ連・外蒙側の損害が過去にいわれていたよりも大きかったことを確認しつつも、「戦闘の勝敗は被害統計だけではなく、目的達成度や政治的影響など総合的な見地から論じる必要がある」（本書一八頁）と、日本軍勝利論者をさとす。

筆者も同感である。スターリンは、ノモンハンの「勝利」によって、日本軍に劣等感を与え、東を安泰たらしめるという戦略的目標を達成したなどと、こちたき議論を展開するまでもない。最後に戦場に立っていたのはどちらかと、素朴な問いを返すだけで充分であろう。

著者による、これらの重要な指摘は、歴史は現在と過去との尽きせぬ対話であるという、外交官にして歴史家・国際政治学者であったE・H・カーの至言を思い起こさせずにはおかない。ノモンハン事件は、単に年表上のできごとであるにとどまらず、過去に対する政治の争点となっているのである。

その歴史的事象に正面から取り組んだ本書は、軽率な判断からはじまった侵略が長期にわたる本格的な戦争に拡大するさまをまざまざと見せつけられた今、二〇二三年に、また、それ以降においても読まれるべき価値を有している。

もっとも――著者の叙述《ナラティヴ》は卓越しているから、そうした研究史上の立ち位置や現代政治との関わりにこだわることなく、読者が八十余年前のモンゴルの大草原で繰り広げられた死闘に思いを馳せつつ、歴史物語として受け取ることも許されるだろう。

いずれにせよ、さまざまな視点から、本書が味読されることを期待したい。ここに示された史実とその解釈は、そうした労力を払うに足るだけのたわわな果実をつけているのだ。

（現代史家）

図表索引

ま・ら行

主要事項索引

あ・か行

さ行

た・な行

は行

ま行

や行

ら・わ行

な行

は行

た行

か行

さ行

人名索引

あ行

KODANSHA

本書の原本は、ＰＨＰ研究所より二〇一四年に刊行されました。

秦　郁彦（はた　いくひこ）

1932年，山口県生まれ。東京大学法学部卒業。官僚として大蔵省，防衛庁などに勤務の後，拓殖大学教授，千葉大学教授，日本大学教授などを歴任。専門は日本近現代史，軍事史。法学博士。著書に，『日中戦争史』『慰安婦と戦場の性』『南京事件―「虐殺」の構造』『昭和史の謎を追う』『盧溝橋事件の研究』『病気の日本近代史―幕末からコロナ禍まで』『ウクライナ戦争の軍事分析』など多数。

講談社学術文庫

定価はカバーに表示してあります。

明《めい》と暗《あん》のノモンハン戦史《せんし》

秦《はた》　郁彦《いくひこ》

2023年７月11日　第１刷発行

発行者　鈴木章一
発行所　株式会社講談社
東京都文京区音羽2-12-21 〒112-8001
電話　編集（03）5395-3512
販売（03）5395-4415
業務（03）5395-3615
装　幀　蟹江征治
印　刷　株式会社ＫＰＳプロダクツ
製　本　株式会社国宝社
本文データ制作　講談社デジタル製作

ISBN978-4-06-532575-9

「講談社学術文庫」の刊行に当たって

これは、学術をポケットに入れることをモットーとして生まれた文庫である。学術は少年の心を養い、成年の心を満たす。その学術がポケットにはいる形で、万人のものになることは、生涯教育をうたう現代の理想である。

こうした考え方は、学術を巨大な城のように見る世間の常識に反するかもしれない。また、一部の人たちからは、学術の権威をおとすものと非難されるかもしれない。しかし、それはいずれも学術の新しい在り方を解しないものといわざるをえない。

学術は、まず魔術への挑戦から始まった。やがて、いわゆる常識をつぎつぎに改めていった。学術の権威は、幾百年、幾千年にわたる、苦しい戦いの成果である。こうしてきずきあげられた城が、一見して近づきがたいものにうつるのは、そのためである。しかし、学術の権威を、その形の上だけで判断してはならない。その生成のあとをかえりみれば、その根は常に人々の生活の中にあった。学術が大きな力たりうるのはそのためであって、生活をはなれた学術は、どこにもない。

開かれた社会といわれる現代にとって、これはまったく自明である。生活と学術との間に、もし距離があるとすれば、何をおいてもこれを埋めねばならない。もしこの距離が形の上の迷信からきているとすれば、その迷信をうち破らねばならぬ。

学術文庫は、内外の迷信を打破し、学術のために新しい天地をひらく意図をもって生まれた。文庫という小さい形と、学術という壮大な城とが、完全に両立するためには、なおいくらかの時を必要とするであろう。しかし、学術をポケットにした社会が、人間の生活にとってより豊かな社会であることは、たしかである。そうした社会の実現のために、文庫の世界に新しいジャンルを加えることができれば幸いである。

一九七六年六月

野間省一

日本の歴史・地理

2510
佐藤弘夫著
「神国」日本
記紀から中世、そしてナショナリズムへ

「神国」思想は、日本の優越性を表すものでも、排他的なものでもなかった。神国思想の形成過程と論理構造を解読し、近世・近代への変遷を追う千年の精神史。既成概念を鮮やかに覆す思想史研究の意欲的な挑戦！

2518
井上寿一著
日中戦争
前線と銃後

意図せずして戦端が開かれ、際限なく拡大する戦争。そこに労働者も農民も地位向上の希望を賭け、兵士は国家改造の夢を託す。そして国民の熱狂は大政翼賛会を生み出した。多彩な史料で描く戦時下日本の実像。

2522
神田千里著
島原の乱
キリシタン信仰と武装蜂起

関ヶ原合戦から約四十年、幕府を震撼させた大蜂起はなぜ、いかにして起きたか。「抵抗」「殉教」の論理だけでは説明できない核心は何か。壮絶な宗教一揆の実相を描き出し、歴史的意味を深く問う決定的論考。

2527
坊城俊良著（解説・原　武史）
宮中五十年

著者は伯爵家に生まれ、明治三五年、宮中に召し出された。一〇歳の少年が間近に接した明治天皇は、厳しく几帳面ながら優しい思いやりを見せる。大帝崩御の後も昭憲皇太后、貞明皇后らに仕えた半世紀の回想。

2536
ジョン万次郎述／河田小龍記／谷村鯛夢訳／北代淳二監修
漂《ひょう》巽《そん》紀《き》畧《りゃく》
全現代語訳

土佐の若き漁師がアメリカに渡り「西洋近代」と出会った。鉄道、建築、戦争、経済、教育、民主主義……幕末維新に大きな影響を与えた「ジョン・マン」の奇跡的な記録。信頼性が高い写本を完全現代語訳に。

2540
山田孝雄著（解説・鈴木健一）
君が代の歴史

古今和歌集にあったよみ人しらずの「あの歌」は、いかにして国歌になったのか。種々の史料から和歌としてのなりたちと楽曲としての沿革の両面でたどる。「最後の国学者」が戦後十年を経て遺した真摯な追跡。

日本の歴史・地理

2709
源氏の血脈　武家の棟梁への道
野口　実著

平氏と同じく都で栄達をめざす軍事貴族だった源氏は、いかにして東国武士団を統合し、「鎌倉殿」として七百年におよぶ武家の歴史に君臨したのか。為義、義朝、頼朝、義経。三代四人の栄光と挫折、長期戦略を検証する。

2712
官僚の研究　日本を創った不滅の集団
秦　郁彦著

出自、学歴、給料、天下り先…。データで解明するエリート集団の歴史と生態。やはり「東大卒」が強いのか？　明治の「官員さん」から、戦前昭和の「革新官僚」、現代の「官邸官僚」まで、怪物的存在の実像。

2714
攘夷の幕末史
町田明広著

日本人は誰もが「攘夷派」だった！　これまであまり顧みられなかったロシアの脅威や朝陽丸事件などに着目し、江戸時代を通して醸成され、幕末に沸騰した攘夷思想という日本人の対外認識の原型に迫る、画期の書。

2721
北条時宗と安達泰盛　異国合戦と鎌倉政治史
村井章介著

十三世紀日本に迫るモンゴルの嵐。立ち向かったのは悩み多き若き執権と、硬骨の革新政治家だった。血なまぐさい権力闘争に明け暮れる鎌倉政治史を、外交、宗教、美術など多様な視点から立体的に編み上げた労作！

2725
ペリー日本遠征随行記
サミュエル・ウェルズ・ウィリアムズ著／洞　富雄訳（解説・西川武臣）

われわれは略奪の旅にやって来たのか？　提督ペリーへの冷静な視線と、庶民への優しい眼差し。下田では密航を企てる吉田松陰を論し、琉球では裁判官の道徳に感嘆する。艦隊の首席通訳官による幕末日本訪問記。

2735
日本の珈琲
奥山儀八郎著（序・古波蔵保好／解説・旦部幸博）

珈琲は、いつ、どのように日本に伝わり、広まったのか。世界の珈琲発見伝説から日本初の珈琲店まで、江戸から明治にわたる膨大な史料を渉猟し、驚きに満ちた珈琲の歴史を明らかにする。生活文化史の古典。